BIBLIOTHÈQUE DE L'INSTITUT SUPÉRIEUR DE PHILOSOPHIE

LE NÉO-RÉALISME

AMÉRICAIN

PAR

René KREMER, C. SS. R.

Docteur en Philosophie
Agrégé de l'École Saint-Thomas

LOUVAIN
INSTITUT DE PHILOSOPHIE
1, rue des Flamands, 1

PARIS
Librairie FÉLIX ALCAN
108, Bd St-Germain, 108

1920

LE NÉO-RÉALISME AMÉRICAIN

A Monseigneur DEPLOIGE

Président de l'Institut Supérieur de Philosophie
à l'Université de Louvain

HOMMAGE RESPECTUEUX

AVANT-PROPOS

L'idée première de cet ouvrage a été inspirée par certaines carac-téristiques du mouvemement philosophique des derniers temps. Le renouveau qui suivit l'ère de disette philosophique marquée par le matérialisme et le scientisme, semblait d'abord conduire, avec le « retour à Kant », à des formes diverses d'idéalisme. Puis vinrent des essais plus originaux, quoiqu'ils ne fussent pas sans attaches avec le mouvement antérieur, et aussi plus bruyants : en France, la philosophie de l'intuition de M. Bergson, la doctrine de l'action de M. Blondel ; en Amérique et en Angleterre, les théories prag-matistes de William James, de M. Dewey, de M. Schiller.

Mais peu après, la réaction contre le psychologisme de Wundt et de Franz Brentano amenait en Allemagne et en Autriche un Husserl, un Stumpf, un Meinong, à concevoir une logique objective, indépendante de tout mécanisme psychologique ; M. Külpe et ses collaborateurs retrouvaient au laboratoire de psychologie les actes intellectuels, si longtemps méconnus, et s'acheminaient vers un réalisme très franc. En Grande-Bretagne, non seulement M. Shad-worth Hodgson achevait d'élaborer un réalisme expérimental, mais M. Bertrand Russell était amené par ses études mathématiques à un réalisme beaucoup plus radical, et ralliait un certain nombre d'adhérents. En Amérique surtout, aussi bien dans l'école pragma-tiste que chez des penseurs indépendants, le réalisme se répandait et se consolidait. Le nom de réaliste, longtemps honni, pouvait de nouveau se porter honorablement.

N'était-il pas intéressant d'examiner de plus près un mouvement qui rapprochait, à leur insu, nombre de philosophes contemporains d'une philosophie très ancienne et bien vivante quoique longtemps méconnue ? Il ne s'agissait pas de collectionner, en faveur des thèses de la philosophie traditionnelle, des attestations ou des autorités empruntées aux mouvements récents. Ce travail de marqueterie aurait été peu fructueux; d'ailleurs, malgré les points de contact, trop de divergences séparent les deux tendances. Mais il était utile de rechercher les directions essentielles d'un mouvement dont la diffusion même prouve qu'il répond à une tendance foncière de l'esprit contemporain.

Nous avons tâché de suivre et de grouper d'une manière aussi objective que possible les doctrines néo-réalistes d'Amérique. C'est dans ce pays que les nouvelles idées sont représentées avec le plus de vigueur et d'originalité ; elles s'y répandent au point, nous disait-on dernièrement, d'envahir l'enseignement de la plupart des universités, au détriment même de ce pragmatisme qui hier encore apparaissait à tous les yeux comme la philosophie propre de la nation américaine.

Le nombre et la variété des doctrines rendaient notre tâche difficile ; peut-être nous trouvera-t-on parfois trop porté à atténuer les divergences entre les auteurs que nous étudions ; nous avouons que la philosophie ne nous apparaît pas comme le fouillis de contradictions qu'on croit quelquefois ; au fond des formules opposées, il faut savoir retrouver la direction commune des idées.

Cette nouvelle phase de la pensée américaine était trop peu connue, croyons-nous, de ce côté de l'Atlantique. Notre tâche était d'autant plus ardue, car il s'agissait de rendre, pour la première fois peut-être, des termes peu usités en Europe et de décrire des attitudes intellectuelles qui nous sont peu familières.

Nos critiques, plutôt brèves, consistent surtout à examiner la cohérence des opinions que nous exposons. Nous avons signalé les points de contact avec nos idées tout en tâchant de préciser ici les réserves qui nous paraissent s'imposer. Cela fait, il suffisait d'indiquer, sans longs développements, les directions générales auxquelles nous nous rattachons : les doctrines thomistes ne sont plus inconnues aujourd'hui, grâce à l'activité de nombreux écrivains de tous les pays ; qu'il suffise de signaler le Cours de Philosophie de S. E. *le cardinal Mercier et de ses collaborateurs, et leurs publications périodiques ; dans les pays de langue anglaise, on connaît assez l'importante collection de Stonyhurst. Pour la même raison, on ne trouvera au bas de nos pages que peu de références explicites aux maîtres que nous suivons ; mais les lecteurs avertis — ils ne manquent plus depuis le renouveau du thomisme — reconnaîtront partout les applications des lumineux enseignements du Stagirite et de l'Aquinate.*

Ce travail, conçu peu avant la tourmente de 1914, a été poursuivi, après les semaines tragiques qui ont si rudement éprouvé l'Université de Louvain, grâce à des collections particulières assez complètes de livres et de périodiques, qui avaient échappé à la destruction. Après l'armistice, nous avons complété notre information et refondu notre ouvrage ; un séjour à Oxford, lieu accueillant aux chercheurs, nous y a beaucoup aidé ; qu'il nous soit permis de remercier en particulier M. F. C. S. Schiller de l'obligeance avec laquelle il a mis sa bibliothèque à notre disposition.

Peu d'articles ou d'ouvrages importants doivent avoir échappé à nos investigations, arrêtées vers le milieu de l'année dernière. Quelques-uns toutefois n'ont pu être atteints ou utilisés. Nous regrettons surtout de ne pas avoir pu tenir compte de l'imposant volume de M. D. C. Macintosh, The Problem of Knowledge, *et du récent ouvrage de* M. C. A. Strong, The Origin of Consciousness, *dont nous avons eu connaissance trop tard. Nous avons cru qu'une table bibliographique détaillée serait un luxe d'érudition superflu ; presque tous les travaux utilisés figurent dans les notes ; les quelques abréviations employées sont faciles à déchiffrer.*

Il nous reste à dire ce que nous devons à l'Université de Louvain, et particulièrement à nos maîtres de l'Institut Supérieur de Philosophie, ce centre d'études actif et universellement connu, où la direction de Mgr Deploige continue brillamment les traditions scientifiques inaugurées par S. E. le cardinal Mercier ; c'est à eux

*que doit revenir le mérite de ce travail. Nous tenons à exprimer
à M. le professeur Noël notre spéciale gratitude ; sans ses conseils,
ses suggestions, ses encouragements, ce livre n'aurait jamais été
écrit.*

    *Enfin, nous remercions de tout cœur tous ceux qui, avec un
dévouement inaltérable, nous ont assisté dans la correction des
épreuves, l'élaboration des tables, et tous les fastidieux travaux
matériels que l'impression du volume devait entraîner.*

    Louvain, le 20 mai 1920.

LE NÉO-RÉALISME AMÉRICAIN

CHAPITRE PREMIER

L'Évolution réaliste de la Philosophie américaine

I

Il y a quelque vingt ans on ne parlait guère de la philosophie américaine. Une psychologie sociale sommaire ne voyait aux Etats-Unis qu'une nation de chercheurs d'or et de brasseurs d'affaires, étrangers aux préoccupations de l'esprit. Appréciation dédaigneuse, qui ne fut pas toujours sans fondement. Emancipée dans l'ordre politique, l'Amérique restait, intellectuellement, une colonie de l'Europe. Les systèmes philosophiques qui se partageaient la faveur des vieux collèges ou des universités plus récentes, avaient été importés de l'Ancien Continent, la plupart du temps avec les professeurs mêmes chargés de les enseigner. Le positivisme, le matérialisme, la philosophie écossaise du sens commun, et enfin l'idéalisme gardaient les marques de leur origine.

Après des luttes plus ou moins vives, le succès final de l'idéalisme semblait consacré. Quelques isolés défendaient encore des théories issues des doctrines écossaises. Mais la masse des professeurs et du public, assez restreint, qui s'intéressait à la philosophie, était acquise aux tendances idéalistes. Depuis qu'en 1867, William T. Harris avait

1

donné le branle au « mouvement de Saint-Louis », on
répétait avec une sorte de ferveur pieuse la devise de la
nouvelle école : « La philosophie ne fait pas le pain, mais
elle donne trois choses : Dieu, la liberté et l'immortalité ». Il suffit de parcourir les dix ou douze premières
années de la *Philosophical Review*, pour voir s'affirmer
comme un dogme incontesté, cette « philosophie de l'Absolu » dont le nom même défiait les vicissitudes du temps.
A Harvard comme à Cornell ou à Berkeley elle était la
philosophie officielle. Les historiens, constatant la vogue
de cette philosophie, ont cherché à la rattacher à des tendances foncières de l'esprit américain : triomphe suprême,
l'idéalisme devenait la philosophie nationale. A travers
Emerson on remontait aux tendances mystiques des puri-
tains et des théologiens calvinistes [1]).

A vrai dire pourtant, pas plus que les autres écoles, celle-
ci n'était éclose spontanément en Amérique. Harris et ses
compagnons lisaient et méditaient Kant et Hegel ; ils les
traduisaient en anglais et tout leur rêve était de hausser
leurs compatriotes à l'intelligence de cette sublime doctrine.
Leurs successeurs trouvèrent leur tàche bien simplifiée par
les travaux de l'école d'Oxford. Les ouvrages de Thomas
Hill Green, d'Edward Caird et de F. H. Bradley sont les
sources où s'alimente leur pensée, sans qu'ils y apportent
de notable contribution originale. Ils se reposaient dans ce
monisme métaphysique et vaguement religieux qui fournis-
sait tour à tour matière à des analyses critiques de la
sensation et de la pensée, et à des élévations sur la destinée.
A part quelques différences de ton, on pourrait chercher à
Oxford l'exposé des idées américaines et en Amérique

---

1) Cf. MATTOON MONROE CURTIS, dans UEBERWEG, *Grundriss der Geschichte
der Philosophie*, IV, 11ᵉ éd. Berlin, 1916, § 82, p. 635 ; WOODBRIDGE RILEY,
American Thought from Puritanism to Pragmatism, New-York, 1915, p. 277.

l'expression des théories néo-hégéliennes ou néo-kantistes d'Oxford. Il advint même en 1900 qu'un professeur de Harvard, M. Josiah Royce, exposa, en qualité de « Gifford lecturer » les idées communes aux deux groupes de philosophes, devant un brillant auditoire de Grande-Bretagne [1]). Dans ces conférences, après avoir dédaigneusement traité le réalisme de conception dépassée, M. Royce faisait de l'idéalisme absolu le dernier mot de l'évolution philosophique. Il invitait son auditoire à admirer dans le monde physique et moral, par delà la relativité des phénomènes, l'Absolu ineffable, seul Etre, fond inépuisable de l'Univers; devant cette auguste Réalité qu'on peut deviner et entrevoir sans la comprendre, il s'abîmait dans des sentiments de respect et de confiance vaguement religieux.

Etait-ce vraiment là la philosophie américaine? Ses origines étrangères ne nous empêcheraient pas de le croire : que d'idées semées dans un pays ont attendu pour germer et fructifier d'être transportées dans un autre terrain ! Le véritable auteur d'un système n'est pas celui qui en a esquissé la première ébauche, mais celui qui en a achevé l'exposé définitif. La pensée moderne surtout est devenue d'une infinie complexité. Elle ne s'isole pas : elle doit ses inspirations à tous les pays comme à toutes les personnalités. Et ce serait supprimer à peu près entièrement, ou du moins mutiler gravement la pensée d'un homme ou d'une nation que d'en retrancher tout ce qu'elle n'a pas strictement trouvé en elle-même. Mais les philosophies idéalistes du Nouveau Monde n'ont, en somme, rien ajouté au système très achevé qu'ils recueillaient des mains de leurs collègues d'Angleterre. Et puis, la vraie pensée nationale

1) Cf. J. ROYCE, *The World and the Individual*, 2 vol. New-York, Macmillan, 1900-1901.

de l'Amérique s'est bientôt manifestée, et dans un sens tout opposé. C'est cette direction nouvelle qu'il nous faut étudier.

Tandis que les philosophes vivaient encore exclusivement d'emprunts étrangers, la vie scientifique, comme la vie sociale de l'Amérique s'organisait en pleine indépendance. Les Etats-Unis n'étaient plus le refuge précaire d'émigrants mal assimilés; ils devenaient rapidement le domaine d'une vaste nation dont la vie économique se suffisait à elle-même; elle allait bientôt menacer les privilèges du vieux monde par l'invasion de ses produits. De même sa politique sortait de son effacement pour s'affirmer d'abord dans le continent de Monroe, en attendant d'intervenir de façon décisive dans le gigantesque conflit mondial. Un peuple d'une vitalité aussi riche, devait avoir un équipement intellectuel complet. Et de fait, depuis un quart de siècle, l'Amérique pouvait rivaliser avec les vieux pays dans le domaine des sciences positives. Qu'il s'agisse de sociologie ou d'anthropologie, de zoologie, de biologie ou d'anatomie, de mathématiques ou de physique, les savants américains s'imposent à l'attention. Des musées et des bibliothèques d'une richesse inouïe, des universités splendidement dotées leur permettent d'élaborer des travaux originaux et sérieux. On se fera une idée de la somme de travail et de recherches que fournissent ces institutions, si l'on songe au fait que voici : une liste des principaux périodiques américains consacrés ex professo à la seule psychologie, ne compte pas moins de seize numéros. De cette activité si développée devaient sortir spontanément des réflexions critiques, des essais de synthèse, en un mot, des conceptions philosophiques. C'est ce qui arriva, et ce ne fut pas à l'avantage de l'idéalisme.

A peine M. Royce avait-il fini d'exposer en Ecosse la doctrine de l'Absolu, expression définitive de la philosophie, que ses auditeurs pouvaient entendre un autre philosophe américain les entretenir d'idées toutes différentes. Plus modeste, il ne prétendait pas leur livrer le dernier mot de l'évolution des systèmes, il ne voulait que leur offrir des réflexions suggérées par un moment du développement des idées. C'était plutôt une méthode, un point de départ, qu'un système achevé. Elle eût conduit à des conclusions tout opposées aux siennes, qu'il ne s'en fût point étonné. William James — c'est de lui que nous avons à parler — fut bientôt le plus connu et le plus discuté des philosophes appelés à donner ces conférences de philosophie religieuse. Le titre même de ses leçons était un programme. En faisant des « Variétés de l'expérience religieuse » le sujet d'une « étude sur la nature humaine » [4]), il affirmait son intention de s'enfermer dans l'expérience, dans l'expérience psychologique, la plus concrète de toutes parce que la plus personnelle. Il s'efforce de rendre aussi fidèles que possible ses longues descriptions. Après cela seulement il essaiera, par manière de conclusion, d'esquisser une interprétation des phénomènes ; il la donne d'ailleurs comme toute provisoire. Et là encore il se laisse — ou croit se laisser — guider avant tout par l'expérience. Nous sommes loin de l'ambitieuse synthèse de M. Royce !

William James peut passer pour un représentant plus authentique de la vraie pensée américaine. Il a subi quelques influences étrangères ; il a exprimé des tendances qui, avec des nuances caractéristiques, se retrouvent à la même époque dans tous les pays à peu près. Mais c'est surtout dans sa puissante personnalité qu'il a trouvé le germe de ses doctrines philosophiques. Cette personnalité s'était formée d'abord par le culte de la science positive, de la jeune science américaine. Il avait enseigné à Harvard la

4) WILLIAM JAMES, *The Varieties of Religious Experience. A Study in Human Nature*, Londres, Longmans, 1902.

physiologie. Il avait surtout donné à la psychologie une
impulsion dont elle se ressentira longtemps. C'est bien la
pensée américaine qui, en lui, prenait conscience d'elle-
même. Et cela explique son succès. Dès qu'il eut lancé les
idées maîtresses de son pragmatisme, il recueillit d'enthou-
siastes adhésions. Il donnait corps à des idées qui étaient
dans l'air, et, à la barbe des vieux philosophes récalcitrants,
il se vit bientôt entouré de disciples et d'amis. Ceux mêmes
dont les convictions, quoique analogues aux siennes,
s'étaient formées indépendamment, se réclamaient de lui
ou se laissaient volontiers mettre à sa suite.

William James dirigea avec éclat ses critiques impi-
toyables contre l'idéalisme courant. Sans respect pour les
vénérables théories de l'Absolu, le génial psychologue atta-
quait les idées les plus chères aux philosophes transcendantaux. Unité du monde, relations internes, vérité absolue,
tout était mis en question. Pendant quelques années ce fut
une fièvre de discussion, dont les revues du temps gardent
la trace, surtout le *Journal of Philosophy, Psychology and
Scientific Methods*. Bien des négations radicales, des formules outrées, ont été atténuées depuis. L'orage pragmatiste a passé, mais non sans avoir modifié profondément
l'atmosphère intellectuelle ; certaines doctrines, alors nouvelles, sont déjà devenues presque traditionnelles, même
chez les théoriciens de l'Absolu. L'école pragmatiste a con-
quis sa place au soleil, et a remplacé l'ancien idéalisme
dans un bon nombre de chaires universitaires.

II

Au milieu de l'agitation et du renouveau de vie philosophique provoqués par ces discussions, se produisit un
phénomène que James considérait comme le plus étrange

de tous ceux qui constituaient cette crise : « le réalisme naturel, honorablement enseveli depuis longtemps, relevait la tête au-dessus de l'herbe du tombeau ; dans les milieux les plus inattendus, il trouvait des mains tendues pour l'aider à se relever » [1]).

Le succès de cette renaissance fut rapide. A peine commencée lorsque James la signalait, nous la voyons se répandre, non sans étonner les idéalistes. Quatre ans plus tard, l'un des réalistes, M. Pitkin, dépeignait avec humour la stupeur des philosophes traditionnels, au spectacle de la nouvelle « hérésie » qui se propage, telle une doctrine de magiciens spéculant sur l'ignorance du public naïf [2]). Mais les idéalistes avaient d'autant plus de peine à se défendre que les réalistes s'associaient pour former, tels des politiciens de profession, un parti qui soutiendrait leurs idées. C'était la « révolte organisée », et non sans succès [3]). Le nouveau réalisme, ou néo-réalisme — c'est le nom que prit le mouvement factieux — occupe maintenant en Amérique une position égale, sinon supérieure, à celle du pragmatisme. Quant à l'idéalisme, s'il se perpétue encore, ce n'est pas sans modifications ; il est, en tout cas, franchement à l'arrière-plan.

D'accord avec le pragmatisme par sa tendance empirique, le réalisme le dépassait par une opposition systématique à l'épistémologie idéaliste. Parmi les doctrines transcendantalistes, le monisme avait été le but direct des attaques des pragmatistes. La théorie de la connaissance fut le point de

1) WILLIAM JAMES, *A World of Pure Experience*. Article publié en 1904 dans le *Journal of Philosophy, Psychology and Scientific Methods*, et réimprimé dans *Essays in Radical Empiricism*, Londres, Longmans, 1912, p. 40

2) Cf. WALTER BOUGHTON PITKIN, *World Pictures*, dans *Essays philosophical and psychological in honor of William James*, New-York, Longmans, 1908, pp. 195-196, 229.

3) Cf. B. H. BODE, *Realistic Conceptions of Consciousness*, *Philosophical Review*, XX (1911), pp. 265-266.

mire des réalistes ; ils y concentrèrent leurs efforts, avec
un remarquable esprit de suite, même avec une sorte de
discipline et d'esprit de corps. En ce point aussi les
pragmatistes avaient préparé la voie. L'application de leur
méthode à l'épistémologie faisait prévoir des solutions fort
différentes de la tradition universitaire. William James lui-
même ne s'était-il pas avisé de nier jusqu'à l'existence de la
conscience ? N'avait-il pas prétendu dépasser cette dualité
mystérieuse du sujet et de l'objet, qui était le point de
départ de l'idéalisme absolu? La conscience n'était qu'une
relation entre des éléments qu'on n'avait aucune raison
d'étudier par une méthode différente de celle des sciences
objectives [1]). Cette idée fit fortune. Nous la retrouverons à
la source de l'inspiration de plus d'un réaliste.

L'article de James avait à peine paru, que M. William
Pepperrell Montague de Columbia University en tirait argument en faveur du réalisme [2]). M. Montague est le doyen
du groupe néo-réaliste. Depuis près de vingt ans il est sur
la brèche pour défendre ses idées. Lorsque M. Royce pro-
nonçait l'oraison funèbre du réalisme et le déclarait décidément vieilli, il eut l'audace de protester par un courageux
article où il ne craignait pas de montrer les défauts de
l'argumentation du maître respecté de Harvard [3]). Il se
confinait encore dans une attitude négative. Ses sympathies
semblaient aller à un réalisme fort traditionnel. Quelques
années après, il trouvait dans un passage peu remarqué de
Hume une confirmation inattendue de sa thèse [4]). Polémiste
actif, M. Montague se multiplia pour répondre à toutes les

1) Cf. *Does Consciousness exist?* article publié en 1904 dans le *Journal of Philosophy, Psychology and Scientific Methods,* et reproduit dans *Essays in Radical Empiricism,* p. 1-38.

2) *The Relational Theory of Consciousness and its Realistic Implications,* Journ. Phil. Ps. Sc. M., II (1905), pp. 309-316.

3) *Professor Royce's Refutation of Realism. Phil. Rev.,* XI (1901), pp. 43-55.

4) *A Neglected Point in Hume's Philosophy. Phil. Rev.,* XV (1905), pp. 30-39.

attaques des idéalistes ; il eut la patience de rectifier les
idées inexactes qu'on se faisait à peu près universellement
de la doctrine réaliste. Il fut le premier à rejeter le réalisme
bâtard de Locke et de Descartes, à affirmer sans ambages
que l'objet perçu est identique à l'objet réel, et n'en est
pas un simple substitut mental [1]). Il aborda ensuite la
partie constructive de son œuvre, et exposa dès 1908 une
théorie où la conscience est conçue comme une forme d'énergie [2]). On lui a reproché de n'être pas toujours constant dans
ses affirmations, et d'avoir oscillé d'une manière fâcheuse
dans sa doctrine de la conscience. Un critique le dit même
un peu « vieux jeu » à côté de ses alliés plus récents [3]).
Cependant l'un des plus remuants parmi ces derniers a
reconnu les loyaux services qu'il a rendus à la cause du
réalisme dans les années de sa détresse [4]).

M. Montague partait, en somme, du fait de la connaissance, et y rattachait une explication assez traditionnelle.
Il critiquait les paralogismes et les arguments psycho-
physiologiques de l'idéalisme. Un autre ouvrier de la première heure mettait en évidence un aspect différent de la
question, qui allait se développer et inspirer de nouveaux
travailleurs. En 1904, au Congrès des Sciences et des Arts
de l'Exposition de Saint-Louis, M. Frederick J. E. Woodbridge essayait de délimiter le domaine de la logique [5]). Il
le séparait entièrement de celui de la psychologie et préco-

---

1) Cf. par exemple : *Current Misconceptions of Realism*, Journ. Phil. Ps.
Sc. M., IV (1907), pp. 100-105 ; *Contemporary Realism and the Problem of
Perception*, ib., pp. 374-383.

2) *Consciousness a Form of Energy*, dans *Essays philosophical and psychological in Honor of William James*, New-York, Longmans, 1908, pp. 103-134.

3) Cf. MORRIS RAPHAEL COHEN, *The New Realism*, Journ. Phil. Ps. Sc. M., X
(1913), p. 210.

4) Cf. E. B. HOLT, *Response and Cognition*, Journ. Phil. Ps. Sc. M., XII
(1915), p. 407.

5) *The Field of Logic*, dans : *Congress of Arts and Science. Universal Exposition St-Louis, 1914.* Vol. I, Boston, Houghton, Mifflin and C°, 1905, pp. 313-330.

nisait une épistémologie franchement objectiviste. L'étude
de la conscience ne devait pas procéder d'affirmations *a
priori*, mais d'un examen des conditions d'apparition et
d'exercice de ce pouvoir. Cette entité, mystérieuse pour
l'idéalisme, devait se résoudre en un système de relations
amenées par l'évolution du monde. Dans d'autres communications encore, M. Woodbridge défendit cette notion
d'une épistémologie logique et non métaphysique. S'il n'a
pas produit d'œuvre d'ensemble, et s'il s'est trop souvent
contenté de suggestions qu'on souhaiterait plus explicites, il
a donné à la cause du réalisme l'appui d'une haute autorité
professorale. Enfin, il a ouvert largement aux doctrines
nouvelles les pages de son important recueil périodique, le
Journal of Philosophy, Psychology and Scientific Methods.

Une étude critique sur la notion de conscience, telle est
la première contribution fournie à la polémique réaliste par
le jeune professeur qui allait bientôt devenir le chef du
groupement le plus important [1]. Elève de William James,
dont il gardera toujours le souvenir respectueusement sym-
pathique, M. Ralph Barton Perry a publié une introduction
à là philosophie des plus attrayantes [2]. Dans un style clair,
avec un tour personnel et vivant, un sens pédagogique
affiné, il apprenait à ses élèves à prendre contact avec les
grands problèmes philosophiques. Il a gardé de la fréquentation de James le goût des solutions empiriques, de l'exposition élégante, et la préoccupation des problèmes moraux
et esthétiques. Son premier ouvrage était d'un professeur à
l'esprit ouvert, désireux d'initier ses élèves à tous les problèmes et de les faire sympathiser largement avec toutes
les tendances, pour découvrir l'unité d'esprit qui anime
les recherches philosophiques. Mais bientôt il prend posi-

---

1) R. B. PERRY, *Conceptions and Misconceptions of Consciousness, Psychological Review*, XI (1904), pp. 282-296.
2) *The Approach to Philosophy*, New-York, Scribner, 1905.

tion. Il adopte et perfectionne les idées de James sur la théorie de la conscience. Il en déduit des conséquences nettement réalistes. Son rôle grandira. Lorsque les adeptes des nouvelles doctrines s'organiseront, c'est lui qui rédigera le manifeste commun. Il s'y sera d'ailleurs préparé par une activité polémique et critique de plus en plus intense [1]).

Nous touchons ici au fait le plus curieux de l'histoire du mouvement néo-réaliste : la concentration méthodique de ses forces. Malgré les mérites des auteurs dont nous venons de parler, aucun ne représente le réalisme avec l'autorité qui permettait à William James d'incarner le pragmatisme. Mais la nouvelle tendance regagnait rapidement par le nombre de ses adhérents ce qui pouvait manquer à l'ascendant de ses guides. Son organisation unifiée est un phénomène peut-être unique, rare à coup sûr, dans l'histoire de la philosophie.

Une première manifestation collective fut, en 1908, la publication des *Essays, philosophical and psychological, in honor of William James* [2]). Une quinzaine de professeurs de Columbia University, voulant reconnaître les services rendus à la philosophie et à la psychologie par leur collègue de Harvard, étudiaient quelques-unes des questions principales de l'épistémologie et de la métaphysique. A côté du pragmatisme, le réalisme était largement représenté. Des noms nouveaux apparaissaient. M. George Stuart Fullerton, qui avait publié en 1904 une métaphysique inspirée de Berkeley [3]), s'était bientôt proclamé réaliste [4]); ici, il lançait une espèce de manifeste du « nouveau réalisme » [5]). Ce

1) De nombreux articles du *Journal of Philosophy, Psychology and Scientific Methods*, du *Mind*, du *Monist*, etc., repris en partie dans *Present Philosophical Tendencies*, représentent cette polémique.
2) New-York, Longmans, 1908.
3) *A System of Metaphysics*, New-York, Macmillan, 1904.
4) *An Introduction to Philosophy*, New-York, Macmillan, 1906.
5) *The New Realism, Essays in hon. of James*, pp. 1-49.

n'est pas que ses conceptions fussent des plus claires. Ici,
comme dans ses autres ouvrages, les formules élégantes, le
charme de son style dissimulaient à peine un mélange
équivoque de phénoménalisme mal effacé et de philosophie
du sens commun. Mais il est symptomatique que ce professeur bien informé fasse de la renaissance du réalisme un
des phénomènes caractéristiques de la pensée à l'heure
présente [1]).

A côté de MM. Woodbridge et Montague, on voyait se
grouper MM. Wendell T. Bush, Dickinson S. Miller, et
Walter Boughton Pitkin. L'ensemble du volume, comme
on l'a fait remarquer, reflétait cette préoccupation du nouveau, cette fermentation des idées que James avait signalées [2]).

A la fin de la même année, la question fut agitée une
première fois *ex professo* dans une assemblée de l'*American
Philosophical Association* [3]). Mais c'est surtout dans la réunion de 1909, tenue à l'Université de Yale, que les débats
furent vifs. Les principaux thèmes de la polémique furent
abordés : la doctrine des « relations extrinsèques », la position « égo-centrique » firent l'objet de communications de
MM. Spaulding et Perry. M. Pitkin commença à tirer de
la biologie des preuves contre l'idéalisme [4]).

L'événement le plus remarquable fut la conclusion d'une
alliance défensive et offensive entre six jeunes philosophes
réalistes qui allaient porter ensemble le poids de la lutte et
former un noyau de ralliement. C'est qu'en ces années de
polémique le réalisme commençait à prendre une forme
précise. D'abord simple tendance non concertée, il va se

---

1) Cf. *ib.*, pp. 3-8.
2) Cf. Compte rendu par H. A. OVERSTREET, *Phil. Rev.*, XVIII (1909), p. 204.
3) Cf. Compte rendu officiel, *Phil. Rev.*, XVIII (1909), pp. 182-186.
4) Cf. Compte rendu par WALTER B. PITKIN, *Journ. Phil. Ps. Sc. M.*, VII
(1910), pp. 38-44.

constituer en une école bien délimitée. La lutte lui a fait prendre conscience de soi. Pour mieux se comprendre et s'entr'aider, ses principaux représentants constituent une sorte de syndicat intellectuel destiné à étudier et à répandre leurs doctrines [1]). Le chef du groupe est M. Perry ; ses associés sont MM. Edwin B. Holt, également de Harvard, Walter T. Marvin de Rutgers College, W. P. Montague et Walter B. Pitkin, de Columbia, et enfin Edward Gleason Spaulding, de Princeton.

MM. Perry et Montague nous sont déjà connus. M. Holt a débuté par des travaux de psychologie expérimentale [2]). Il va se révéler polémiste vigoureux, analyste ingénieux et penseur ami des vastes synthèses. Il aime les formules incisives, les exposés personnels. Ne reculant pas devant le paradoxe, il est peut-être la personnalité la plus frappante du nouveau groupe. S'il n'a pas l'élégance plus classique de M. Perry, il défend ses idées avec une conviction vigoureuse qui commande l'attention. Ses ouvrages, souvent discutables, sont pleins d'aperçus aussi séduisants qu'originaux. Il sera le premier à donner une vue d'ensemble de l'univers du point de vue réaliste et à aborder le problème de l'erreur et de la conscience [3]). M. Marvin s'est initié en Allemagne à la philosophie classique. Il a publié sous la direction de Benno Erdmann une dissertation sur la valeur de notre connaissance du monde extérieur [4]). Peu après, il a donné

---

1) Cf. WOODBRIDGE RILEY, *American Thought from Puritanism to Pragmatism*, p. 342 ; *The New Realism*, New-York, Macmillan, 1912 p. 1.

2) *Eye-Movements During Dizziness, Harvard Psychological Studies*, vol. II, Boston, 1906, pp 57-66 ; *Vision During Dizziness, ib.*, pp. 67-73 ; *Eye-Movement and Central Anaesthesia, Harvard Psychological Studies*, I *(Psychological Review Monographs*, IV), 1903, pp. 3-45.

3) *The Place of Illusory Experience in a Realistic World*, dans *New Realism*, pp. 303-373 ; *The Concept of Consciousness*, Londres, Allen, 1914.

4) *Die Giltigkeit unserer Erkenntnis der objektiven Welt*, dans *Abhandlungen zur Philosophie und ihrer Geschichte*, Heft XI, publié par BENNO ERDMANN, Halle a. S., 1899.

au public académique une introduction à la philosophie [1]). Mais ensuite il mettra en formules claires et un peu agressives le programme nouveau [2]) et sera le premier à publier un manuel conçu d'après les principes réalistes [3]). M. Pitkin a également passé par l'Allemagne. Plusieurs de ses premiers articles dans le *Journal of Philosophy* sont datés de Berlin ; ils manifestent déjà une tendance empiriste prononcée. Nous avons signalé la part qu'il a prise à la rédaction des *Essays in honor of William James*. Dans la suite, il s'attachera surtout aux questions biologiques [4]). Sont-ce ses relations avec un grand journal de New-York qui ont donné à sa plume une allure si familière et assez irrespectueuse pour ses adversaires ? Enfin, M. Spaulding a étudié, chez Benno Erdmann, le parallélisme psycho-physique du point de vue énergétique, mais il n'a pas pu se rallier aux principes de son maître [5]). Bientôt il sera séduit par les promesses de la logique mathématique et il aimera à se réclamer de cette science. Il essaiera de créer une philosophie rationnelle complète du monde et de la vie [6]).

En 1910 le groupe publiait son programme, « sa plate-forme » selon les usages des campagnes électorales [7]). Il répudiait tout subjectivisme, tout idéalisme *a priori*, et faisait une profession de foi réaliste et empiriste ; il annonçait le dessein de collaborer à la constitution d'une philo-

---

1) *An Introduction to systematic Philosophy*, New-York, Macmillan, 1903.
2) *The Emancipation of Metaphysics from Epistemology*, dans *New Realism*, pp. 45-95.
3) *A First Book in Metaphysics*, New-York, Macmillan, 1912.
4) Cf. *Some Realistic Implications of Biology*, dans *New Realism*, pp. 377-467.
5) *Beiträge zur Kritik des psychophysischen Parallelismus*, dans *Abhandlungen zur Philosophie und ihrer Geschichte*, de Benno Erdmann, Heft XIV, Halle a. S., 1900. Voir la note du directeur de la collection, en tête du fascicule.
6) *A Defence of Analysis*, dans *New Realism*, pp. 155-247 ; *New Rationalism*, New-York, Henry Holt, 1918.
7) *The Program and First Platform of Six Realists, Journ. Phil Ps. Sc. M.*, VII (1910), pp. 393-401 ; reproduit dans *New Realism*, pp. 471-480.

sophie scientifique, commune à tout le groupe, malgré
certaines divergences individuelles ; enfin il espérait provoquer des adhésions, ou du moins des discussions précises et
raisonnées.

Pendant les années suivantes en effet, l'ardeur de la
discussion fut à son comble. De toutes parts surgissaient
des adeptes qui donnaient un assentiment plus ou moins
complet aux idées nouvelles et des critiques qui les contes-
taient. La question fut encore traitée dans les Congrès [1]).
Le conflit du réalisme et de l'idéalisme, et bientôt du
pragmatisme, était à l'ordre du jour. La discussion fut
bientôt alimentée par des publications plus importantes que
ces articles de revue qui servaient plutôt à stimuler la
curiosité qu'à la satisfaire. En 1912 M. Perry, dans ses
Present Philosophical Tendencies [2]), comparait les grands
courants philosophiques contemporains et montrait dans le
réalisme le terme des aspirations de la science et de la
morale. L'essai collectif *The New Realism* [3]), dont chaque
signataire du programme avait composé un chapitre, fut le
fruit le plus important, pour ne pas dire le seul, de la
coopération annoncée. Enfin deux ans plus tard, M. Holt
livrait au public *The Concept of Consciousness* [4]), achevé
dès 1908, qui était le premier effort de synthèse complète
produit par un membre de la nouvelle école.

Les débats portèrent d'abord sur les preuves du réalisme
et sur la valeur de la réfutation de l'idéalisme et du
pragmatisme. La théorie réaliste de la perception et de la

1) Voir les comptes rendus des réunions de l'*American Philosophical Association* et de la *Western Philosophical Association*, dans *Journ. Phil. Ps. Sc.
M.*, VIII (1911), pp. 91-103 ; IX (1912), pp. 101-110 ; X (1913), pp. 319-326 ; XI
(1914), pp. 341-345.

2) New-York, Longmans, 1912. Une partie notable de cet ouvrage avait paru
sous forme d'articles dans diverses revues.

3) New-York, Macmillan, 1912.

4) Londres, Allen, 1914.

conscience fut ensuite mise en cause ; ou plutôt l'on critiqua les essais de solution, plus ou moins divérgents, des novateurs ; dans cet ordre d'idées, la nature et l'explication des erreurs, des illusions et des qualités sensibles secondaires retinrent surtout l'attention. Des notabilités comme M. John Dewey prirent part·à la polémique [1]. Le fin critique qu'est M. Arthur O. Lovejoy ne ménagea pas ses interventions [2]. De tout ce mouvement il résulta que l'école réaliste se trouva rangée devant le public philosophique sur le même pied que ses rivales, naguère si hautaines. Ses idées s'infiltraient, modifiaient la position des problèmes, comme les idées pragmatistes avaient fait auparavant.

Les auteurs du programme semblent avoir profité de l'accalmie pour élaborer des travaux de nature plus positive. Ils ont quelque peu délaissé les discussions épistémologiques, stériles à leur avis, pour les questions vitales de la morale. Le problème des valeurs humaines a captivé ces esprits scientifiques ; ils ne s'étaient. d'ailleurs jamais défendus de s'en préoccuper. Le souci des conclusions religieuses et morales est visible chez M. Perry, par exemple, même lorsqu'il se retranche derrière le désintéressement scientifique. M. Holt a publié en 1916 un essai de morale basé sur la psychologie scientifique [3]. M. Spaulding a énoncé ses vues sur l'ensemble de la

---

1) Voir, par exemple, *The Short Cut to Realism examined, Journ. Phil. Ps. Sc. M.*, VII (1910), pp. 553-557 ; *Brief Studies in Realism, ib.*, VIII (1911), pp. 393-400, 546-554 ; ces articles provoquèrent, dans la même revue, une polémique avec M. Spaulding et M. Mc Gilvary.

2) Voir « *Present Philosophical Tendencies* », *Journ. Phil. Ps. Sc. M.*, IX (1912), p. 627-640, 673-684 ; *On some Novelties of the New Realism, ib.*, X (1913), pp. 29-43 ; *Secondary Qualities and Subjectivity, ib.*, pp. 214-218 ; *Realism versus Epistemological Monism, ib.*, pp. 561-572. — Tous les travaux auxquels nous faisons allusion dans le présent chapitre seront utilisés et cités plus abondamment dans la suite.

3) *The Freudian Wish*, New-York, 1916.

philosophie dans un volume imposant [1]). Faut-il rappeler les événements qui forcèrent les philosophes les plus sereins à quitter leurs discussions techniques pour la lutte des idées directrices du monde social ? Le conflit d'idéals qui a ébranlé le monde a inspiré le dernier ouvrage de M. Perry [2]). Peut-être cette commotion mondiale orientera-t-elle les discussions philosophiques vers des préoccupations nou-· velles [3]).

Il est temps, maintenant, de jeter un coup d'œil sur l'ensemble de l'école réaliste, telle que les discussions épisté-mologiques l'ont organisée durant les dernières années. Au centre se détachent les signataires du programme. Ils se caractérisent par le désir d'éliminer aussi complètement que possible tout élément subjectif, toute notion d'un sujet irréductible au monde objectif.

M. Woodbridge est celui qui est le plus près de leurs doctrines. Sa théorie de la conscience considérée comme un système de relations, les a d'ailleurs en partie inspirés. M. W. T. Bush semble partager ses convictions.

Des critiques, comme M. Morris Raphael Cohen, sans se rallier entièrement au programme réaliste, en ont loué et soutenu les auteurs [4]). Un philosophe remarquable, que nous n'avons pas encore eu l'occasion de citer, M. Evander Bradley Mc Gilvary, professeur à l'Université de Wisconsin, les a encouragés. Sans partager toutes leurs opinions, il

1) *The New Rationalism*, New-York, Henry Holt, 1918.
2) *The Present Conflict of Ideals*, New-York, Longmans, 1917. Voir aussi SPAULDING, *op. cit.*, p. VI.
3) La publication par DEWEY et ses collaborateurs du volume intitulé *Creative Intelligence*, New-York, Henry Holt, 1917, représente un effort partiel dans ce sens. M. H. B Alexander, à la réunion de l'*American Philosophical Association* qui suivit l'armistice, exprima l'espoir de voir les philosophes s'occuper davan-tage du monde réel et actuel, mais d'autres membres jugèrent an contraire que, la tourmente passée, il fallait reverir à la discussion des problèmes classiques.
4) Cf. « *The New Realism* », *Journ. Phil. Ps. Sc. M.*, X (1913), pp. 197-214, et sa polémique, dans la même revue, au sujet des qualités secondaires.

défendait aussi depuis 1907 un réalisme franc et indépendant [1]). M. Fullerton a continué à évoluer dans le sens du réalisme du programme, et il aime à se proclamer en communauté d'idées avec M. Perry et ses collaborateurs [2]). .

C'est surtout chez les psychologues que les tendances réalistes ont trouvé du succès. La psychologie « objective » fait de grands progrès en Amérique, surtout sous la forme de psychologie du comportement *(behavior)* ; elle ne pouvait guère s'accommoder d'une philosophie idéaliste. De même la tendance « fonctionnelle » habituait les esprits à se désintéresser du problème statique des relations entre le sujet et l'objet. C'est ainsi que MM. Edgar A. Singer Jr. [3]) et Roy Wood Sellars [4]), par exemple, ont été amenés à défendre des théories originales, d'inspiration réaliste ; ces auteurs ont gardé toutefois leur indépendance entière vis-à-vis de la nouvelle école philosophique. L'influence des idées récentes se remarque encore en ce qu'elles pénètrent des travaux isolés d'écrivains qui, ne se réclamant d'aucune école, adoptent comme naturellement des points de vue objectivistes [5]).

Enfin, par un curieux retour, plusieurs philosophes se sont prononcés dernièrement en faveur d'un réalisme dua-

---

1) Nombreux articles, depuis *Prolegomena to a Tentative Realism, Journ. Phil. Ps Sc. M.*, IV (1907), pp. 449-458 ; voir, entre autres, son compte rendu de *The New Realism, Phil. Rev.*, XXII (1913), pp. 57-65.

2) Voir son dernier ouvrage : *The World we live in*, New-York, Macmillan, 1912, pp. VIII-IX.

3) *Mind as an Observable Object, Journ. Phil. Ps. Sc. M.*, VIII (1911), pp. 180-186, et articles complémentaires dans le volume IX de cette même revue ; *The Pulse of Life, ib.*, XI (1914), pp 645 655 ; *On Sensibility, ib.*, XIV (1917), pp. 337-350.

4) Divers articles dans *Journ. Phil. Ps. Sc. M.* et *Psychol. Rev.*, et son livre : *Critical Realism*, Chicago, Rand, Mc Nally and C°, s. d. (1915).

5) Voir, par exemple, M. T. Mc CLURE, *An Orientation in the Study of Perception, Journ. Phil. Ps. Sc. M.*, XI (1914), pp. 5-16 ; ISAAC AARONSON, *Perception, ib.*, pp. 37-46.

liste, plus ou moins conforme aux convictions du sens commun. MM. James Bissett Pratt [1]), A. K. Rogers [2]), Durant Drake [3]) ont fait des déclarations non équivoques dans ce sens [4]).

III

Si le réalisme américain est un des partis dominants dans la philosophie du nouveau monde, il n'est pas encore assez connu et apprécié dans l'ancien continent. La communication fort modeste de M. Fullerton au Congrès international de philosophie à Heidelberg, en 1908, passa à peu près inaperçue [5]). Le public de langue française n'a guère remarqué la nouvelle école, sur laquelle il n'existe aucun travail d'ensemble [6]). En Allemagne, malgré la vitalité

---

1) *The Confessions of an Old Realist, Journ. Phil. Ps. Sc. M.*, XIII (1916), pp. 687-693 ; *A Defence of Dualistic Realism, ib.*, XIV (1917), pp. 253-261.

2) *A Statement of Epistemological Dualism, Journ. Phil. Ps. Sc. M.*, XIII (1916), pp. 169-181.

3) *The Inadequacy of « Natural » Realism, Journ. Phil. Ps. Sc. M.*, VIII (1911), pp. 365-372 ; *What Kind of Realism ? ib.*, IX (1912), pp. 149-154 ; *A Cul-de-sac for Realism, ib.*, XIV (1917), pp. 365-373 ; *Where do perceived Objects exist ? Mind*, N. S. XXIV (1915), pp. 29-36.

4) On a parfois cité M. NORMAN KEMP SMITH, de Princeton, parmi les néo-réalistes. En réalité, il se réclame en même temps de Kant et de Bergson ; il qualifie sa théorie, encore peu élaborée, de réaliste, phénoménaliste et individualiste à la fois. Cf. *Subjectivism and Realism in Modern Philosophy, Phil. Rev.*, XVII (1908), pp. 138-148 ; *The Problem of Knowledge, Journ. Phil. Ps. Sc. M.*, IX (1912), pp. 113-128.

5) *A Proposed Reconciliation of Idealism and Realism*, dans *Bericht über den III. internationalen Kongress fur Philosophie*, Heidelberg, Carl Winter, 1909, pp. 384-391. Cf. Compte rendu de la *Revue de Métaphysique et de Morale*, XVI (1908), pp. 960-961.

6) La *Revue de Métaphysique et de Morale* a signalé quelques publications réalistes, comme les *Essays in Honor of William James* (supplément de septembre 1908, p. 11-13) et les articles de revues (voir les suppléments). En 1908, M. FRANK THILLY a parlé des débuts du mouvement dans la même revue (*La Philosophie américaine contemporaine, Rev. Mét. Mor.*, XVI (1908), p. 619-624). On est étonné de voir dans cette étude M. A. E. Taylor cité parmi les

d'un mouvement réaliste représenté par M. Külpe, entre autres, les discussions américaines n'ont pas attiré davantage l'attention. L'indifférence voulue des savants allemands pour la production scientifique étrangère est sans doute la cause principale de cet oubli [1]).

On s'attendrait à voir le néo-réalisme américain plus connu et plus apprécié en Angleterre, où plusieurs philosophes, comme MM. Bertrand Russell, E. G. Moore, Percy Nunn et d'autres, ont pris la même enseigne et défendent des doctrines analogues. Il n'en est rien cependant. Les néo-réalistes américains ont sans doute trop répété qu'ils étaient en accord complet avec M. Russell pour qu'on soupçonnât leur réelle originalité. Nous aurons l'occasion de montrer ultérieurement les divergences importantes qui séparent l'école réaliste américaine de l'école anglaise. D'ailleurs l'idéalisme néo-hégélien possède encore un trop grand prestige dans les milieux universitaires de Grande-Bretagne pour qu'on attache beaucoup d'importance à ses récents adversaires. Enfin, l'ancienne mère-patrie regarde encore avec trop de dédain les cousins d'Outre-Atlantique pour accepter les enseignements philosophiques qu'ils pourraient lui donner. A vrai dire, les goûts littéraires des hommes élevés dans les traditions d'élégance d'Oxford et

---

réalistes, ainsi que de trouver, dans les suppléments, M. Montague rattaché à l'Ecole de Chicago. — Les informations les plus étendues et rigoureusement exactes, parmi les périodiques de langue française, sont celles de la *Revue des Sciences philosophiques et théologiques* ; voir les *Bulletins de Métaphysique*, depuis 1907,

1) M. GÜNTHER JACOBY a publié quatre articles : *Die « Neue Wirklichkeitslehre » in der amerikanischen Philosophie, Internationale Monatsschrift für Wissenschaft, Kunst und Technik*, VIII (1913), col. 45-70, 317-338, 865-894, 1097-1118. L'auteur commence cette étude bien informée — la seule, à peu près, sur ce sujet en Allemagne — en regrettant l'incompréhension de la plupart des philosophes allemands pour le pragmatisme ; l'exécution sommaire de cette doctrine dans ces milieux, dit-il, ne s'accorde guère avec la « Gründlichkeit »-nationale. Cf. *l. c.*, col. 46-47.

de Cambridge doivent être heurtés par les procédés violents, la langue rude et incolore de la plupart des philosophes américains. William James se plaignait déjà amèrement du langage trop technique de ses jeunes compatriotes. L'éducation allemande, disait-il, en avait fait des spécialistes revêches, des docteurs au front chauve, au cœur desséché. Leur jargon était entièrement inintelligible pour ceux qui n'avaient pas subi la même déformation [1]). M. Santayana renchérit encore : son impuissance à comprendre la nouvelle philosophie américaine, dit-il, a pesé sur lui, des années durant. La raison principale de cette incapacité, c'est que cette nouvelle philosophie est embarrassée par la confusion de la pensée, les assertions vagues, les traditions mal assimilées, le langage baroque, les mots détournés de leur usage normal. Jamais il n'y eut un groupe de penseurs aussi déformés et aussi mal éduqués ; la sophistique grecque était perverse, mais elle était artistique ; le langage de la scolastique médiévale était barbare, mais il était clair [2]). Le caractère polémique et le ton acerbe de certaines discussions, surtout dans les premiers temps, ne doivent guère tenter ceux qui voudraient se mettre au courant de la question [3]).

On comprendra donc aisément les difficultés de notre tâche. Il n'est pas facile d'exposer des idées dont l'évolution n'est pas achevée, et qui se sont développées un peu au hasard des polémiques. Cependant, à l'heure présente, les

1) WILLIAM JAMES, A Pluralistic Universe, Londres, Longmans, 1909, p. 16-17; G. Papini and the pragmatist movement in Italy, Journ. Phil. Ps. Sc. M., III (1906), p. 337-338 ; A Reply to Mr. Pitkin, ib., IV (1907), p 105 (reproduit dans Essays in Radical Empiricism, p. 242).

2) Cf. The Coming Philosophy, Journ. Phil. Ps. Sc. M., XI (1914), p. 449.

3) Dans les dernières années, le néo-réalisme anglo-américain a été remarqué par quelques écrivains italiens. Voir UMBERTO A. PADOVANI, Il neo-realismo anglo-americano, Rivista di filosofia neo-scolastica, VIII (1916), pp. 186-197, qui résume les travaux de MM. ALIOTTA et CHIAPPELLI.

grandes lignes paraissent suffisamment fixées pour qu'on
puisse essayer d'en tracer une esquisse. Le mouvement
réaliste, comme toute réaction, devait commencer par être
polémique [1]). Pour en rendre fidèlement l'image et faire
saisir le développement de ses motifs, il sera utile de décrire
d'abord l'opposition du néo-réalisme à l'idéalisme et ses
rapports avec le pragmatisme. Ainsi ses caractères généraux se manifesteront sur le vif. Il nous sera facile d'exposer ensuite son programme, dont nous montrerons les
réalisations. Quelles solutions les néo-réalistes ont-ils données aux problèmes de la conscience, de la perception, de
la vérité et de l'erreur ? Quels sont les principes de leur
philosophie des valeurs? Comment celle-ci se rattache-t-elle
à leur thème général ? Nous pourrons enfin rechercher les
origines de ces idées, les comparer aux tendances analogues
de la philosophie contemporaine, et motiver notre attitude
générale vis-à-vis du néo-réalisme américain.

1) Cf. *New Realism,* p. 1.

CHAPITRE II

La critique de l'Idéalisme

———

Il n'est pas facile de retracer les controverses entre idéalistes et réalistes. Le nombre des publications, la variété des points de vue, la confusion des attaques, des réponses et des répliques rendent l'orientation malaisée. Thèses et arguments se croisent et ne semblent guère se rencontrer. Les notions initiales sont contestées. La mieux assise n'est pas la définition même de l'idéalisme. Que de fois les auteurs pris en cause par les réalistes n'ont-ils pas protesté que leur pensée était travestie ! Tantôt à l'aide de textes historiques, tantôt au nom de leurs propres convictions, ils ont affirmé que l'idéalisme, ou du moins leur idéalisme, n'était pas celui que critiquaient les novateurs.

Il faut donc d'abord nous demander comment les réalistes se représentent la philosophie qu'ils attaquent, et les arguments sur lesquels ils croient qu'elle s'appuie. Nous pourrons ensuite exposer la réponse qu'ils font à ces arguments et les preuves qu'ils avancent contre l'idéalisme.

I

La méthode historique n'est guère le fait des néo-réalistes. Plutôt que de se perdre dans le fouillis des systèmes et des interprétations contradictoires, ils préfèrent s'en tenir à l'aspect général des doctrines et en retrouver les

arguments et le développement logique. Sans doute, ils
esquissent de-ci de-là un raccourci de l'évolution de l'idéalisme, mais ils se préoccupent plutôt de saisir nettement
les idées essentielles que de fouiller les documents du
passé. S'ils diffèrent parfois dans l'appréciation historique,
ils sont tous d'accord sur la notion de l'idéalisme.

« D'une manière générale, écrit M. Fullerton, nous
pouvons définir l'idéalisme en disant que c'est la doctrine
suivant laquelle toute existence est une existence mentale.
Loin de regarder le monde extérieur comme un au-delà de
l'esprit, indépendant de celui-ci, il soutient que le monde
ne peut avoir son être que dans la conscience » [1]).

« Le nom d'idéalisme, dit M. Mc Gilvary, semble être
donné généralement aux théories qui regardent toute réalité
comme constituée par des expériences ou par l'Expérience.
C'est l'opinion qui ne reconnaît aucune réalité restante
après qu'on a fait l'inventaire de toute l'expérience » [2]).
D'une manière plus générale, pour l'idéaliste, l'univers est
de nature mentale ou psychique ; il est essentiellement
constitué par sa relation à une conscience ou à un groupe
de consciences. Telle est la thèse contre laquelle s'insurgent
les signataires du « programme » [3]). Ou plutôt, cette thèse
métaphysique, comme telle, leur est assez indifférente : que
le monde soit physique ou psychique, c'est une proposition
à démontrer et à juger, comme toutes les autres, d'après la
valeur de ses preuves. La question de la valeur du réalisme
ne se confond pas avec celle du matérialisme ou du spiritualisme [4]). La morale que les idéalistes déduisent de cette

1) *Introduction to Philosophy*, p. 187.
2) *The Chicago « Idea » and Idealism, Journal of Philosophy, Psychology and
Scientific Methods*, V (1908), pp. 593-594.
3) Cf. *New Realism*, pp. 10, 472, 474 ; Marvin, *First Book in Metaphysics*,
1912, pp. 187-188 ; Spaulding, *New Rationalism*, pp. 74, 308-310, 323-324.
4) Cf. *New Realism*, pp. 32, 474.

métaphysique, est moins encore en cause. Le « message » de l'idéalisme, comme aiment à s'exprimer les Anglo-Saxons, consiste en la révélation de la suprématie de l'esprit ; le monde est dominé par les valeurs morales ; rien ne peut prévaloir contre elles; la Vérité, la Bonté, la Beauté sont éternelles et souveraines. Le réalisme ne contredit pas nécessairement ces aphorismes, encore que d'ordinaire il les entende un peu différemment [1]). La prédominance des valeurs spirituelles ne suppose même peut-être pas nécessairement des affirmations métaphysiques sur la nature du monde [2]). Ce qui caractérise l'idéalisme, et ce qui provoque l'opposition réaliste, c'est une combinaison spéciale de morale, de métaphysique et d'épistémologie. Ses affirmations métaphysiques, établies en vue d'une philosophie de la vie, s'appuient préalablement sur une théorie de la connaissance. M. Perry a bien mis en lumière cette doctrine centrale de l'idéalisme : « L'idéalisme, dit-il, est une forme de spiritualisme dans laquelle l'homme, l'individu fini, est considéré comme une représentation microcosmique de Dieu, l'Individu Absolu. La nature spirituelle de l'homme est une révélation du *principe* de la réalité et ses idéals font soupçonner la réalité *parfaite* et *éternelle* ». En examinant sa méthode et ses arguments, « nous trouvons que l'idéalisme repose fondamentalement sur une théorie de la *connaissance*. La suprématie de l'esprit est déduite de la théorie de la priorité de la conscience connaissante elle-même par rapport à tous les objets avec lesquels elle est en relation. Toutes les choses, prétendent les idéalistes, sont avant tout des « objets », et être objet signifie nécessairement être « pour » quelque chose, être en un certain sens l'expression ou la création d'un « sujet ». Ce qu'on

---

1) Voir plus loin, le chapitre intitulé : *La théorie des valeurs.*
2) Cf. SPAULDING, *New Rationalism*, pp. 52-53.

appelle le « monde extérieur » étant ainsi réduit à la connaissance, et la connaissance étant conçue comme spirituelle, la suprématie de l'esprit est établie. L'affirmation de *la priorité de la conscience connaissante*, l'affirmation que *l'être est dépendant de la connaissance qu'on en a*, peut donc à juste titre être regardée comme le principe fondamental de l'idéalisme. Ce n'est qu'à la lumière de ce principe que l'on peut comprendre, soit l'application de l'idéalisme, soit son mouvement dialectique interne » [1]).

D'accord avec les idéalistes pour affirmer la nécessité des « valeurs », des « idéals », les réalistes s'éloignent d'eux de toute la distance qui sépare des conceptions métaphysiques et épistémologiques très divergentes. On aurait donc bien tort de prétendre que le débat est sans objet [2]). Le principe de l'idéalisme ainsi schématisé paraîtra peut-être réduit à des termes un peu simplistes, et les formes de l'idéalisme sont si nombreuses et si mêlées d'autres doctrines qu'on ne l'y retrouve pas toujours à première vue [3]). Il ne s'agit pas ici d'idéalisme et de réalisme artistique et littéraire [4]) ; et quiconque a suivi le mouvement philosophique moderne doit bien reconnaître que l'idéalisme, — en particulier celui de Berkeley et celui des néo-hégéliens anglo-saxons, — s'inspire de ces thèses.

Les réalistes ont d'ailleurs décrit à plusieurs reprises l'évolution interne de l'idéalisme [5]). Tout le monde con-

---

1) *Present Philosophical Tendencies*, pp. 113-114.

2) Cette objection a été faite par des critiques favorables, pourtant, aux néo-réalistes. Cf. MORRIS RAPHAEL COHEN, *The New Realism, Journ. Phil. Ps. Sc. M.*, X (1913), pp. 197-198 ; G. DAWES HICKS, compte rendu de *The New Realism*, dans *Hibbert Journal*, XI (1912-1913), p. 890.

3) M. ROY WOOD SELLARS fait à ce sujet d'utiles remarques : Cf. *Critical Realism*, pp. 135-136.

4) Cf. FULLERTON, *Introd. to Philosophy*, pp. 186-187.

5) Les principaux exposés historiques de l'idéalisme par les néo-réalistes sont ceux de MM. PERRY et MONTAGUE, dans *The New Realism*, pp. 2-11, 251-252 ; PERRY, *Present Philosophical Tendencies*, pp. 113-163 ; SPAULDING, *The New*

vient que cette doctrine s'écarte notablement de l'idée que
nous nous faisons spontanément du monde et de nous-
mêmes. Comment donc est-elle arrivée à dominer d'une
manière aussi absolue la philosophie moderne?

Pour le sens commun, l'ingénu non initié aux mystères de l'épistémologie, la connaissance est une chose
très simple : l'objet est là, il est présent, il est tel qu'il
apparaît. Il y a bien un sujet connaissant, mais il n'y a
point d'intermédiaire entre lui et l'objet ; et comme la connaissance n'est que cette présence de l'objet au sujet, sans
aucune intervention de la part de celui-ci, le sujet ne
déforme aucunement l'objet qui lui est présenté. La conscience est un phare qui projette sa lumière sur les objets.
Cette théorie simpliste de la connaissance, si tant est qu'on
puisse l'appeler théorie, c'est le réalisme naïf.

Mais certains faits vont bientôt attirer l'attention sur la
complexité réelle de la situation. Les erreurs, les illusions
de toute sorte, les hallucinations viennent révéler un monde
de choses qui ne peuvent pas être telles qu'elles apparaissent. Les rêves nous transportent dans un monde qui
peut être fort différent de celui de l'état de veille ; en tout
cas ils nous font croire que nous posons des actions incompatibles avec le repos que notre corps a gardé. Les illusions
spatiales nous sont révélées par l'expérience. Le raisonnement et l'observation nous apprennent que les perceptions
suivent à quelque distance dans le temps l'existence du
phénomène qu'elles prétendent faire connaître. Certaines

Rationalism, pp. 71-87, 203-372; HOLT, *The Concept of Consciousness*, pp. 20,
77-102 ; MARVIN, *A First Book in Metaphysics*, pp. 196-200 ; FULLERTON, *Introduction to Philosophy*, pp. 181-186 ; sans compter une foule de réflexions et de
suggestions particulières. Nous avons dégagé de ces vues des différents auteurs
un tableau d'ensemble, image composite, sur lequel ils sont à peu près d'accord.
Nous suivons surtout MM. Perry et Spaulding.

conditions du milieu influencent la perception. Enfin, nous
constatons que la stimulation directe de cellules cérébrales
peut provoquer l'apparition d'objets qui semblent de même
nature que ceux qui nous entourent habituellement. Ces
contradictions dans l'expérience que nous croyions immédiate, nous montrent qu'elle est moins simple que nous ne
le pensions. Entre l'objet connu et le sujet connaissant, il
doit y avoir un intermédiaire, qui tantôt nous fait percevoir
l'objet tel qu'il est, tantôt nous induit en erreur. Cet intermédiaire, c'est l'idée, propriété du sujet, par laquelle il
entre en contact avec l'objet. Les erreurs, les illusions de
toute nature constituent un monde subjectif, mental, qui
n'a d'existence que dans l'âme ou le sujet connaissant.

C'est dans l'étude des relations entre ces trois éléments
— objet, idée, sujet — que l'idéalisme trouve sa source.
Ce n'est pas toutefois dans l'antiquité que cette philosophie
a vu le jour. Les philosophes « idéalistes » de cette époque,
Aristote, mais surtout Platon, ne sont nullement des idéalistes au sens moderne du mot. Affirmant au contraire
l'indépendance des idées ou idéals par rapport aux intelligences humaines, ce sont plutôt des réalistes. A propos de
Platon en particulier, vu la prédominance des idées de vrai,
de bien, de beau dans sa doctrine, il faudrait plutôt parler
d'absolutisme ou de rationalisme téléologique ; on peut
même appeler sa doctrine un réalisme [1]).

L'histoire de l'épistémologie idéaliste ou subjectiviste
commence avec Descartes et Locke. Ils posent d'un côté
l'objet, de l'autre le sujet ; celui-ci ne peut sortir de lui-
même pour atteindre l'objet. Il ne le connaît que par l'idée ;
de celle-ci, qui est en lui, il infère l'existence et les propriétés de l'objet. L'idée est une copie ou un effet de l'objet.
Mais cette copie est-elle fidèle ? Cet effet représente-t-il

---

1) Cf. PERRY, *Pres. Phil. Tend.*, pp. 114-115 ; SPAULDING, *New Ration.*, p. 498.

adéquatement sa cause? Descartes et Locke éliminent tous deux les qualités secondaires, qui n'ont, disent-ils, pas d'existence physique, mais sont des créations de l'esprit. La substance, principe des qualités primaires, ne nous est guère connue, ou même pas du tout ; le fait seul de son existence est garanti. Le réalisme naïf ou immédiat peut être appelé un *monisme épistémologique*, parce que la con-naissance suppose l'intervention d'un seul élément, l'objet. La nouvelle théorie est un *dualisme épistémologique*, à cause de la présence d'un autre élément, l'idée ; ce dualisme correspond d'ailleurs au dualisme métaphysique de l'esprit et de la matière. C'est encore un réalisme, mais un réalisme présentationniste ou représentationniste. On peut y voir, sinon le phénoménisme lui-même, du moins son antécédent immédiat, puisque la substance nous échappe, les appa-rences qu'elle produit dans le sujet étant seules connues.

Les successeurs de Descartes et de Locke sont plus radi-caux. Berkeley supprime la notion de substance matérielle et prépare les arguments qui serviront à éliminer toute substance. Dans sa métaphysique spiritualiste, il y a sans doute des esprits finis et un Esprit infini, Dieu, qui garantit l'objectivité des connaissances des esprits. Mais chaque intelligence est cependant enfermée dans ses idées. Les objets ne sont rien d'autre que les idées présentes à l'esprit. Le dualisme fait place à un monisme épistémologique, mais combien différent du réalisme naïf ! L'idéalisme subjectif est fondé, au moins dans ses principes. Hume, plus consé-quent que Berkeley, va supprimer la substance spirituelle, après la substance matérielle. Le monde n'est que l'en-semble des phénomènes actuellement donnés. C'est le positivisme ou le phénoménisme le plus strict. Les deux systèmes sont d'ailleurs également subjectivistes.

Kant, le fondateur de l'idéalisme moderne — ou du sub-jectivisme, comme disent couramment les néo-réalistes, —

combine différentes tendances. Il revient au dualisme épistémologique par la distinction des phénomènes et des choses en soi, qui, en agissant sur le sujet, produisent les phénomènes ; mais ceux-ci sont modifiés par le sujet : ils le sont profondément, dans les lois mêmes qui régissent leur aspect ; ces lois dépendent, en effet, des intuitions *a priori* et des catégories, lois de l'esprit, appliquées aux choses. Enfin, le sujet lui-même est divisé en deux : il est transcendantal ou nouménal, et empirique ou phénoménal. Celui-ci fait partie du monde de l'expérience et agit conformément à ses lois ; celui-là possède une existence et une activité d'un ordre essentiellement différent. Ce criticisme est un phénoménisme très avancé.

Les post-kantiens ont poussé plus loin les conséquences des doctrines capitales de leur maître. Dépassant son dualisme rétrograde, ils sont revenus au monisme épistémologique, en éliminant l'inutile et inconnaissable chose en soi. Ils ont élargi le pouvoir normatif de l'esprit : la conscience n'est pas seulement le pouvoir créateur qui établit les types *a priori* de relations : elle est la source de toutes les relations quelles qu'elles soient. Enfin, les sujets transcendantaux particuliers et distincts se fusionnent en un seul Moi absolu, dont les esprits différents et leurs objets ne sont que les manifestations. Ainsi naît l'idéalisme absolu. D'après le caractère qu'il donne à l'esprit, il se partage en tendances diverses : intellectualiste avec Hegel, il tend à confondre l'Absolu avec l'objet des sciences ; volontariste avec Fichte, il prend une direction morale, voire romantique, avec Schopenhauer, Hartmann, Eucken. Il se colore d'une teinte religieuse avec les néo-hégéliens ou néo-kantistes anglais, Green et Caird, entre autres. Sa marque distinctive est de rattacher à l'esprit toutes les lois des choses. Les idéalistes critiques, intellectualistes de l'Ecole de Marbourg, ou volontaristes de l'école de Windelband

(Südwestdeutsche Schule), sans poser de thèses métaphysiques, s'attachent aux caractères normatifs des sciences ; mais eux aussi ils les rattachent à l'esprit.

Enfin le phénoménisme de Hume revit dans les systèmes ultra-positivistes de Mach et de Karl Pearson, après avoir déjà inspiré John Stuart Mill.

Au point de vue épistémologique, tous ces systèmes ont ceci de commun qu'ils sont monistes et subjectivistes.

M. Spaulding insiste avec raison sur le rôle de la notion de substance et des conceptions qui s'y rattachent dans l'évolution de l'idéalisme. La philosophie a été dominée, jusqu'ici, par cette catégorie, qu'Aristote avait empruntée au monde physique. L'univers est conçu comme un ensemble de substances distinctes, douées d'attributs caractéristiques, de propriétés diverses ; elles agissent les unes sur les autres et se modifient mutuellement par leurs actions et leurs réactions. Voilà le type sur lequel on se représente la connaissance. Sujet et objet sont deux substances séparées qu'il s'agit de mettre en relations. Ces relations, comme toutes celles du monde matériel, sont basées sur la causalité. Il faut donc s'attendre à voir une action et une transformation réciproque des deux substances en présence. De là vient qu'on peut se poser des questions comme celles-ci : L'idée représente-t-elle exactement sa cause ? Le sujet, affecté par l'objet, ne réagit-il pas sur celui-ci ? En un mot, quelle est la nature et la valeur de la connaissance? Que faut-il en conclure par rapport à la nature des êtres eux-mêmes ?

II

Des doctrines aussi étranges à première vue, disent les néo-réalistes, doivent s'appuyer sur des raisons sérieuses. Quels sont donc, se demandent-ils, les arguments qu'on

peut faire valoir en faveur de l'idéalisme ? En les reproduisant, ils ont cherché à en'exprimer l'essence, plutôt
qu'à en répéter la teneur littérale, tâche d'autant plus
malaisée que les auteurs idéalistes ne donnent pas toujours
à leur argumentation une forme parfaitement logique ; ainsi
l'interprétation qu'on donne de leur pensée ne laisse pas de
provoquer parfois des protestations. Nous résumerons, dans
les pages qui vont suivre, cette argumentation, telle qu'elle
est présentée par les principaux écrivains réalistes.

Un premier argument, que M. Montague appelle *psychologique*, se formule ainsi : « L'esprit ne peut avoir pour
objet direct que ses propres idées ou états, et les objets
extérieurs, si tant est qu'ils existent, ne peuvent être
connus qu'indirectement, par une inférence, de valeur
discutable et d'utilité douteuse » [1]). Cet argument discuté
aussi par MM. Fullerton [2]), Marvin [3]), Ewer [4]), n'est qu'une
affirmation de l'épistémologie dualiste qui règne depuis
Descartes et Locke. Il se complète d'ailleurs par l'argument suivant, tiré de la relativité des sensations ; ou plutôt
il s'identifie à peu près avec lui, il y trouve un semblant de
confirmation expérimentale ; le dualisme cartésien a été
suggéré par ces phénomènes.

Nombreux sont les faits qui portent à croire que le sujet
connaissant joue un rôle capital dans la constitution de
l'objet, tel qu'il lui apparaît. Un objet vu à distance paraît
plus petit ; ses formes changent avec la position de l'observateur. Si je fais converger les yeux et que j'en ferme un,
les objets situés près de moi sont vus plus petits, en même
temps que plus rapprochés qu'ils ne le sont en réalité. Si je

1) *New Realism*, p. 474.
2) *Introduction to Philosophy*, pp. 36-42.
3) *A First Book in Metaphysics*, p. 188.
4) *The Anti-Realistic How? Journ. Phil. Ps. Sc. M.*, IV (1907), pp. 630-633.

tiens les deux yeux ouverts et que je presse l'un des globes oculaires de manière à le déplacer, je vois double. Un bâton plongé dans l'eau — l'exemple est classique — paraît brisé. Un arbre, à distance, paraît gris ou bleuâtre, vu de près il est vert. L'eau tiède peut être chaude pour une main, froide pour l'autre. L'observation nous montre que toute perception est postérieure à l'existence de son objet : nous voyons des étoiles longtemps après qu'elles se sont éteintes au ciel ; et la plus simple sensation retarde sur son excitant de la durée des processus psycho-physiologiques qui précèdent l'aperception. Enfin, la théorie de Müller sur les énergies spécifiques ne nous apprend-elle pas que les sensations sont créées spontanément par les organes, en réponse à des excitations de la nature la plus diverse ?

Tel est l'argument de la relativité des sensations, ou l'argument physiologique, comme disent M. Montague [1]) et M. Mc Gilvary [2]). Ne faut-il pas en conclure que « les objets connus sont des constructions ou des produits de notre expérience perceptuelle, puisque ce sont les sensations que nous éprouvons qui déterminent les objets que nous percevons » [3])? L'argument repose, en somme, sur le fait de l'erreur. « Nous pourrions dire, écrit M. Montague, sans vouloir offenser personne, que le subjectivisme est fondé sur l'erreur, et que le réalisme est fondé sur la vérité » [4]).

Voilà du reste la seule preuve inductive que l'idéalisme fasse valoir. Il s'appuie généralement sur des arguments dialectiques. M. Perry les a mis en vive lumière. Autant

---

1) *New Realism*, p. 475.
2) *The Physiological Argument against Realism, Journ. Phil. Ps. Sc. M.*, IV (1907), pp 589-601.
3) MONTAGUE, *New Realism*, p. 475.
4) *New Realism*, p. 300.

qu'il était possible, il a ramené ces raisonnements fuyants à des types définis. Il en a donné des formules saisissantes, leur a imposé des noms originaux, un peu surprenants à première vue, mais qui sont presque devenus classiques en Amérique et tendent à s'introduire chez les écrivains anglais. Les « réalistes du programme » ont suivi fidèlement leur chef, qui, dès décembre 1909, avait lancé sa vigoureuse critique de l'idéalisme [1]). A vrai dire, ses formules ont un peu varié ; mais c'est que les arguments eux-mêmes se confondent plus ou moins et l'on peut les aborder différemment. Même les preuves d'apparence empirique se ramènent, au fond, à celle que nous allons étudier ; seule, celle-ci leur donne leur portée épistémologique.

Un fait semble dominer toute la théorie de la connaissance, c'est qu'il est impossible de sentir, d'imaginer, de penser quoi que ce soit sans le mettre en relation avec le moi. Bref, aucune connaissance n'est possible que par rapport au moi. Tout être est ce qu'il est dans la conscience. Essayer de le concevoir sans relation avec la conscience, c'est encore lui donner cette relation, sinon ce ne serait plus le concevoir. Je tâche de me rendre compte de ce que serait l'objet en dehors de cette relation, et j'en cherche des exemples ; mais je ne puis les trouver, puisque les trouver, c'est encore un acte de connaissance, une intervention du moi. Je ne puis donc faire la comparaison entre l'objet sans relation avec le sujet et l'objet pourvu de cette relation. Si je tente de faire cette comparaison entre l'état de l'objet

1) *The Ego-Centric Predicament, Journ. Phil. Ps. Sc. M.*, VII (1910), pp. 5-14. Conférence de décembre 1909 à l'American Philosophical Association ; cf. *New Realism*, pp. 11-12. Il est impossible de donner une traduction adéquate de ce mot, qui signifie littéralement situation, embarras. Nous préférons garder le terme original, parce qu'il est déjà devenu technique en Amérique. Nous suivons en cela le R. P. A. Blanche, dans un de ses excellents *Bulletins* de la *Revue des Sciences philosophiques et théologiques*, V̂ (1911), pp. 130-133.

avant et après qu'il soit connu par un autre sujet, j'introduis de nouveau mon moi pour la percevoir. Que j'essaie d'éliminer toute relation d'objet à sujet, et je ne connais plus le sujet : si je ferme les yeux, je ne vois plus ; si je cesse d'y penser, je ne puis plus rien en dire. Le moi s'attache à l'objet comme l'ombre au promeneur ; il est même le seul élément persistant qui se rencontre dans l'infinie variété des êtres possibles.

C'est ce que M. Perry appelle « le prédicament égo-centrique » [1]). C'est, dit-il, le principe fondamental de l'idéalisme. Sous une forme ou sous une autre, il se retrouve depuis Berkeley jusqu'à ses plus récents continuateurs. Sa formule varie, mais il reste le même au fond. Que Berkeley nous affirme que tout ce que nous connaissons est une idée, ou que les philosophes anglo-saxons contemporains nous déclarent que tout est expérience, leur pensée est la même. L'être n'est rien d'autre que ce qu'il est ou apparaît par rapport à un sujet. Le subjectif ou le mental, le spirituel est essentiellement inclus dans la définition de l'objet. Ce que nous pouvons dire de plus universel et de plus profond sur le monde, c'est qu'il participe à la nature du sujet. Vouloir dire ce qu'il est sans le sujet, c'est absurdité pure, c'est se mettre dès l'abord en dehors de tout ce qui est intelligible.

Une forme légèrement différente de l'argument est celle que Berkeley lui donne dans ses célèbres dialogues. Il le ramasse en une brève formule : « Quand je vois une tulipe, il est manifeste que les couleurs s'y trouvent réellement. On ne peut nier non plus que cette tulipe puisse exister indépendamment de votre esprit ou du mien ; mais que des objets immédiats des sens — c'est-à-dire toute idée ou combinaison d'idée — puisse exister dans une substance

---

1) Cf. *art. cité* et *Present Philosophical Tendencies*, pp. 129-134. Pour ce qui suit, cf. *op. cit.*, pp. 135-163.

qui ne pense pas, c'est une contradiction évidente dans les termes „ [1]).

Pour Berkeley, les objets ne peuvent donc exister que dans un esprit. Si ce n'est pas nécessairement dans tel esprit fini déterminé, ce sera du moins dans l'un ou l'autre des esprits finis, et, en tout cas, dans l'Esprit divin. Telle est la théorie, qu'on appelle, d'un nom peut-être inadéquat, son idéalisme subjectif. C'est un idéalisme pluraliste, non moniste.

Hume avait éliminé la notion de substance spirituelle. Mais, peu conséquent, il continue à parler de la nature mentale ou subjective des phénomènes. Son phénoménisme dissout d'ailleurs le monde et le sujet en autant d'éléments qu'il y a d'états conscients associés.

Le monisme idéaliste est sorti très naturellement du même argument. La réalité est essentiellement relative à un sujet. Mais il est trop clair qu'il ne s'agit pas d'un sujet particulier. Les idéalistes ne se défont pas de la persuasion commune que la montagne continue d'exister lorsque le spectateur en détourne ses regards. Quand un observateur cesse de percevoir un objet, un autre peut le considérer. Du reste, la limitation même de notre esprit semble nous avertir qu'il est seulement l'expression d'une conscience plus large ; il participe à une vie qui le dépasse. Le moi qui intervient dans toute connaissance est d'ailleurs plutôt un moi universel, abstrait. Il est donc naturel de conclure que tout objet n'est et n'est intelligible que par la conscience impersonnelle de l'Absolu, dans laquelle se fondent en unité les esprits individuels.

Les néo-idéalistes anglais, Green et Bradley entre autres,

[1) *Dialogues between Hylas and Philonous*, I, éd. FRASER, t. I, Oxford, 1901 p. 406.

ont trouvé, dit M. Perry, un argument nouveau : il est tiré de l'unité synthétique de la conscience et de la théorie des relations. La réalité constitue essentiellement une unité ; le monde est un ordre de relations. Mais on n'obtient pas d'unité ni de relations en juxtaposant des éléments indépendants. La relation doit pénétrer ses termes et les modifier. Or, seule la conscience peut ainsi unifier les éléments du monde ; son activité essentiellement synthétique révèle la nature profonde de l'Esprit Absolu dont elle est une manifestation. Ainsi le monisme idéaliste est la conclusion logique de la théorie des relations, et la seule explication plausible de l'unité du monde.

Mais la doctrine des relations internes, comme on l'appelle en Angleterre et aux Etats-Unis, joue un rôle plus important encore dans la philosophie idéaliste. M. Royce, l'appliquant au rapport de l'objet et du sujet, en déduit à la fois l'absurdité du réalisme et la vérité de l'idéalisme. Plaçons-nous, dit-il, dans l'hypothèse réaliste. Nous avons un objet connu et un sujet connaissant, supposés indépendants l'un de l'autre et sans relations. Si, en effet, ils étaient en relation, ils formeraient une unité indissoluble, et la thèse réaliste serait contredite par elle-même. Mais s'ils sont indépendants, c'est-à-dire sans relations, comment peut-on encore parler de connaissance ? Un objet avec lequel nous n'avons pas de rapports est un inconnu, un néant pour nous. Le réalisme sombre dans l'agnosticisme. Par contre, si les relations entre l'objet et le sujet connu sont réelles, l'idéalisme s'impose. L'essence de la relation étant d'unifier et de transformer ses termes, l'objet est transformé par le sujet connaissant, comme celui-ci d'ailleurs l'est par l'objet ; l'univers résulte de la synthèse de ces relations enchevêtrées à l'infini.

M. Spaulding, dans son dernier ouvrage, a poussé plus loin que ses prédécesseurs, MM. Perry et Montague, l'ana-

lyse de cette théorie des relations internes. Il y a vu, non
sans raison, le fondement même de tout l'idéalisme et du
subjectivisme, de quelque nature qu'ils soient. Il remarque
que le prédicament égo-centrique lui-même est fondé sur
un appel au moins inconscient à cette théorie. Encore une
fois, il va sans dire que la description un peu géométrique
qu'il fait des systèmes, traduit leurs tendances latentes et
obscures, plutôt qu'elle ne rapporte des arguments explicitement formulés.

La théorie des relations internes, selon lui, présente deux
aspects, celui « de la modification » et celui « de la réalité
sous-jacente ». Dans un même système philosophique, on peut
trouver, soit les deux aspects de la doctrine en question, soit
l'un d'eux seulement. Sous le premier aspect, cette théorie
consiste à dire que « si deux termes sont rapportés l'un à
l'autre, 1° chaque terme *influence* l'autre ; 2° les termes en
rapport sont *complexes* ; 3° chaque terme isolé, serait différent de ce qu'il est en relation avec l'autre ; 4° les termes
*sont ce qu'ils sont parce qu'ils sont rapportés à d'autres
termes* (théorie organique) ». L'autre sens de la théorie
interne est le suivant : « si deux termes sont rapportés l'un
à l'autre, qu'ils se modifient réciproquement ou non, il y a
une réalité *sous-jacente* ou *transcendante,* qui est l'intermédiaire par lequel se fait cette relation, et sans lequel elle
serait impossible » [1]).

Le prédicament égo-centrique ne conduit à l'idéalisme
que si l'on y ajoute cette théorie des relations. Pourquoi, en
effet, en conclut-on que l'objet est modifié par le sujet
connaissant, sinon parce qu'on suppose que dans toute relation les termes sont transformés ?

---

1) *New Rationalism*, p. 197. Une grande partie du livre de M. Spaulding
est consacrée au développement des idées que nous résumons ici. Voir, entre
autres, pp. 12-43, 70-87, 176-190, 203-372 passim.

. Malgré les relations étroites qu'il y a entre le phénoménisme et l'idéalisme objectif, ces deux systèmes s'inspirent d'une logique différente. Le phénoménisme, comme l'idéalisme subjectif, est une « philosophie de la causalité » ; concevant, avec Aristote et la logique traditionnelle, le monde comme un ensemble de choses qui agissent les unes sur les autres, ces philosophies en concluent que, dans cette action, les êtres se modifient mutuellement ; la connaissance n'est qu'un cas particulier de cette relation. C'est une application de la théorie de la modification par les relations.

L'idéalisme objectif admet l'indépendance des objets par rapport aux esprits finis. Mais il fait du monde un système unifié dans une conscience unique, transcendante et absolue. C'est qu'il admet la théorie des relations internes basées sur une réalité sous-jacente. Il conçoit le monde comme un vaste organisme, une substance unique, dont les attributs sont liés à une réalité profonde, à peu près comme Locke et Berkeley concevaient les esprits finis, substances spirituelles douées d'attributs.

Le succès inouï de l'idéalisme est-il dû uniquement à ces arguments empiriques ou logiques ? Les néo-réalistes ne le croient pas. Il y a des motifs qui font moins appel à la raison qu'au sentiment esthétique, moral et religieux.

La grandeur imposante des systèmes idéalistes enfermant l'univers dans une formule comme « la Conscience de l'Absolu » devait flatter le désir d'unité et d'harmonie inné à tout esprit. Le respect avec lequel les absolutistes s'inclinaient devant l'unité ineffable, faiblement manifestée à la conscience individuelle, suggérait une attitude de recueillement quasi mystique.

L'idéalisme ne célébrait-il pas aussi le triomphe des valeurs morales ? Il exaltait les âmes en les associant à la puissance bienfaisante qui pénètre le monde. N'était-il pas

la vraie religion des temps modernes ? « Tandis que la
science cherche à éliminer l'équation personnelle et à bannir
de l'esprit les espérances et les craintes, la religion, elle,
s'intéresse surtout à la personne et aux conséquences
morales des faits. En d'autres termes, la religion est essentiellement un jugement sur la portée de la réalité pour la
vie. Or, l'idéalisme affirme que la réalité est fondée sur la
vie et, en dernière analyse, gouvernée par ses intérêts.
L'idéalisme ne se borne pas, comme la religion, à concevoir
les choses dans leur action sur la vie ; il affirme qu'une telle
conception des choses offre la seule véritable intuition de
leur nature. Il n'adopte pas seulement la méthode de la
religion, il affirme la priorité de cette méthode sur celle de
la science. Ainsi l'idéalisme vient à être identifié avec la
religion et à être regardé comme son champion contre le
naturalisme ». « La thèse centrale de l'idéalisme, à savoir,
que la conscience, spécialement sous forme de connaissance,
est le principe créateur et le soutien des choses, reçoit ainsi
une confirmation des idées régnantes concernant les relations de la science, de la religion et de la philosophie » [1]). Le
pouvoir de suggestion des mots employés de préférence par
l'idéalisme, son nom même, en imposent et attirent des
adeptes [2]).

D'autre part, la vogue de la psychologie, dont l'attitude,
subjective méthodique rappelle l'idéalisme, a donné à celui-
ci une apparence scientifique. Les doctrines de la relativité
des qualités secondaires, acceptées sans trop de contrôle par
la physique et la physiologie ont paru une confirmation
expérimentale de la théorie philosophique.

Enfin la faillite du réalisme naïf et du dualisme

---

1) *Present Phil. Tend.*, pp. 106-107 ; cf. *ib*,, pp. 38-39 et Part I, passim. Voir
aussi SPAULDING, *New Rationalism*, pp. 204-205, 225 et notes.
2) Cf. FULLERTON, *Essays in Honor of William James*, pp. 7-8 ; *Introduction
to Philosophy*, pp. 186-187 ; *New Realism*, pp. 16-19.

épistémologique, à propos du problème de l'erreur, a rejeté vers l'idéalisme tous ceux qui ne soupçonnaient pas la possibilité d'un réalisme critique qui admettrait en même temps le monisme épistémologique [1]).

III

Les réalistes ne se sont pas fait faute de répondre aux arguments traditionnellement invoqués en faveur de l'idéalisme. Et d'abord, que vaut le principe que nous ne pouvons rien connaître, à part nos états de conscience ? Est-il autre chose qu'une affirmation gratuite, contredite par les faits ? « Un processus conscient n'est jamais son propre objet, écrit M. Montague, mais bien plutôt le moyen par lequel un objet autre que lui est connu. L'objet ainsi connu peut être un autre état mental, une chose physique ou une entité purement logique » [2]). M. Fullerton aime à exposer l'argument sous une forme empruntée à M. Karl Pearson. De cette formule il déduit la réfutation même de l'idéalisme. Selon M. Pearson, nous pouvons comparer la conscience à un employé d'un bureau central du téléphone. Il est en communication avec les abonnés par ses appareils. Il ne les connaît que par ce que les fils téléphoniques lui transmettent. Ainsi nous ne sommes en rapports avec le monde extérieur que par ce que les nerfs transmettent au cerveau. Tout ce que nous attribuons aux objets, vient des impressions que nous recevons. Jamais les choses ne nous sont données comme telles. Le toucher lui-même, qui paraît à première vue être une présence immédiate, dépend en réa-

---

1) Cf. *New Realism*, pp. 10-11, 251-252, 300, 313-314, 359-360 ; HOLT, *The Concept of Consciousness*, p. 23 et note.
2) *New Realism*, p. 474.

lité de l'intervention du système nerveux comme les autres
sens.

Mais n'est-il pas contradictoire, dans l'hypothèse idéaliste, de parler d'objets extérieurs ? L'employé du téléphone
se fait une idée des abonnés parce qu'il a d'autres relations
avec eux que celles de ses fonctions ; du moins connaît-il
d'autres hommes. Mais si nous sommes prisonniers de nos
sensations et de notre système nerveux, comment pouvons-
nous même rêver un monde extérieur, autre que ces sensations ? D'où nous en · viendrait la notion ? Dire que tout
est idée, c'est supprimer la notion même d'idée, car c'est
supprimer la réalité avec laquelle l'idée doit nous mettre en
communication [1]).

S'il est difficile de concevoir, dit M. Bernard C. Ewer[2]),
comment nous pouvons « sortir de nous-mêmes », percevoir
un objet distinct de nous, cette difficulté n'est pas d'un
autre ordre que celles que présentent, par exemple, le mouvement, le changement ou l'espace. Ce sont des faits dont il
n'est pas prudent de se demander le comment. Les matérialistes ne répondent pas à la question ; ils ne s'occupent que
des intermédiaires physiologiques, nullement des phénomènes de la connaissance elle-même. Les idéalistes rem-
placent la transcendance, évidemment donnée, par une
autre qui n'est pas plus intelligible. Le pragmatisme ne fait
qu'envelopper le mystère de difficultés nouvelles pour autant
qu'il ne tombe pas dans le subjectivisme. Le plus sage
n'est-il donc pas de s'en tenir au fait élémentaire qu'admet
le réalisme?

Mais la relativité des sensations, les erreurs, les hallucinations, les illusions, ne nous forcent-elles pas à nous poser

---

1) Cf. *Introduction to Philosophy*, pp. 38-44.
2) *The Anti-Realistic How? Journ. Phil. Ps. Sc. M.*, IV (1907), pp. 630-633.

le problème ? Ne montrent-elles pas que le monde connu n'est qu'un monde déformé, un monde psychique ? Non, répond M. Holt [1]), ces phénomènes n'ont rien de spécifiquement mental. Ils ont leur parallèle dans l'ordre physique. Il y a des machines qui agrandissent ou rapetissent, en le reproduisant, un modèle donné, tout comme l'œil fait varier les dimensions des objets. La double vision résulte du fait que nous avons deux yeux, fonctionnant comme un stéréoscope. Un œil astigmate ne déforme pas les objets d'une autre façon qu'une lentille irrégulière. Le retard de la sensation sur l'excitant est dû à des lois physiques : les actions physiologiques qui conditionnent la sensation s'accomplissent dans le temps, comme toute action matérielle. De même que notre œil, la plaque photographique est impressionnée par les astres éteints. Les erreurs de qualité ont aussi leurs correspondants dans le monde physique. Le contraste visuel ou auditif existe pour les plaques photographiques et les membranes acoustiques, comme pour l'œil et l'oreille. Les oscillations de l'attention rappellent les changements d'intensité des vibrations d'une membrane plus ou moins tendue. Si un objet exposé à la lumière se colore de nuances diverses et changeantes, c'est que les rayons lumineux atteignent l'objet sous un angle d'incidence variable ; la lumière réfléchie varie donc également. Des impressions en apparence aussi subjectives que le vertige et les autres affections du sens de l'orientation, s'expliquent en termes d'inertie et d'élasticité par la théorie de Mach-Breuer. Les images consécutives positives se rapprochent des « décharges consécutives » de la physiologie, qui en sont sans doute la cause. Les images négatives ont pour pendants les clichés négatifs de la photographie. Leurs couleurs complémentaires peuvent se rapporter à une disposition spéciale

1) *New Realism*, pp. 303-315.

des cônes en vertu de laquelle, après avoir reçu une impression déterminée, ils sont particulièrement aptes à en recevoir une autre, également déterminée ; il en est de même des récepteurs de la télégraphie sans fil ; après avoir reçu une onde d'une longueur donnée, ils sont prêts à en recevoir une autre, d'une longueur différente. Enfin ces illusions de couleurs et d'autres, surtout celles qui sont dues à l'action de certains poisons, peuvent s'expliquer par un processus physiologique qui interpose un écran coloré entre la rétine et l'objet [1]).

M. Woodbridge ne nie pas moins formellement qu'on puisse tirer des conclusions idéalistes de l'étude de la perception sensible [2]). Il n'y a rien dans tous ces faits qui soit de nature mentale, psychique. Les épistémologies spéculatives ne touchent même pas la question ; elles cherchent à distinguer l'apparence de la réalité ; l'expérience n'atteindrait jamais cette dernière. La critique idéaliste de la perception sensible s'inspire de ces considérations *a priori*. En réalité, les erreurs des sens sont dues à des causes parfaitement objectives. Elles ne sont pas « une déformation de la réalité, en ce sens que la réalité ne nous apparaîtrait pas comme elle doit nous apparaître. La manière dont les choses nous apparaissent est le résultat naturel de conditions qu'on peut découvrir. On trouve les raisons qui excluent la possibilité pour elles d'apparaître d'une autre manière. Nous ne pouvons donc pas dire que les sens nous trompent et qu'ils représentent les choses autrement qu'ils ne devraient les représenter. Il n'y a pas de déception *dans* la manière dont les choses nous apparaissent, *dans* les apparences. Les apparences nous trompent, non pas qu'elles soient ce

---

1) Nous verrons plus loin la critique que M. Holt fait de la théorie des énergies spécifiques, en exposant sa propre théorie de la conscience.
2) *The Deception of the Senses, Journ. Phil. Ps. Sc. M.*, X (1913), pp. 5-15.

qu'elles ne devraient pas être, mais parce qu'elles nous amènent à faire ce que nous ne devrions pas faire, à penser que la réalité est ce qu'elle n'est pas, ou à employer les choses comme si elles étaient ce qu'elles ne sont pas » [1]).

En tout cas il ne faudrait pas soumettre les faits à deux interprétations contradictoires dans le même argument. N'est-ce pas ce qu'on fait quand, remarquant qu'un bâton plongé dans l'eau paraît brisé, on en conclut que nous ne connaissons rien de la réalité ? Pour faire la distinction entre le bâton brisé et le bâton droit, entre l'apparence et la réalité, il faut connaître la réalité. Du moment qu'on peut connaître le rapport qu'il y a entre la réalité et l'apparence, on ne peut plus dire que nous sommes à jamais séparés d'elle, victimes d'une erreur perpétuelle.

Pour affirmatif qu'il soit, M. Woodbridge ne va pas jusqu'à nier, comme M. Holt, toute subjectivité. M. Mc Gilvary [2]) est également d'avis que les sensations ne doivent pas être considérées comme subjectives du seul fait qu'elles ont besoin de conditions physiologiques pour se produire. Au contraire, puisqu'elles sont soumises à la loi de corrélation psycho-physiologique, elles supposent l'existence et l'action du système nerveux ; mais la loi aurait-elle encore un sens, si le système nerveux lui-même était de nature psychique ? Son intervention n'est d'ailleurs jamais perçue dans la sensation ; l'objet de celle-ci n'est pas le processus psycho-physiologique, mais l'objet extérieur ; il y a donc des objets — le système nerveux entre autres, — qui sont réels sans être présents à la conscience. Et qu'on ne parle pas de présence possible à la conscience : une vraie possibilité suppose une existence réelle ; cette expression n'est

---

1) *L. c.*, p. 7.
2) *The Physiological Argument against Realism, Journ. Phil. Ps. Sc. M.,* IV (1907), pp. 589-601.

qu'une manière détournée d'avouer que l'objet doit être avant d'être connu. Le processus physiologique n'est pas la raison d'être de l'objet, mais il permet au sujet d'en avoir une connaissance.

M. Montague résume fort bien tout ce qui peut être dit, du point de vue réaliste, au sujet de cet argument. « La relativité qui affecte les objets est une relativité par rapport à d'autres *objets*, et nullement par rapport au *sujet* percevant. La couleur d'un objet est évidemment, comme dit Hume, une chose dépendante, mais elle dépend, non de sa relation avec une *âme*, mais de sa relation avec notre *rétine* ». « En réalité l'argument de relativité ou, comme on dit parfois, l'argument physiologique, prouve simplement que l'existence de tout objet immédiatement expérimenté est conditionnée par les relations d'autres objets (les éléments du système nerveux), qui ne sont pas perçus eux-mêmes en même temps que les objets dont ils conditionnent l'existence. Cela veut dire que je ne puis pas voir un objet et en même temps percevoir les modifications de la rétine qui me permettent de le voir. Ce n'est qu'indirectement et par une autre série d'expériences que je connais l'appareil physiologique qui a rendu possible la perception des objets ; ceux-ci, au moment où ils étaient perçus, étaient perçus comme extérieurs et pleinement indépendants de cet appareil » [1]). Les sensations et leurs conditions diverses sont la raison de notre connaissance des objets, elles ne sont pas la raison d'être de ces objets eux-mêmes. Elles déterminent la portion du monde qui m'est connue, elles ne lui donnent ni son existence ni sa nature propre [2]).

---

1) *A Neglected Point in Hume's Philosophy*, *Phil. Rev.*, XV (1905), pp. 34, 35.
2) Cf. *New Realism*, pp. 475 et 295 où l'auteur rattache l'argument idéaliste en question à ce qu'il appelle *the material fallacy of psychophysical metonymy*, sophisme qui consiste à confondre les moyens de connaître avec l'objet connu. Voir aussi *The Relational Theory of Consciousness and its Realistic Implications*, *Journ. Phil. Ps. Sc. M.*, II (1905), pp. 314-316.

En somme, tout ce qu'on peut conclure de la relativité des sensations, c'est que le réalisme naïf est manifestement insuffisant; mais on n'en peut rien tirer contre un réalisme critique; nous verrons plus loin comment il est possible de concilier la présence immédiate des objets dans la conscience avec les faits de relativité En tout cas, il faudra résoudre la difficulté par une analyse plus exacte des conditions de la connaissance, et non par des affirmations générales.

La discussion du « prédicament égo-centrique » représente, nous l'avons dit, la part principale de M. Perry dans la controverse avec l'idéalisme. L'argument paraît bien fort à première vue. La brièveté des formules lui donne comme une évidence ; c'est une espèce d'axiome; d'autre part il a l'air de résumer simplement des faits; on peut se demander si ce n'est pas plutôt une constatation qu'une preuve dialectique [1]). N'est-il pas à craindre qu'une fois admis le fait fondamental, on ne soit forcé de suivre les idéalistes jusqu'à leurs dernières conclusions? Si donc on veut échapper à l'idéalisme, ne faut-il pas nier la supposition préalable ? Des philosophes, plus ou moins favorables à M. Perry, M. Mc Gilvary et M. John Dewey, l'ont pensé. En thèse générale, on le sait, M. Dewey distingue l'expérience de l'idée. La première est constituée par les relations multiples de l'organisme avec son milieu : impressions des sens, réactions actives. Elle n'implique pas de connaissance, de relation d'objet à sujet. L'idée, elle, est un produit de la

---

1) C'est ce que soutient Miss MARY WHITON CALKINS, *The Idealist to the Realist, Journ. Phil. Ps. Sc. M.*, VIII (1911), pp. 449-458. Pour la critique du prédicament égo-centrique, voir PERRY, *Pres. Phil. Tend*, pp. 126-134; *The Ego-Centric Predicament Journ. Phil. Ps. Sc. M.*, VII (1910), pp. 5-15; *New Realism*, pp. 11-16; *Some Disputed Points in Neo-Realism, Journ. Phil. Ps. Sc. M.*, X (1913), pp. 454-459.

réflexion. Dans une situation embarrassante, le sujet, pour
sortir de sa perplexité, pour pouvoir agir, examine les
différentes perspectives qui s'offrent à lui ; il s'oppose
consciemment à son milieu ; ainsi naît la connaissance véritable, l'idée, dans la terminologie de M. Dewey, et, par
suite, la relation de sujet à objet. La vérité de l'idée est
contrôlée par les autres relations du sujet au milieu, surtout
par son action.

Si au contraire, toute expérience était une vraie connaissance, la vérification serait impossible. Si la relation de
sujet à objet est présente partout, elle ne peut plus être
confrontée avec rien. Une fois posé dans les termes de
l'idéalisme, le problème épistémologique est insoluble ; il
n'a même plus de sens. Autant vaudrait dire que tous les
objets ont pour relation avec l'organisme le fait d'être
mangés par lui. Les philosophes pourraient se diviser sur
la question de savoir si cette relation se définit par le terme
« mangeur de nourriture » ou par le terme « nourriture
destinée à être mangée » ; en effet, ils sont de même divisés
sur cet autre problème : l'être est-il fait pour être connu,
ou le sujet pour connaître ? Pour échapper à ces controverses stériles, il n'y a qu'une ressource : nier le point
de départ, le fameux « prédicament égo-centrique » lui-
même [1]).

Se posant en allié de M. Perry, M. Mc Gilvary avait cru
pouvoir interpréter ainsi sa conception du « prédicament » :
ce n'était qu'une concession provisoire aux idéalistes, destinée à leur montrer *ad hominem* les conséquences fâcheuses
de leur position. Prendre, comme ils le font, une relation
aussi universelle que celle de sujet à objet comme point de

---

1) *Brief Studies in Realism*, II. *Epistemological Realism ; The Alleged
Ubiquity of the Knowledge Relation, Journ. Phil. Ps. Sc. M.*, VIII (1911),
pp. 546-554. Inutile d'insister sur l'atticisme de la comparaison.

départ de la philosophie, c'est débuter par une affirmation bien imprécise, si vague même qu'elle doit être stérile. Si donc nous voulons arriver à une connaissance tant soit peu distincte, il faut négliger le « prédicament » classique de l'école idéaliste [1]).

Enfin, M. Pratt a pensé que M. Perry cherchait, dans cette discussion, à s'évader du moi, où, depuis Berkeley, la philosophie s'est enfermée. Peine perdue, constate à regret M. Pratt : une fois que M. Perry, comme les idéalistes eux-mêmes, s'était placé dans le moi, aucune constatation imaginable ne pouvait l'en délivrer [2]).

M. Perry a été plus hardi que n'osaient le supposer ces critiques. Il ne songe pas un instant à nier le fait qui sert de fondement à l'argument idéaliste : nous ne pouvons connaître un objet sans le rapporter à nous. Mais il en conteste l'interprétation. Ce n'est pas une preuve de l'idéalisme, encore moins du réalisme, mais simplement une difficulté propre au problème épistémologique. Pour étudier les relations de la conscience et de l'objet, nous ne pouvons pas supprimer la conscience. C'est un accident de méthode [3]). Que faire donc ? Il faudra chercher une autre méthode, examiner par l'observation si vraiment la conscience est nécessaire à l'existence des objets. A priori, il n'est nullement impossible de découvrir une méthode adaptée à cette situation spéciale. Il en est de même dans tous les cas où il est impossible en vertu des conditions mêmes de l'observa-

---

1) *Realism and the Ego-Centric Predicament, Phil. Rev.*, XXI (1912), pp. 351-356 ; compte rendu de PERRY, *Pres. Phil. Tendencies, ib.*, pp. 465-467.

2) *Professor Perry's Proofs of Realism, Journ. Phil. Ps. Sc. M.*, IX (1912), pp. 573-580.

3) C'est aussi ce que pense M. W. T. BUSH ; puisque nous ne connaissons l'objet que dans la conscience, nous ne pouvons pas savoir ce qu'il est en dehors d'elle ; ni l'idéalisme, ni le réalisme ne peuvent rien conclure de cette situation. Cf. *The Problem of the Ego-Centric Predicament, Journ. Phil. Ps. Sc. M.*, VIII (1911), pp. 438-439.

4

tion d'éliminer une des circonstances qui accompagnent un phénomène, par exemple, l'attraction terrestre dans les phénomènes physiques. Dans ces cas, on ne peut employer la méthode inductive de concordance, et l'on néglige simplement cet élément dont on ne peut préciser la valeur, ou bien l'on cherche à s'en rendre compte par l'observation directe. Nous verrons plus tard, en étudiant les preuves du réalisme, comment l'observation montre l'indépendance de l'objet par rapport à la conscience. Quoi qu'il en soit, cette difficulté ne fournit pas un argument qui prouve l'idéalisme. Comme preuve inductive, il est sans valeur : autant vaudrait dire que le français ou l'anglais est la seule langue intelligible parce que c'est la seule que je connais ; si je ne puis connaître que les êtres que j'expérimente ou que je pense, cela ne montre pas qu'il n'en existe pas d'autres, ni même que ceux qui me sont connus aient besoin de moi pour exister. Qu'on mette l'argument sous une forme plus dialectique, la fausseté de la conclusion ressort encore mieux. La fameuse preuve n'est qu'une répétition ou une équivoque. Si l'on fait de tout ce qui est connu une idée, c'est que par « idée » on entend « objet connu ». Mais dire que tout ce qui est idée est mental, c'est faire une équivoque : le mot idée peut désigner l'objet connu ou l'état de conscience. Tout ce qu'on peut affirmer, c'est que nous connaissons ce que nous connaissons, que toute idée, objet de connaissance, est un objet de connaissance, que pour connaître une chose il faut la connaître. Quelle philosophie fera-t-on sortir de ces truismes?

On dira, il est vrai, qu'une idée ne peut pas à la fois être mentale et non mentale. C'est toujours la même équivoque. Ou, si l'on préfère, l'erreur consiste à nier qu'un objet puisse avoir à la fois plusieurs propriétés, des relations différentes, faire partie de classes de diverse nature. Un homme peut être à la fois un membre du parti républicain et un capitaine d'industrie, d'après les groupes où on le considère. De même un être peut à la fois être objet de conscience ou idée, si on le considère comme connu, et être physique, indépendant, si on le considère en relation avec les autres objets physiques. L'idéaliste, en le niant, commet le sophisme que M. Perry appelle de « particularité exclusive » *(fallacy of exclusive particularity)* : un objet ne peut avoir qu'une espèce de relations, un attribut, à l'exclusion de tous les autres ; ou encore, ce sophisme est celui de « définition par prédication initiale » *(definition by initial predication)*, en vertu duquel un objet est défini par la première propriété qu'on lui attribue, celle-ci étant regardée comme exclusive de toute autre. Autant vaudrait définir Christophe Colomb, « l'homme qui a donné son nom au fleuve Columbia », et lui dénier toute autre caractéristique, parce qu'on aurait appris son nom tout d'abord comme l'explication de celui du fleuve. Ces paralogismes sont, en somme, du nombre de ceux que depuis Stuart Mill on appelle sophismes de simple inspection ou de préjugé.

M. Montague répond à peu près de même à cet argument : la première forme qu'il présente, dit-il, « consiste dans l'identification confuse d'un truisme et d'une absurdité. Le truisme, c'est que *nous pouvons savoir que des objets existent, seulement lorsqu'ils sont connus.* L'absurdité : *nous savons que les objets ne peuvent exister que lorsqu'ils sont connus.* L'autre forme de l'argument tire sa force d'un jeu de mots sur le terme « idée » : *Toute « idée » (au sens de tout état ou processus mental) est incapable d'exister séparée d'un esprit ; toute entité connue est une « idée » (au sens d'objet de pensée)* ; donc, *toute entité connue est incapable d'exister séparée d'un esprit »* [1]). C'est ce que le même auteur appelle ailleurs le « sophisme verbal de métonymie

---

1) *New Realism*, p. 475.

psychophysique » (*the verbal fallacy of psychophysical metonymy*) [1]). Les termes qui se rapportent à la connaissance, idée, pensée, jugement, et surtout expérience, sont ambigus. Ils s'appliquent d'abord à des actes de l'esprit, ensuite par métonymie aux objets de ces actes. On confond facilement les deux sens, et l'on en arrive à croire que la vérité et la fausseté dépendent du processus mental, et non de la réalité ou de l'irréalité de l'objet. On confond logique et psychologie, l'objet de la connaissance et le moyen de connaître. Au lieu d'étudier l'objet, on donne un fragment de la biographie du sujet. Cependant, que faisons-nous quand nous avons à résoudre une question de mathématiques? Ce n'est pas au psychologue, mais au mathématicien que nous nous adressons. L'épistémologie subjectiviste a le tort de confondre ces deux ordres, entièrement différents. L'argument de Berkeley tente de faire de cette confusion un axiome.

M. Marvin s'associe à ces critiques [2]). Certaines considérations de M. Holt, qui ne mentionne pas le fameux prédicament, se rapportent pourtant au même sujet ; elles préparent, mieux que celles que nous avons suivies jusqu'ici, la réfutation directe de l'idéalisme et annoncent la conception par laquelle il doit être remplacé [3]). Sans doute, la connaissance est une expérience ou une conception, mais elle n'inclut nullement un rapport direct et conscient au sujet. Normalement, je ne dis point : Je me rends compte de l'existence de toutes ces choses ; mais : Ces choses existent. La réflexion psychologique peut me faire dire, à

---

1) Cf. *New Realism*, pp. 256-262. Voir le même jugement — sans la terminologie — chez M. WOODBRIDGE, *Perception and Epistemology*, dans *Essays in Honor of William James*, pp. 159-161.

2) Cf. *A First Book in Metaphysics*, pp. 192, 193-194.

3) Cf. *The Concept of Consciousness*, pp. 76-114. Nous reviendrons plus loin sur les idées suggestives et fortement appuyées de M. Holt.

la vue d'un navire qui sombre : Mon idée est que le navire sombre, et même, si je prends plaisir à ces exercices : Mon idée est que mon idée est que le navire sombre, et ainsi de suite. Mais dans l'expérience naturelle, avant toute déviation artificielle, ma pensée se porte directement sur l'objet, le navire qui sombre, comme tel. Si la réflexion surgit, c'est d'abord pour opposer l'objet de mon idée à un autre objet, l'affirmation à sa négation, par exemple. L'idéalisme veut expliquer le simple par le complexe. Il renverse l'ordre naturel des termes. Alors que l'être expérimenté est un des éléments qui composent l'expérience, et qu'il doit, par conséquent, expliquer celle-ci, l'idéalisme, hanté par le souvenir de l'âme-substance, voit dans la pensée ou l'expérience quelque chose de simple, une substance dont l'univers est fabriqué. Vaine illusion! C'est la conscience qu'il faut expliquer par ses composants. Il y a donc dans l'emploi du mot idée une très vulgaire confusion entre le sens collectif et le sens distributif: les objets connus, tous ensemble, avec leurs relations, constituent ma conscience ou mon idée, mais ils ne sont pas chacun une idée, pas plus que chaque arbre d'une forêt n'est une forêt ; et pourtant, en regardant les arbres, on peut dire : « Tout cela est la forêt ».

Enfin, M. Spaulding voit, comme M. Perry, dans le « prédicament égo-centrique », la difficulté qu'ont cherché à résoudre tous les systèmes épistémologiques [1]). En fait, d'ailleurs, tous s'en évadent, plus ou moins légitimement. Ceux qui prétendent que nous n'avons de connaissance que de nous-mêmes devraient aboutir au scepticisme le plus complet. S'ils étaient logiques, ils devraient conclure que,

---

1) Cf. *New Rationalism*, pp. 80-87, 208-215, 364-372. Nous aurons à revenir plus loin sur le critère de vérité des systèmes proposé par M. Spaulding et sur la preuve et l'explication de son réalisme.

monde extérieur, esprits, relations, lois de la logique, tout nous est également inconnu ou du moins ne constitue que des hypothèses provisoires, des apparences changeantes et sans consistance. Ils ne pourraient jamais affirmer même la solidité de leur propre système. Et cependant, que voyons-nous ? L'idéaliste subjectif admet que nous connaissons d'autres esprits finis, les autres hommes ; le phénoméniste, le relativiste, quel qu'il soit, s'il ne croit pas connaître le monde tel qu'il est, est aussi convaincu de la vérité entière de son système que l'absolutiste intégral.

Ce ne sont là que des échappatoires. Il est vrai que dans la connaissance, nous ne pouvons sortir du sujet pour examiner ses relations avec l'objet. Mais l'observation scientifique a des méthodes variées. Lorsqu'on ne peut séparer les phénomènes les uns des autres, on peut les analyser *in situ*. On pourra ainsi déterminer leur dépendance ou leur indépendance mutuelle. C'est ce qui arrive particulièrement lorsque nous avons affaire à une relation fonctionnelle au lieu d'une relation de causalité. Soit un projectile en mouvement. Je puis distinguer la masse, la couleur, la forme, la composition chimique, le retard graduel (l'accélération négative) et enfin l'explosion qui l'a mis en mouvement. Je ne puis isoler ces facteurs en réalité ; mais par l'analyse, je puis voir, par exemple, que l'accélération n'est ni une cause, ni un effet du temps, mais bien une fonction qui en dépend. Si je cherche la cause du mouvement, je ne puis, encore une fois, séparer la masse, la force explosive, l'angle d'élévation du canon et la résistance de l'air de la couleur et de la composition chimique de l'obus ; je me rends compte cependant que le premier groupe de propriétés est cause du mouvement, et que le second ne l'est pas.

N'est-il pas possible d'appliquer la même méthode à l'étude de la connaissance? Le « prédicament égo-centrique » constitue une difficulté, si l'on admet que le fait de connaître modifie l'objet connu. Mais est-il nécessaire de faire cette supposition ? Non, si l'on trouve que la relation entre le sujet et l'objet peut être d'un type tel qu'elle ne transforme pas ses termes. Or, il y a de fait, outre la relation causale, la relation fonctionnelle. En un mot, la théorie interne des relations n'est pas nécessairement vraie. La théorie externe est au moins possible. Pourquoi la connaissance n'en serait-elle pas un exemple ? L'affirmer n'irait à l'encontre d'aucune proposition admise dans le système. Nous aurions déjà réalisé de cette manière une importante condition de vérité : la cohérence (self-consistency). Mais nous pouvons aller plus loin : la théorie des relations externes en matière de connaissance est impliquée par sa négation même. L'idéaliste affirme qu'objectivement la connaissance modifie son objet : voilà au moins une connaissance qui ne modifie pas son objet, un « état de choses » qui n'est pas affecté par le fait qu'il est connu. La théorie des relations externes — la théorie réaliste — tient donc étroitement à la théorie idéaliste, non par une association psychologique, mais par une implication strictement logique.

Il y a chez l'idéaliste, une perpétuelle confusion entre la relation et la dépendance. De ce qu'il existe entre l'objet et le sujet une relation, il conclut qu'il y a dépendance. Ce serait vrai s'il fallait admettre la théorie des relations internes. Mais celle-ci ne s'impose que par une affirmation gratuite. Selon M. Bradley, les relations externes sont contradictoires, parce que, si deux termes doivent être unis par une relation distincte, il faut aussi une relation pour mettre les termes en rapport avec la relation, et ainsi de suite à l'infini. Cette objection provient de ce que l'on considère la relation comme un terme. Alors il s'ensuit naturellement

qu'elle sépare ce qu'elle devrait unir. Mais pourquoi la
relation ne serait-elle pas tout simplement... une relation ?
L'univers peut très bien se composer d'éléments premiers
qui ne seraient autres que les termes et les relations. Ainsi
l'on échappe à l'accumulation infinie de termes qui menaçait
de dévorer la réalité perçue [1]).

Une fois admise la doctrine des relations externes, il n'y
a plus de contradiction. Au contraire, la théorie des relations internes mène droit à l'agnosticisme le plus complet.
Si tout dépend de tout, si tout transforme tout, objets,
perceptions, pensées, aucune affirmation particulière n'est
entièrement vraie, aucun attribut n'a un sens intelligible ;
pensée, matière, absolu, monde ne désignent plus des objets
discernables ; aucun de ces termes ne peut servir à définir
les autres ; il n'y a plus de raison de se dire idéaliste plutôt
que matérialiste. Qu'on adopte la théorie organique ou celle
de la réalité sous-jacente, et l'on arrivera toujours au même
résultat [2]).

Il est en tout cas inutile d'attribuer à la conscience, même
à une Conscience Absolue, la fonction d'unifier les éléments
disparates de l'expérience. La notion de conscience serait-
elle donc plus claire que celle de relation ? Nous avons
affaire, encore une fois, à un semblant d'explication qui ne
peut satisfaire que les esprits paresseux [3]).

La doctrine des relations internes domine à ce point la
pensée des idéalistes qu'ils l'attribuent à chaque instant à
leurs adversaires. Comment s'expliquer autrement qu'ils
puissent reprocher aux réalistes d'admettre un monde sans
aucune relation avec le sujet, et, par suite, inconnaissable ?

1) Cf. HOLT, *The Concept of Consciousness*, pp. 23-30.
2) Cf. SPAULDING, *The Logical Structure of Self-Refuting Systems, Phil. Rev.*,
XIX (1910), pp. 276-301, 610-631.
3) Cf. PERRY, *Present Phil. Tend.*, pp. 156-158.

Le réaliste admet, dit M. Montague [1]), que le monde est indépendant du sujet, mais il n'en est point séparé. Relation n'est pas dépendance. La relation est un élément adventice, qui peut s'ajouter à un être. Puisque la relation ne modifie pas le terme qu'elle affecte et ne s'identifie pas avec lui, il n'y a aucune raison de nier qu'un objet puisse entrer en relation avec un sujet, et commencer d'être connu à un moment donné, alors qu'il ne l'était pas auparavant. Et c'est bien avec l'objet lui-même que le sujet entre en relation ; ce n'est pas avec un double, une image, à la façon de Locke ou de Descartes. Lorsque je connais, ce que je connais, ce qui est dans ma conscience, c'est l'objet réel. La réalité n'est ni l'original d'une copie plus ou moins parfaite, ni une chose en soi kantienne, encore moins un « Inconnaissable » spencérien ; elle est tout simplement ce qui est connu ; il ne faut pas chercher derrière l'objet une entité mystérieuse ; c'est l'objet lui-même qui, tout en étant connu, est indépendant du fait de la connaissance.

Les arguments invoqués par l'idéalisme ne résistent pas à la critique. Et il ne faut pas faire grand cas des motifs accessoires qui lui ont procuré un succès factice. La doctrine des énergies spécifiques et celle de la subjectivité des qualités secondaires ne sont plus actuellement des dogmes intangibles ; la psychologie se renouvelle, en répudiant l'attitude subjective qu'elle avait cru devoir adopter, sous l'empire des préjugés courants ; et les néo-réalistes travaillent — nous verrons comment et avec quel succès — à édifier une théorie épistémologique qui ne soit ni naïve, ni dualiste, mais qui reste critique, tout en affirmant la présence immédiate de l'objet à la conscience.

1) *Professor Royce's Refutation of Realism*, Phil. Rev., XI (1901), pp. 43-55 ; *Current Misconceptions of Realism, Journ. Phil. Ps. Sc. M.*, IV (1907), p. 102. Voir aussi Mc GILVARY, *Prolegomena to a Tentative Realism, Ib.*, pp. 449-458.

Mais quel titre l'idéalisme possède-t-il à une alliance avec la religion ? Il a souvent voulu conquérir nne place dans le monde moderne en jetant le discrédit sur la science, en essayant de lui tracer *a priori* des limites qu'elle ne puisse pas franchir. Vains efforts ! La science est une des grandes forces qui dominent le monde moderne. Rien n'empêche la curiosité intellectuelle, une fois éveillée, de s'exercer sur tous les objets. Si l'on veut vraiment obtenir à la religion le respect qu'elle mérite, ce n'est pas en dénigrant la science qu'on y aboutira, mais en montrant que ces deux puissances idéales peuvent s'accorder.

Mais la religion de l'idéalisme est-elle une religion véritable ? Les valeurs morales sont-elles vraiment protégées par ce système au nom plein de promesses ? Rappelons-nous que l'idéalisme moderne est une forme d'absolutisme. Comme Platon et Spinoza, il se complaît dans les abstractions stériles et les formules rigides. Au monde réel, étoffé de qualités diverses, il substitue des catégories ternes et sans consistance. Il essaie vainement de leur donner un sens vivant en les parant d'adjectifs et de superlatifs. Que sert-il de parler de Pensée Absolue, de Réalité Suprême, de Volonté Impersonnelle ? On dépouille ces attributs moraux de tout ce qui leur donne un sens. La Conscience qui enveloppe le monde ou qui le constitue est inactive. Elle n'est pas un facteur de progrès moral, mais le fonds indifférent de phénomènes rigoureusement déterminés. Le monde de l'idéalisme n'est pas plus ouvert à l'action morale efficace que celui du déterminisme le plus grossier. Son optimisme béat n'est qu'un déterminisme déguisé. Les aspirations démocratiques actuelles ne trouvent pas à se satisfaire dans un univers où règne la nécessité, d'où le progrès est exclu. Le sentiment religieux ne se contente pas de la permanence de l'Absolu ; il a besoin de l'immortalité personnelle. Il ne trouve pas Dieu dans l'assemblage confus de tous les êtres,

que lui présente l'idéalisme, car il cherche en lui le rému-
nérateur suprême. En un mot, l'idéalisme moderne, loin de
spiritualiser les sciences de la nature, a matérialisé les
sciences de l'esprit [1]).

IV

Nous avons vu les réalistes répondre aux arguments de
leurs adversaires, et même les retourner contre eux.
L'esprit, loin d'être limité à ses propres états de conscience,
connaît autre chose que lui-même ; la relativité de la
connaissance suppose des lois objectives ; « le prédicament
égo-centrique » lui-même n'est pas sans issue ; la théorie des
relations internes ne se soutient que par un appel subreptice
à sa contradictoire ; enfin la philosophie religieuse condamne
l'idéalisme absolu. Sans doute, le réalisme n'est pas encore
prouvé pour cela ; il n'est même qu'imparfaitement défini ;
il le sera mieux plus tard, mais son image commence à se
préciser, sa vérité à s'imposer. Les réalistes ont d'ailleurs
à faire valoir contre l'idéalisme d'autres griefs positifs, qu'il
nous faut résumer.

Tout le monde convient que l'idéalisme est contraire à la
tendance spontanée, à l'attitude naturelle de l'esprit. On a
beau dire que, si le « plain man » rend des services comme
cireur de bottes et porteur de charbon, il ne doit pas être
consulté sur les questions philosophiques [2]) ; son témoignage
n'est pas décisif, mais il faut des raisons pour le rejeter. Le
sens commun, s'il ne peut trancher une question, indique,
en cas de conflit, à qui incombe la preuve. Lorsqu'une

---

1) Cf. PERRY, *Pres. Phil. Tend.*, pp. 85-109, 164-193 ; *Some Disputed Points
in Neo-Realism, Journ. Phil. Ps. Sc. M.*, X (1913), pp. 453-454 ; SPAULDING,
New Rationalism, p. VII.

2) C'est ce que pense, entre autres, M. WARNER FITE, dans son compte rendu
de : FULLERTON, *The World we live in, Phil. R.*, XXII (1913), p. 195.

opposition s'élève contre une opinion communément reçue, une première attitude, simpliste, est de renvoyer le contradicteur aux aliénistes ; mais un parti plus sage consiste à lui demander la preuve de ce qu'il avance. En bonne critique, les preuves doivent être d'autant plus fortes que le fait en question est admis par un plus grand nombre de personnes différentes. Peut-on dire que l'idéalisme a rendu raison des thèses qu'il affiche [1]) ?

L'idéalisme est le fait de quelques penseurs isolés, qui mettent leur gloire à se séparer du contact de la foule, et qui ne sont guère d'accord entre eux. Mais dès qu'ils descendent de leur chaire doctorale pour se mêler à la vie quotidienne, ou pour pénétrer dans un laboratoire, les voilà devenus réalistes comme tout le monde. Car, homme d'affaires ou homme de peine, savant ou ignorant, tout le monde est naturellement réaliste. Cet accord ne fait en somme que constater l'opposition entre l'objectif et le subjectif [2]).

Il ne faut pas demander au sens commun des précisions scientifiques sur la nature de la réalité. Mais, lors même qu'il la conçoit comme animée, spirituelle, il n'est pas, pour autant, idéaliste : l'animisme naïf de l'enfant ou du sauvage n'a rien de commun avec l'épistémologie raffinée du métaphysicien contemporain [3]).

Le témoignage de la science n'est pas moins défavorable à l'idéalisme. Les théories scientifiques les mieux établies

---

1) Cf. Pitkin, *The Neo-Realist and the Man in the Street*, *Phil. Rev.*, XXII (1913), pp. 188-192 ; *New Realism*, p. 477.

2) Cf. Fullerton, *New Realism*, dans *Essays in Honor of William James*, pp. 7-13 ; Montague, *The Relational Theory of Consciousness and its Realistic Implications*, *Journ. Phil. Ps. Sc. M.*, II (1905), p. 313.

3) Voir la discussion entre Miss Mary Whiton Calkins, *The Idealist to the Realist*, *Journ. Phil. Ps. Sc. M.*, VIII (1911), pp. 455-458 ; *Unjustified Claims for Neo-Realism*, *Phil. Rev.*, XXII (1913), pp. 53-56, et M. Pitkin, *The Neo-Realist and the Man in the Street*, *Phil. Rev.*, XXII (1913), pp. 188-192.

ne peuvent s'accommoder d'une philosophie qui réduit l'univers à des phénomènes mentaux. Les figures géométriques et les nombres, comme les corps inertes ou les organismes vivants, sont manifestement indépendants de la conscience. Rien dans leurs propriétés n'implique une dépendance quelconque par rapport à un esprit ; au contraire, la condition essentielle pour que la science soit possible, c'est qu'il existe un ordre objectif des choses, que l'esprit doit découvrir, non créer.

Les philosophes idéalistes n'ont jamais contribué au progrès des sciences. Aucune conclusion féconde n'est sortie de leurs prémisses. Les savants qui, d'aventure, ont adopté une philosophie de ce genre, ont eu soin de tenir leurs convictions philosophiques séparées de leurs doctrines scientifiques. Dans ses essais de conciliation, l'idéalisme a dû se transformer au point de perdre toute raison d'être : la conscience a vu s'effacer tous ses caractères propres ; l'absolu joue le rôle inutile d'une inconnaissable chose en soi, dans un monde qui ne se distingue plus en rien de celui du réalisme [1]).

L'idéalisme s'identifie avec le subjectivisme, par conséquent, avec le scepticisme : voilà le principal argument que les réalistes lui opposent d'instinct [2]). Sans doute, les idéalistes repoussent, en paroles, le scepticisme et le subjectivisme ; ils veulent au contraire établir fermement les bases objectives de la connaissance. Mais la logique de leurs arguments est plus forte. Ils visent à établir la

---

1) Cf. *New Realism*, pp. 36-42, 56-57, 83-91 ; PERRY, *Pres. Phil. Tend.*, pp. 174-188 ; MONTAGUE, *The Relational Theory of Consciousness and its Realistic Implications, Journ. Phil. Ps. Sc. M.*, II (1905), pp. 313-314 ; FULLERTON, *Essays in Honor of William James*, pp. 12-16.

2) Cf. PERRY, *Pres. Phil. Tend.*, pp. 134-163, 317-318, 325 ; *New Realism*, pp. 2-11 : à cette page on lit : « subjectivism, renewed and fortified under the name of idealism, is the dominant philosophy of the day... »

dépendance des objets par rapport à l'esprit ; mais c'est de l'esprit individuel seulement qu'il peut s'agir ; seul il est accessible à l'observation ; c'est de lui qu'il s'agit dans le « prédicament égo-centrique ». On arrive ainsi tout droit au solipsisme. « Mais l'idéaliste lui-même voit que ceci implique contradiction. Il n'est plus possible de distinguer la connaissance vraie, valable, de la simple opinion. Tous les états cognitifs possèdent la même autorité par rapport à leurs objets ; et lorsque, ce qui arrive fréquemment, le même objet est connu de différentes façons, incompatibles entre elles, dans divers actes cognitifs, il est impossible de lever la contradiction » [1]).

Il reste à l'idéaliste la ressource de parler de conscience universelle, objective. Mais ces mots doivent avoir un sens. Dès lors, si le but de la philosophie critique est de rattacher les catégories à la nature de l'esprit, elle ne peut échapper au subjectivisme. Qu'il s'agisse de l'esprit logique, comme dans l'École de Marbourg, ou de l'activité primordiale comme chez les volontaristes, depuis Fichte jusqu'au néo-romantisme, la conclusion est la même : on rattache à l'esprit les lois des choses ; et nous voilà en pleine métaphysique subjectiviste. Souvent, cependant, ces mots ont perdu leur signification précise, même toute signification et alors l'déalisme devient un simple mot, l'Absolu un nom donné à l'ensemble des êtres que tous, idéalistes et réalistes, savants et philosophes, acceptent de la même manière [2]).

Ainsi, l'idéalisme ne se maintient que par la contradiction ; s'il veut être objectif, il se mue en réalisme. Il ne peut d'ailleurs pas s'énoncer sous une forme quelconque, sans impliquer le réalisme. Il distingue entre l'apparence et

---

1) PERRY, *Pres. Phil. Tend.*, p. 162.
2) Cf. outre PERRY, *l. c.*, FULLERTON, *Essays in Honor of W. James*, pp. 21-27.

la réalité [1]). Il admet que nous connaissons les autres
esprits ; pourquoi serions-nous incapables de connaître des
réalités de nature différente [2]) ? Enfin, nous l'avons vu, sa
théorie des relations devrait le conduire à un relativisme
complet ; et cependant il se donne lui-même comme la vérité
absolue, la vue la plus profonde que nous puissions avoir
de la réalité.

De cette philosophie si fière, qui se croyait construite
pour l'éternité, il ne reste plus, aux yeux des novateurs,
qu'un tissu de contradictions. Une série de sophismes a
donné naissance à l'idéalisme et lui a procuré un succès
factice. Nous avons déjà cité les principaux : le prédicament
égo-centrique et le sophisme de particularité exclusive,
combiné avec la définition par prédication initiale. Il en est
d'autres, plus généraux, dont le rôle n'a pas été moindre.
Le sophisme de pseudo-simplicité (the fallacy of pseudo-
simplicity) a fait croire que les affirmations simplistes de
l'idéalisme constituaient une explication. Les objets familiers passent naturellement pour être simples. C'est ainsi
que la conscience serait, selon beaucoup de philosophes,
une idée si claire et si évidente qu'elle n'aurait pas besoin
de définition et qu'elle pourrait servir à expliquer le reste
du monde. En réalité, ici comme ailleurs, cette simplicité
apparente est due à la paresse qui nous fait négliger d'analyser les notions usuelles. Dès qu'on se met à examiner de
près la notion de conscience, on en découvre toute la complexité. Comment donc peut-on encore songer à en faire le
point de départ d'une explication générale du monde?
De même, une tendance naturelle à la simplification nous
pousse à aimer les synthèses grandioses. On a cru pouvoir

---

1) Cf. *New Realism*, pp. 304-306.
2) Cf. *New Realism*, p. 296 ; MONTAGUE, *Unreal Subsistence and Consciousness*,
Phil. Rev., XXIII (1914), pp. 52-53.

bâtir des systèmes philosophiques sur une seule idée fondamentale. On a fait de la recherche du principe unique de
toutes choses le but même de la philosophie. C'est le
« dogme spéculatif » (*the speculative dogma*), position sans
critique, qui a conduit aux synthèses hâtives, si nombreuses
dans l'histoire. Il a été la source du verbalisme, sous lequel
se déguise souvent la pauvreté de l'idée ; il a fait fleurir
l'hyperbole et surtout le culte de l'Inconnu, devant lequel
la philosophie aime à humilier les connaissances humaines.

Toutes ces circonstances font triompher le « sophisme
de suggestion verbale » (*the fallacy of verbal suggestion*).
C'est l'*idolum fori* de Bacon. Le mot remplace l'idée, l'effet
de rhétorique, dû aux juxtapositions d'épithètes, la pensée
philosophique. Les doctrines vagues se couvrent aisément
de pareils oripeaux. Il en résulte que le sens précis de
mots tels que force, matière, conscience, volonté se perd,
et que, d'autre part, le sens conventionnel, spéculatif de
ces termes s'associe un contenu étranger. Souvent un super-
latif ou simplement une majuscule suffit à transformer de
la sorte un mot simple. Mais la pire perversion du sens des
vocables, c'est bien celle qui consiste à les combiner pour
former des concepts entièrement fictifs, si tant est qu'une
signification quelconque réponde encore à ces alignements
de termes.

Enfin, un dernier sophisme consiste dans l'importance
exagérée donnée à un fait ou à une vérité (*the fallacy of
illicit importance*). De ce qu'une proposition est obvie ou
indéniable, il ne suit pas qu'elle renferme une vérité
féconde, capable d'éclairer notre connaissance du monde.
La certitude d'une vérité particulière peut être fort indifférente à la constitution d'une science ; et les certitudes qui
paraissent psychologiquement les plus évidentes, peuvent
être trompeuses. C'est par la logique qu'il faut trancher la
question. N'est-ce pas ce qu'il faut dire des propositions

vraies qui se trouvent à la base du prédicament égo-centrique ? Leur certitude ne peut pas nous dispenser de les
analyser ; et alors nous découvrirons peut-être qu'elles n'ont
qu'une importance fort secondaire [1]).

V

Les controverses philosophiques sont généralement déses-
pérantes, moins encore parce que ceux qui s'y livrent ne
parviennent pas à imposer leurs convictions à leurs adversaires, que parce qu'ils ne peuvent se mettre d'accord sur
les opinions qu'ils attaquent ou défendent. Les philosophes,
dirait-on, se comprennent encore moins aisément entre eux
qu'ils ne se réfutent. Les idéalistes n'ont pas manqué de
répéter que leur pensée et leurs arguments étaient travestis
par le parti opposé. Si nous avions à suivre toutes les discussions qui ont eu lieu à ce sujet, il serait bien malaisé
d'arriver à une conclusion, tant, à première vue du moins,
les avis paraissent divergents, dans le camp idéaliste lui-
même. Toutefois, une impression d'ensemble se dégage des
nombreuses publications polémiques : dans la conviction de
ses représentants actuels, l'idéalisme se refuse à toute
compromission avec le scepticisme. Respectueux des
sciences, aussi bien que du sens commun, il vise à une
interprétation générale de l'univers qui assure la prédominance des valeurs idéales, surtout morales, sur le chaos
des phénomènes. Il est beaucoup moins une philosophie des
éléments constitutifs de la réalité que de sa structure. Il
en affirme l'intelligibilité essentielle : l'esprit gouverne et
pénètre le monde ; il est immédiatement présent à son
objet ; il n'y a point de dualisme du monde intérieur et du

---

1) Sur ces sophismes, voir *New Realism*, pp. 11-21 ; Perry, *Pres. Phil. Tend.*,
pp. 164-188. M. Perry est l'auteur de ces dénominations.

monde extérieur, encore que, pour la pensée finie, il y ait
des ignorances et des limitations, qui tendent, du reste, à
s'effacer par le progrès continu de la conscience ; l'impéné-
trable, l'opaque, est destiné à disparaître de la réalité [1]).

Cette alliance de l'idéalisme et de l'absolutisme est-elle
bien solide? Nous ne le croyons pas. Les néo-réalistes,
M. Perry en particulier, ont bien montré ce qu'il y a d'artificiel dans une philosophie faite d'un mélange d'épistémologie subjectiviste, de métaphysique spiritualiste et de
mysticisme romantique. Si l'idéalisme moderne ne se perd
pas entièrement dans le subjectivisme, c'est qu'à sa théorie
de la connaissance il associe en vertu d'une tradition qu'il
méconnaît lui-même, une métaphysique réaliste. Celle-ci
remonte à Aristote et à Platon à travers Leibniz, Spinoza,
Descartes, et même saint Thomas d'Aquin et saint Augustin.
La complexité et l'opposition des courants de pensée qui
constituent l'idéalisme n'est pas la moindre difficulté que
rencontre la critique.

On peut être surpris de voir les réalistes refuser obstiné-
ment de reconnaître une part de subjectif dans la perception
sensible ; les faits qui montrent la relativité des sensations
sont cependant assez clairs. Mais, à vrai dire, ils ne veulent
point nier toute intervention du sujet ; ils disent seulement
que cette action est soumise à des lois objectives, qu'il est
possible de déterminer avec certitude. Comment ils en con-
cilient l'existence avec leur « monisme épistémologique »
c'est ce que nous verrons plus loin. Ce qu'ils reprochent
aux idéalistes, c'est, en somme, de faire des mots « subjec-

---

1) Cf. E. H. HOLLANDS, *Neo-Realism and Idealism, Phil. Rev.*, XVII (1908),
pp. 507 517 ; C. M BAKEWELL, *Idealism and Realism, ib.*, XVIII (1909), pp. 503-
513 ; G. A. TAWNEY. *Methodological Realism, ib ,*. XXII (1913), pp. 284-303 ;
WARNER FITE, compte rendu de G. S. FULLERTON, *The World we live in, ib.*,
XXII (1913), pp. 193-200 ; J. W. SCOTT, *Idealism as Tautology or Paradox, ib.*,
XXII (1913), pp 467-483 ; C. I. LEWIS, *Realism and Subjectivism, Journ. Phil.
Ps. Sc. M.*, X (1913), pp. 43 49.

tif, esprit, moi, conscience » des passe-partout destinés à ouvrir la porte de tous les mystères. Au lieu de définir ces termes, on les emploie dans le sens le plus vague. Il était légitime de protester contre ce langage abusif et la méthode simpliste qu'il masque ; le spiritualisme ancien savait se garder de ces écueils.

Il est certain que l'idéalisme tel qu'il s'est développé au cours de l'histoire, s'est appuyé sur les arguments que lui attribuent les néo-réalistes, et que ces raisonnements devaient l'acheminer au subjectivisme. Il est difficile de dire lequel a été prépondérant. Il nous semble que les faits de relativité ont surtout servi de point de départ à la réflexion critique ; ils ont attiré l'attention sur l'insuffisance du réalisme naïf ; mais ils n'ont conduit à l'idéalisme que grâce à l'attitude subjective, au point de vue égo-centrique, adopté depuis Descartes par la philosophie moderne. Cette attitude à son tour n'aurait pas abouti à l'idéalisme si une doctrine réaliste ou plutôt dualiste ne s'était trouvée impliquée dans le raisonnement, dès le point de départ ; cette doctrine est toujours à l'arrière-plan des arguments idéalistes ; sans elle, ils n'ont plus de portée ; et c'est, certes, un spectacle peu banal que celui d'un système qui ne se maintient qu'en impliquant tacitement la thèse qu'il prétend combattre.

Expliquons-nous. Il nous faut remonter à l'origine même de l'idéalisme moderne. Relisons le *Discours de la Méthode* et les *Méditations métaphysiques*. Le but de ces écrits est de découvrir une méthode pour arriver à la certitude philosophique. Les arguments classiques des anciens sceptiques, jeux de dialectique ou faits d'expérience, sont invoqués pour ébranler le confiance spontanée que nous avons dans nos facultés. La certitude doit venir du moi, immédiatement présent à lui-même. C'est de ce centre qu'on part pour aller aux choses. Mais le moi est une substance pensante, une âme spirituelle. Descartes lui accorde tous les attributs que lui avaient reconnus les scolastiques; il exagère même son indépendance vis-à-vis de la matière. Si l'âme est essentiellement une substance pensante et rien de plus, le corps humain, comme tous les autres, est de l'étendue; il est aussi une substance indépendante. Comment l'âme peut-elle atteindre les autres êtres, surtout les corps? Comment est-elle unie à l'organisme qu'elle considère comme sien? Comment le connaît-elle? Elle ne peut sortir d'elle même. Elle doit se servir d'idées, représentations assez peu fidèles des corps. Leur évidence et leur présence immédiate sont les seules garanties de vérité; elles sont donc mieux connues que les objets qu'elles prétendent représenter. Sans doute, il y a autre chose dans le Cartésianisme; il y a une vue très profonde de l'opposition entre la méthode rationnelle pure et l'expérience, une intuition de la valeur indépendante des principes, dominant celle de l'ordre phénoménal. Cette conception cherche à s'exprimer tant bien que mal dans les cadres d'une psychologie et d'une métaphysique mal adaptées. Mais ce qui a frappé les contemporains, — et c'était l'aspect le plus obvie — c'est le dualisme établi entre la connaissance et les choses et la difficulté qu'éprouve la pensée lorsqu'elle veut se dégager des limites imposées par l'attitude subjective.

C'est ainsi surtout que Locke a compris le problème de la connaissance. La question logique apparaît quelquefois dans son œuvre, mais le point de vue psychologique domine. L'âme reste une substance, encore qu'on n'en connaisse plus la nature, et que sa raison d'être ne soit pas bien claire. Les idées lui apportent une représentation du monde extérieur dont elles sont des copies. La distinction des qualités primaires et secondaires est consacrée. La notion de substance s'est altérée : elle n'est plus qu'une collection d'impressions et d'idées; ainsi se préparent les négations plus radicales de Berkeley et de Hume.

L'évolution continue chez Berkeley. La substance matérielle est éliminée, et le « prédicament égo-centrique »
reçoit sa formule définitive. La critique des sensations
devient complètement subjectiviste. Par contre, la substance spirituelle est maintenue aussi fermement que chez
Descartes. On comprend d'autant mieux la forme spéciale
de sa théorie de la connaissance : les êtres matériels
n'existent que dans les « idées » des substances spirituelles.

Chez Hume, l'unité du moi a disparu ; aussi l'on
s'explique beaucoup moins l'affirmation de l'idéalisme.
La critique plus radicale des sensations ne devait pas
nécessairement y conduire. Au contraire, cette psycho-
physiologie se formule nécessairement en termes réalistes ;
l'opposition du mental et du physique n'empêche nullement
ces deux principes d'être des réalités existantes. L'atomisme
psychologique est plus réaliste qu'idéaliste. Si la vie mentale et l'univers entier sont des éléments de même nature,
il n'est pas certain qu'ils soient d'ordre mental. Pour que le
mot « mental » ait un sens, il faut que l'esprit lui-même soit
une réalité ontologique ; s'il n'est que la réunion d'impressions associées, il ne peut pas servir à les définir. L'objet
et le sujet n'ont de sens métaphysique que s'ils s'opposent
comme des réalités, et non comme de simples points de vue.
L'idéalisme emprunte sa signification au souvenir de la
doctrine de l'âme substance ; ce souvenir reste impliqué
dans les interprétations relativistes des faits de sensation
et dans les arguties du prédicament égo-centrique.

Le criticisme kantien n'échappe pas à ces difficultés.
Même interprété dans le sens objectif, il renferme trop de
traces de la conception psychologique et substantialiste du
moi pour éviter les conséquences subjectivistes du dualisme
radical. Phénomène, idée, faculté prennent tour à tour le
sens objectif et le sens subjectif et souvent les combinent

en une vague association. Ces équivoques ont persisté chez les successeurs de Kant, aggravées encore par les préoccupations religieuses d'un protestantisme plus ou moins libéral et par l'exaltation romantique. L'allure subjective de ces systèmes est manifeste jusqu'au moment où ils se rencontrent avec les sciences, qu'ils prétendent incorporer. Alors l'idéalisme disparaît — à part la suggestion des mots — pour faire place à un réalisme qui ne diffère en rien de celui du sens commun.

Peut-être dira-t-on que l'idéalisme conserverait au moins la valeur d'un coefficient général affectant toute la description de l'univers. Mais il faut préciser la nature de ce coefficient. S'il a un sens, nous revenons à la notion traditionnelle d'esprit et, par suite, au dualisme, qui est la contradiction même de la thèse idéaliste pure. S'il n'a point de sens positif, l'idéalisme ne se distingue plus en rien de la thèse opposée.

Le véritable « monisme épistémologique » ne peut pas être idéaliste. S'il confond l'objet avec la conscience, il absorbe aussi la conscience dans l'objet. L'objet est tout juste ce qu'il paraît être. Rien ne l'a mieux montré que la controverse de Wilhelm Schuppe et de Richard Avenarius. Le philosophe de l'immanence se proclamait solipsiste, mais il faisait reparaître dans la conscience, le monde réel, non pas seulement comme pensé, mais comme réel, puisqu'ainsi il apparaît. Avenarius, décrivant l'expérience pure, abstraction faite de toute intervention de la conscience, y trouvait exactement la même chose. Et les deux philosophes, si éloignés à première vue, se rencontrent dans le réalisme naïf [1]).

---

1) Cf. WILHELM SCHUPPE, *Die Bestätigung des naiven Realismus, Offener Brief an Herrn Prof. Dr. Richard Avenarius, Vierteljahrsschrift für wissenschaftliche Philosophie*, XVII (1893), pp. 364-388. Reproduit dans R. AVENARIUS, *Der menschliche Weltbegriff*, 3e éd. Leipzig, Reisland, 1912, pp. 137-177.

M. Spaulding a donc raison de dire qu'il faut implicitement faire appel à une notion inopportune de substance, pour aboutir, de la relativité des sensations ou du prédicament égo-centrique, à l'idéalisme ; et cet idéalisme sera nécessairement subjectif. On se regarde, en effet, comme enfermé dans l'esprit, l'esprit individuel donc, puisque celui-ci seul est une réalité substantielle, et le problème est d'en sortir. Cette âme est un espace clos, une boîte où doivent apparaître des images des choses extérieures ; car les choses elles-mêmes en sont exclues, et l'âme ne possède pas d'organe qui puisse aller les saisir où elles sont.

Mais avant de faire de cette conséquence un grief à Aristote, il faudrait voir si sa conception a été fidèlement suivie. Or, nous sommes ici en présence d'une confusion entre deux notions que la tradition aristotélicienne a constamment distinguées. Si la substance matérielle possède ces caractères d'étendue exclusive et d'impénétrabilité, il n'en est pas de même de la substance spirituelle. N'étant pas spatiale, elle ne suit pas les lois de la transmission des qualités corporelles. La connaissance est au moins partiellement indépendante des conditions de l'étendue; la sensation en dépend, mais si l'intelligence s'y réfère en un sens, elle la dépasse aussi. Il n'y a pas d'obstacle à ce qu'un esprit, n'étant pas spatial, se rende présents des objets autres que lui-même et que son propre corps. On a sans doute mauvaise grâce à parler de l'âme substantielle à l'heure qu'il est. Cette conception n'est plus à la mode. Mais les néo-réalistes, qui ont eu le courage de s'attaquer au fétiche idéaliste, devraient avoir assez de justice pour se rendre un compte exact d'une théorie longtemps en honneur, qui leur procurera peut-être de surprenantes lumières pour l'étude d'un problème toujours actuel [1]).

1) W. James a reconnu que la doctrine de la substantialité de l'âme pouvait

La philosophie traditionnelle a des tendances qui s'accorderaient assez bien avec les exigences des néo-réalistes. Loin de faire reposer la métaphysique et la morale sur de vagues intuitions de la conscience, elle veut que la connaissance de l'âme elle-même s'appuie sur de laborieuses démonstrations. Ce n'est pas ici le lieu de développer ces thèses de psychologie et de métaphysique ; il suffit de faire ressortir leur caractère objectif, qui les rapproche des méthodes préconisées par les néo-réalistes. ·

Ces derniers ont bien mis en évidence les vices de méthode de l'idéalisme. La critique du prédicament égo-centrique et de la théorie de la dépendance du sujet et de l'objet est particulièrement bien menée. Mais était-il bien utile de faire intervenir la notion de l'induction dans la discussion du prédicament égo-centrique ? Il semble que nous soyons ici en présence d'une question plus générale que celles qui peuvent être résolues par les méthodes scientifiques particulières. L'interprétation positive que M. Perry donne du fait de la connaissance souffre, nous le verrons plus loin, de l'étroitesse de ce point de vue. Il est intéressant de noter que ces erreurs avaient été signalées à peu près de la même façon, dès 1897, par le Cardinal Mercier, alors professeur à l'Université de Louvain. Dans un chapitre substantiel de son ouvrage trop peu connu sur *Les Origines de la psychologie contemporaine,* il faisait ressortir avec force que la notion de l'objet réel est impliquée dans toute épistémologie, même la plus idéaliste ; l'idéalisme logique menait, selon lui, à une dissolution du sujet pire que le solipsisme même ; enfin, la présence d'un objet à la conscience n'impliquait pas sa dépendance, et l'objectivité de la connaissance ne supposait nullement la séparation entre le sujet et l'objet [1]).

donner la solution de certaines difficultés capitales en philosophie ; seul le préjugé courant l'a empêché de s'y rallier. Cf. *A Pluralistic Universe,* pp. 208-210.

1) *Op. cit.,* ch. V : Critique des principes de l'idéalisme, Louvain, 1897.

Discutant contre les idéalistes modernes, qui admettent comme eux, à des degrés divers, la valeur de la science, les néo-réalistes pouvaient sans doute se dispenser de pousser plus loin leur réfutation. Peut-être attribuent-ils trop de valeur au témoignage du savant ou même du sens commun. Ils font, il est vrai, de sages réserves au sujet de ce dernier. Mais leur enthousiasme pour la science leur fait parfois exagérer sa valeur philosophique. Les idéalistes pourraient demander une critique plus approfondie de l'induction elle-même. Mais cette critique plus générale paraîtrait sans doute aux néo-réalistes dépourvue de portée. Une telle épistémologie ne répondrait pas exactement à l'idée qu'ils se font de cette discipline ; nous verrons plus loin comment ils conçoivent la critique de la science et de la connaissance en général. Certains d'entre eux, M. Ewer et M. Fullerton font preuve d'une sagesse un peu courte, lorsque, à toute demande d'explication sur le comment de la connaissance, ils opposent une fin de non-recevoir.

De l'examen que, à leur suite, nous venons de faire de l'idéalisme, nous pouvons tirer quelques conclusions sur leur propre doctrine. Elle commence à se dégager, non seulement dans ses thèses principales, mais surtout dans ses caractères méthodiques propres.

Il est faux que l'objet dépende du sujet individuel. Il n'est nullement prouvé que l'ensemble de la réalité soit de nature mentale ou dépende d'une conscience absolue ou collective. L'épistémologie ne peut certainement rien nous apprendre à ce sujet. Les termes généraux esprit, matière, ne doivent pas servir de point de départ à la philosophie. Mieux vaut procéder avec lenteur, par des analyses partielles, que d'édifier hâtivement des synthèses caduques. Le néo-réalisme préfère les détails, même fragmentaires mais bien établis, au verbalisme sonore des philosophies plus prétentieuses.

CHAPITRE III

Réalisme et Pragmatisme

Il fallait s'attendre à trouver, chez les auteurs que nous étudions, plus de sympathies pour le pragmatisme que pour l'idéalisme. Ils se défient des vastes synthèses, des métaphysiques basées sur l'épistémologie ; les pragmatistes, en Amérique au moins, ne sont pas moins sceptiques à cet égard. La génération précédente avait élevé un majestueux palais d'idées ; ses proportions symétriques plaisaient à l'imagination ; le chaos des phénomènes y était logé pour toujours dans un ordre parfait. Nous avons vu avec quelle ardeur belliqueuse les jeunes philosophes ont travaillé à le détruire ; ils ont même su discipliner leurs forces pour rendre le travail de destruction plus méthodique et plus persévérant, partant, plus efficace. Mais les pragmatistes avaient commencé le travail. A grands coups de pic, William James avait déjà attaqué l'édifice des catégories hégéliennes. Plus d'un néo-réaliste a été réveillé du rêve idéaliste par le bruit des débris que faisait tomber l'impitoyable démolisseur. Aux vues d'ensemble, sujettes à caution, les pragmatistes préféraient les examens détaillés et partiels : c'est peut-être le précepte fondamental de la méthode néo-réaliste. D'autre part, plus d'un pragmatiste avait affirmé sa foi au monde réel, concret, tel que l'admet le vulgaire bon sens. En fallait-il davantage pour s'accorder ?

Cependant, les nouveaux venus ont prétendu dépasser le

pragmatisme. Il a gardé des traits de leur vieil ennemi, le subjectivisme. Résolus à l'exterminer partout, ils critiquent parfois sévèrement leurs alliés de la veille. Il n'est donc pas facile d'expliquer l'attitude des réalistes vis-à-vis du pragmatisme. Celui-ci est d'ailleurs un mouvement très complexe, une tendance bien plus qu'un système ; il est plus difficile encore à enfermer dans une formule générale que l'idéalisme, lui-même déjà si flottant. Il ne part pas d'un principe rigide, il ne s'identifie pas avec une habitude fixe de l'esprit ; il est plutôt une attitude qu'une doctrine. Puis, nous en sommes encore trop rapprochés pour le juger sereinement ; il n'apparaît pas encore à nos yeux avec la netteté que donne le recul historique. On peut cependant, semble-t-il, en donner une caractéristique générale qui orientera la critique. « Le pragmatisme, écrit M. Perry [1]), consiste dans le sens le plus large du mot, à *accepter comme fondamentales les catégories de la vie*. C'est la philosophie *bio-centrique*. De plus, il faut l'ajouter tout de suite, le pragmatisme entend par « vie », non la vie imaginaire ou idéale de quelque être hypothétique, non la vie « éternelle » ou la vie « absolue », mais bien la vie temporelle, agissante, des animaux et des hommes, la vie d'instinct et de désir, d'adaptation et de milieu, de civilisation et de progrès ».

Nouveau comme mouvement, le pragmatisme est bien, comme l'a dit James, « un vieux mode de penser » ; cependant on ne peut l'identifier avec aucune des doctrines qui l'ont préparé. L'empirisme anglais a mis en évidence, avec l'importance du fait, le rôle de l'hypothèse ; Hume a parlé quelque part de la certitude modeste qui suffit à la vie. Kant a insisté sur le primat de la raison pratique ; Fichte et ses disciples ont défendu le volontarisme. Le pragmatisme,

1) *Pres. Phil. Tend.*, p. 197.

surtout dans la forme bergsonienne, dépend sans nul doute
du volontarisme. Mais il reste une philosophie du concret ;
il est tout près de la nature. Et la nature, pour lui, c'est
celle qu'étudie la biologie plus encore que celle du physicien.
Il est délibérément anthropocentrique. On y a vu, non sans
raison, l'aboutissement du positivisme et la dernière forme
de l'évolutionnisme ; comme cette doctrine biologique, il
considère tout au point de vue de la fonction et du développement [1]).

Théorie de la connaissance avant tout, le pragmatisme a
conduit naturellement à une métaphysique et ensuite à une
philosophie de la religion. Il nous faudra l'examiner sous
ce triple aspect, à la suite des néo-réalistes, pour le
comparer avec leurs doctrines [2]).

I

L'idéalisme considère généralement la connaissance à
l'état achevé, comme un système objectif, un ensemble de
vérités. Le pragmatisme, fidèle à sa méthode biologique, la
regarde dans son dévoloppement ; elle est, pour lui, un
processus, une action vitale. Aussi les pragmatistes ne se
contentent-ils pas, pour l'étudier, de la méthode logique des

---

1) Cf. SPAULDING, *New Rationalism*, pp. 283-301 M. Spaulding insiste, non
sans raison, sur l'importance de l'idée d'évolution dans le pragmatisme.
M. Spaulding croit même que l'intuitionnisme des pragmatistes est dû, au moins
en grande partie, à l'influence des sciences d'observation, surtout biologiques;
celles-ci feraient préférer la vision concrète à l'analyse intellectuelle. Quoique
cette disposition d'esprit soit réelle, nous ne pensons pas qu'elle puisse conduire
à un antiintellectualisme aussi radical que celui de James ou de M. Bergson.

2) Nous suivrons principalement la IVe partie de PERRY *Pres. Phil. Tend.*,
pp. 197-268.

Auparavant, M. Perry avait publié deux articles dans *Journ. Phil. Ps. Sc. M* :
A Review of Pragmatism as a Theory of Knowledge, t. IV (1907), pp. 365-374 et
A Review of Pragmatism as a Philosophical Generalization, *ib.*, pp. 421-428.
Dans l'ouvrage cité, il nous paraît avoir tenu compte des critiques formulées

idéalistes. Leur méthode est psychologique et logique à la fois. Ou plutôt, la psychologie est pour eux le moyen de voir en quoi se distinguent les connaissances vraies et fausses, aussi bien dans leur devenir que dans leur état final.

Ainsi comprise, la pensée a manifestement un caractère pratique. Qu'il s'agisse d'une opération financière, des espaces non euclidiens, ou des attributs de Dieu, « la connaissance est une entreprise, projetée à l'occasion d'une circonstance bien concrète, réalisée par des moyens parfaitement déterminés, poursuivie avec des sentiments d'espoir et de crainte très réels, et terminée par le succès véritable ou l'insuccès regretté [1] ». Que devient, dans cette conception, le rôle de l'idée ? Quelle est la différence entre l'idée vraie et l'idée fausse ?

On voit, par cette description, que les pragmatistes s'occupent à peu près exclusivement de la connaissance réfléchie, médiate ; James l'appelle *knowledge about*. La connaissance immédiate, *knowledge by acquaintance,* étant la présence directe du donné, ne paraît pas susciter de

---

contre ses premiers essais par M. A. W. Moore, *Professor Perry on Pragmatism, ib.*, pp 567-577. Voir aussi dans le même ouvrage : *Appendix : The Philosophy of William James*, pp. 340-378. Ajouter les importants articles de Montague, *May a Reulist be a Pragmatist ? Journ. Phil. Ps. Sc. M.*, VI (1909), pp. 460-463, 485-490, 543-548, 561-571, fidèlement résumés par R Jeannière, *Un réaliste peut-il être pragmatiste? Revue de Philosophie,* XVI (1910), pp. 133-155. Enfin, Spaulding, *New Rationalism,* pp. 54, 72 73, 109-111, 134-135, 199-200, 250-251, 273-307, 370-371. Nous signalerons au passage les divergences de ces auteurs, généralement d'accord dans leurs appréciations du pragmatisme. — Il n'est peut-être pas superflu de faire remarquer que le pragmatisme dont nous nous occupons ici et que nous venons de caractériser à la suite de M. Perry, n'a presque rien de commun avec la « Philosophie de l'Action » de M. Maurice Blondel. M. Blondel avait d'abord proposé le nom de « Pragmatisme » pour désigner sa doctrine ; il y a renoncé dès qu'il s'est rendu compte de l'équivoque de ce vocable, réclamé en même temps par l'empirisme biologique américain. Cf. *Bulletin de la Société Française de Philosophie* (1908), pp. 293-294. James lui-même n'a pas toujours évité cette confusion.

1) Perry, *Pres. Phil. Tend.*, p. 200.

difficultés, ni attirer leur attention. M. Dewey, nous l'avons vu [1]), lui refuse même la qualité de connaissance véritable. L'idée, instrument de la pensée réfléchie, ne se caractérise pas par son contenu, mais par sa fonction qui est de désigner, de signifier (*to mean*) un objet. Elle le fait en suggérant les actes à accomplir pour se mettre en sa présence. Elle a sa place marquée dans l'évolution de la vie : quand une situation nouvelle nous embarrasse, elle nous permet de « reconstruire l'expérience » pour pouvoir la comprendre et nous y orienter. Elle est aussi le moyen de rapprocher du sujet les objets éloignés dans l'espace ou dans le temps. Elle lui permet, enfin, de condenser et de manier aisément des masses considérables de données trop encombrantes dans leur forme primitive. Pratique par sa fonction première, remplacer ou éclairer l'expérience, l'idée l'est encore par sa destination ultérieure, permettre au sujet d'agir sur le milieu pour y vivre.

M. Montague appelle cette conception le « pragmatisme biologique » ou la théorie instrumentaliste de la connaissance » [2]).

La notion de la vérité découle de la théorie précédente. La vérité est une propriété des idées, non des choses. Une connaissance est vraie lorsqu'elle remplit sa fonction, qu'elle atteint sa destination, qu'elle répond au besoin concret qui lui a donné naissance. Comme tout instrument, l'idée peut faillir à sa destination ; dans ce cas, elle est fausse. Pas plus que l'idée n'est une copie, la vérité n'est une relation de correspondance, de ressemblance ou d'égalité avec un objet ; si cette ressemblance existe, elle est accidentelle. La vérité n'est pas davantage l'accord des

---

1) Voir plus haut, pp. 47-48.
2) Cf. *May a Realist be a Pragmatist ? Journ. Phil. Ps. Sc. M.*, VI (1909), p. 46[1].

choses entre elles ou l'harmonie interne des pensées, comme le veut l'idéalisme absolu.

Une idée peut avoir de buts multiples. Lequel déterminera sa vérité en cas de conflit? Ainsi une idée de mon état après la mort peut servir à différents usages : me préparer aux situations de l'autre vie ou aux efforts de la vie présente, me consoler du décès d'un ami, ou simplement répondre au besoin d'unité de mon système philosophique. C'est la question du critère de la vérité. M. Perry ramène à cinq les critères pragmatistes ; il leur donne les noms suivants : vérification par perception, par cohérence logique, par opération, par sentiment et par utilité générale.

Vérifier une idée par la perception, c'est tout simplement suivre sa signification, réaliser la perception qu'elle indique. Si cette perception est bien telle que l'idée la faisait attendre, l'idée est vraie; si j'éprouve un désappointement, elle est fausse. Lorsque je soumets les idées à vérifier à l'épreuve de la comparaison avec d'autres idées dont la valeur est déjà établie, je fais une vérification par voie de cohérence logique.

Ces deux critères sont classiques : ils correspondent aux données traditionnelles de l'empirisme et du rationalisme. Les pragmatistes n'ont fait que préciser la série des opérations nécessaires à leur emploi. James et d'autres les considèrent comme des critères strictement « théoriques ». Ils ne sont pas applicables partout, mais, dans leur domaine, leur valeur est décisive ; il est impossible à l'esprit de s'y soustraire. Les autres critères ne peuvent que les suppléer, là où, pour une raison quelconque, leur emploi est impossible; ils peuvent aussi confirmer des vérités déjà établies théoriquement, mais qui présentent, par surcroît, un caractère d'utilité accessoire.

A la vérification par perception ou expérience « passive », s'oppose l'expérience « active », l' « opération », l' « utilité

subséquente » de James. M'étant formé une idée au sujet
d'un objet donné, j'y conforme ma conduite. Le succès de
cette application décidera de la valeur de ma supposition.

A un degré inférieur se trouve la vérification par sentiment : le choix de l'idée que j'adopte peut être dicté simplement par son caractère agréable en elle-même, sa beauté,
son harmonie, ou par ses effets toniques sur la volonté.

Enfin, le dernier de tous les critères est celui de l'utilité
générale. Il est basé sur la satisfaction totale qu'apporte
une idée à l'ensemble des exigences de la vie individuelle
et sociale. On ne sait trop ce que les pragmatistes entendent
par ce critère. Il peut, en effet, inclure tous les précédents,
et il n'a pas alors de valeur particulière ; il peut aussi désigner je ne sais quelle vague satisfaction ou utilité pratique
proprement dite. Dans ce sens, on ne peut l'employer, cela
va sans dire, qu'à défaut des autres ; une idée ne pourra
jamais être prouvée par lui, si elle n'est pas d'accord avec
les faits ou les idées préalablement vérifiées.

L'ensemble de ces critères constitue, dans la terminologie
de M. Montague, le pragmatisme logique [8]).

La polémique pragmatiste a pris généralement les allures
d'une critique de l'intellectualisme. L'intellectualisme, selon
les pragmatistes, est l'usage dogmatique de l'intelligence.
Au lieu de replacer cette faculté dans son milieu, d'en faire
la critique en étudiant sa finalité et les circonstances de son
action, on l'utilise aveuglément pour connaître la réalité.
Loin de la concevoir comme une faculté vivante, on fixe la
réalité fuyante en termes figés.

Réduit à ces termes, le problème n'est que l'éternelle
querelle des intellectualistes et des volontaristes. L'intelligence est-elle un cas particulier du vouloir, ou la volonté

8) Cf. *Art. cité*, p. 463.

une sorte de connaissance? Ainsi posée, la question est insoluble. On pourrait, il est vrai, se demander ceci : étant admis que la connaissance est un vouloir, de quelle espèce de vouloir s'agit-il? Ce genre de question serait en harmonie avec l'idée générale que les pragmatistes se font de la connaissance. Pourtant ils ne posent pas précisément la question sur ce terrain. Ils cherchent plutôt à définir les rapports des deux espèces de connaissance, réfléchie et immédiate. Laquelle se suffit à elle-même? Laquelle est fondamentale? L'intellectualiste n'admet qu'une espèce de pensée, la pensée réfléchie; le pragmatiste croit qu'elle a besoin d'être complétée par une intuition d'un autre ordre, et pour se connaître elle-même, et pour saisir certaines réalités qui lui échappent : la sensation, le temps, le devenir, la vie, ou, en général, l'essence intime des êtres. Intuitionnisme, immédiatisme d'une part, intellectualisme, discursivisme de l'autre, tels sont les termes de l'opposition. Malgré les divergences individuelles, tous les pragmatistes s'accordent à insister sur l'importance d'« *une variété non intellectuelle de connaissance*, plus fondamentale et plus compréhensive que l'intellection, et qui, selon le mot de James, nous procure la vision profonde, intime *(insight)*, bien différente de l'intellection abstraite et superficielle »[1]).

Il suffit, disent les pragmatistes, de se rappeler la nature de la connaissance pour se rendre compte de cette supériorité de l'intuition. L'idée n'a d'autre but que de suppléer l'intuition absente : elle doit contribuer à rétablir le contact immédiat avec l'objet, lorsqu'il est troublé par quelque accident, le remplacer lorsqu'il ne peut être obtenu. La connaissance médiate n'est jamais qu'un succédané, partant un produit imparfait, dont toute l'utilité vient de ce qu'il remplace plus ou moins parfaitement l'intuition.

1) PERRY, *Pres. Phil. Tend.*, p. 224.

D'ailleurs, la connaissance médiate est essentiellement conceptuelle. Or, les concepts, s'ils sont clairs, distincts, fixes, sont aussi abstraits et artificiels. De par leur nature même, ils s'éloignent de la réalité complexe, indistincte et mouvante. James a nommé « intellectualisme fautif » (*vicious intellectualism*) l'emploi abusif des concepts. Oubliant qu'ils ne contiennent qu'un aspect de l'expérience, l'intellectualiste outrancier s'en sert pour définir les choses par leurs seuls caractères conceptuels. Il croit devoir nier tout ce qui n'est pas contenu dans les concepts ; il identifie le monde, riche de qualités, avec la pauvreté uniforme du discours. Les causes de cet abus s'appelleraient, dans la terminologie de M. Perry, sophisme de particularité exclusive et définition par prédication initiale.

N'est-il donc pas possible de remédier à ce défaut en multipliant les concepts? Ne pourrait-on pas obtenir par leur addition ce qui manque à chacun pris à part? Non, répondent les pragmatistes, et surtout M. Bergson. Le vice radical est dans la nature même des concepts. L'intelligence n'est qu'un moyen d'action. Pour agir, il faut pouvoir isoler les aspects divers d'une situation et les fixer par l'attention. Voilà ce que fait l'intelligence. Elle dispose ses objets en systèmes de termes extérieurs les uns aux autres. Son idéal est la géométrie, son expression parfaite, la méthode analytique. Plus elle progresse, plus elle fige le système spatial qui est son œuvre propre. Elle s'éloigne toujours davantage de la réalité qui est fluidité, interpénétration, continuité, durée.

L'exposé de ces thèses, chez les néo-réalistes s'accompagne de plus de sympathie que celui des théories idéalistes; il fait prévoir une appréciation plus favorable. Si les réalistes ne prennent pas comme point de départ la notion de la vie, s'ils ne font pas reposer toute la philosophie sur la psychologie, ils attachent pourtant une grande importance aux faits biologiques et psychologiques dans la théorie de la connaissance. Ainsi, M. Marvin s'efforce de prouver que l'épistémologie, loin d'être la base de toute synthèse philosophique, suppose les sciences biologiques et psychologiques aussi bien que la logique et la métaphysique [1]). M. Pitkin, en cherchant dans la biologie des confirmations de la notion réaliste de la connaissance, ne fait qu'appliquer le principe [2]). La théorie de la connaissance de M. Perry est tout inspirée de considérations sur les rapports de l'organisme et de son milieu [3]). M. Holt rapproche la connaissance du type général de la réponse de l'organisme à l'action du milieu [4]).

Que la connaissance réfléchie soit une action vitale, une entreprise mûrement combinée, ni M. Perry, ni M. Montague ne songent à le contester. M. Schiller a même vu dans cette approbation un indice de la transformation des idées dans les milieux philosophiques [5]). Tout au plus M. Montague fait-il remarquer que toutes les vérités ne sont pas nécessairement le résultat de recherches voulues ; elles peuvent être imposées par les circonstances [6]). Dans l'ensemble, la théorie instrumentaliste lui paraît acceptable. Elle est, écrit-il, « probablement vraie dans une large mesure ; en tout cas, elle est intéressante et elle éclaire d'une manière remarquable le développement historique de nos catégories. C'est un correctif très nécessaire de la psychologie ultra-intellectualiste qui conçoit toutes les formes de l'expérience humaine comme des produits confus ou dégénérés d'une raison primordiale ou d'un Moi transcendantal, capable de fonctionner *überhaupt* et d'engendrer

1) Cf. *New Realism*, pp. 57-60.
2) Cf. *Some Realistic Implications of Biology*, dans *New Realism*, pp. 378-467.
3) Cf. *Pres. Phil. Tend* , pp. 298-305.
4) Cf. *New Realism*, pp. 353-355.
5) Cf. Compte rendu de *Pres. Phil.Tend.*, *Mind*, N. S. XXII (1913), p. 281.
6) Cf. *May a Realist be a Pragmatist ? Journ. Phil. Ps . Sc. M.*, VI (1909) p. 486, note 3.

le monde de l'espace et du temps. L'instrumentalisme est, en fait, l'application résolue du Darwinisme à la vie la plus haute, celle de la raison »[1]).

Du reste, dans la pensée de M. Montague, l'instrumentalisme ne restreint pas le domaine de la pensée à ce qui est strictement utilitaire. Une fois en possession de cet instrument, l'homme s'est mis à penser pour penser. Il a commencé de penser pour pouvoir manger, il en est venu à manger pour pouvoir penser. L'organe surgissant pour répondre à un besoin primitif, crée à son tour des besoins nouveaux. Il y a, dans la vie de l'esprit, enchevêtrement de motifs ; je veux étudier l'économie politique, que ce soit par curiosité ou par intérêt ; pour cela je devrai rechercher les lois de la richesse ; mais l'intérêt pratique primordial n'exclut pas la curiosité, le désir de recherches philosophiques qui vient s'y ajouter.

M. Spaulding a moins de confiance dans la valeur de cette application du Darwinisme à la connaissance [2]). Les sujets connaissants et leurs moyens de connaître évoluent, soit, c'est un fait. Les « théories » particulières se transforment aussi, elles croissent, vieillissent et meurent, pour faire place à d'autres ; soit encore. Mais peut-on dire que tous les objets de la connaissance changent ? Les entités logiques n'échappent-elles pas à la loi de l'évolution universelle ? La notion même de vérité, distincte des vérités particulières, n'est-elle pas immuable ? Les affirmations radicales des pragmatistes feraient croire que, d'après eux, tout, absolument tout, s'écoule et change. Mais ne font-ils aucune réserve ? S'ils étaient entièrement logiques, que deviendrait le pragmatisme lui-même ? N'est-il qu'un moment passager dans l'évolution des systèmes ? Aucun

---

1) *Art. cité*, p. 490
2) Cf. *New Rationalism*, pp. 283-307.

pragmatiste ne semble s'être posé la question. Mais l'ardeur avec laquelle tous défendent leur doctrine montre bien qu'ils ne se contentent pas de lui attribuer une portée aussi restreinte. Elle n'est pas moins éternelle pour eux, que l'idéalisme pour les absolutistes les plus convaincus. C'est la contradiction installée au cœur du système : ou bien le pragmatisme n'échappe pas à l'évolution universelle ; alors, quelle est sa valeur ? Ou bien il est une exception à cette loi du mouvement ; dans ce cas, son principe fondamental n'a plus qu'une application restreinte, qui ne justifie pas des affirmations hardies sur la nature de toute connaissance.

La théorie biologique, de l'aveu de M. Montague, présente un autre grave inconvénient : quel que soit son intérêt, quant à la psychologie de la pensée, « elle ne projette aucune lumière sur les règles de la pensée correcte ni sur la sphère propre et l'objet de nos intérêts cognitifs »[1]). Affirmer que la pensée est un instrument, qu'elle est utile, ce n'est pas encore dire à quoi sert cet instrument, de quelle nature est son utilité. « Dire que le critère de la vérité, c'est la satisfaction du désir, c'est comme dire que la manière la plus utile d'employer une hache est de l'employer utilement. La pensée est utile parce que nous pouvons mieux nous ajuster à une situation si nous avons quelque connaissance d'autres situations. Nous pouvons plus sûrement satisfaire aux nécessités des situations futures si nous nous représentons par la pensée ce qu'elles seront, et ceci, nous ne pouvons le faire qu'en nous rappelant et en analysant des situations passées. Mais la nature objective de ce dont nous désirons nous occuper par la pensée a toujours été et sera toujours le seul moyen de déterminer ce qu'il faut en penser... Si je réfléchis à une situation concrète, la

1) *May a Realist be a Pragmatist? Journ. Phil. Ps. Sc. M.*, VI (1909), p. 490.

vérité de mes jugements sera déterminée par la mesure
dans laquelle ils se conforment à la nature de cette situation
concrète. Si je veux penser à quelque chose d'abstrait,
comme les propriétés de l'espace ou du nombre, la vérité de
mes idées dépendra entièrement de la nature de l'espace et
du nombre » [1]).

Les pragmatistes imitent trop facilement le fâcheux
exemple d'imprécision donné par les idéalistes. Ils ne
définissent pas plus l'expérience, l'utilité, que les idéalistes
parlant de la pensée en soi. S'ils avaient eu soin de le faire,
ils auraient vu leurs deux critères principaux se réduire aux
procédés de la logique traditionnelle. Vérification par le fait
ou induction, vérification par la comparaison avec des idées
déjà établies, ou déduction, voilà à quoi ils se ramènent.

Aussi bien l'originalité du pragmatisme se manifeste
plutôt, semble-t-il, dans ses critères secondaires. Les écrivains de cette école se sont attachés à montrer que toute
vérité peut avoir des conséquences intéressant l'individu ou
la société. De là le critère de l'utilité, ou de l'opération, du
succès. M. Montague observe que cette utilité problématique
ne peut pas servir de critère universel [2]). M. Perry est plus
disposé à en reconnaître l'importance. En vertu de l'unité
psycho-physique de l'organisme, toute notion a des réper-
cussions dans l'activité affective ou motrice. La solidarité
sociale multiplie les conséquences des connaissances individuelles. Mais la vérité ne se confond pas avec l'utilité
subséquente.

La science n'emploie que les deux critères déjà cités. La
nature de ses objets pourrait donner le change : en général,
les questions qu'elle résout ont une portée pratique : ce
sont, comme s'expriment les pragmatistes, des « vérités

1) *Art. cité*, p. 488.
2) Cf. *Art. cité*, p. 569.

d'usage ». Leur type est le suivant : Si je fais subir au sujet *a* l'action *b*, que se passera-t-il ? Le résultat *c* est connu par l'expérience, ce qui nous ramène au procédé classique. Aussi n'y a-t-il pas là un critère nouveau. Les exemples cités par les pragmatistes le montrent. Soit celui de M. Moore : L'idée d'un mal à une certaine dent est vraie, si une opération faite à cette dent la modifie. La constatation peut se faire en observant la localisation du mal, ou en examinant l'état de la dent ; qu'on extraie finalement la dent ou qu'on ne l'extraie pas, cette opération n'influe pas sur la constatation préalable ; elle serait, si on la pratiquait, une vérification expérimentale basée sur un raisonnement [1]). L'utilité est purement accessoire.

Pour autant que l'utilité coïncide avec le succès, elle est une source d'indications que les réalistes n'ont pas manqué d'exploiter. On a trouvé la trace de ce critère dans l'argument que Kant oppose à la métaphysique, dès la préface de sa Critique. De même, M. Marvin invoque « le verdict de l'histoire, le critère pragmatiste », contre l'épistémologie idéaliste [2]). La faveur accordée par les néoréalistes aux sciences expérimentales ne s'inspire-t-elle pas de ce sentiment très naturel de confiance envers ces sciences qui « ont réussi » ?

Le critère du sentiment, de l'aveu des pragmatistes, ne peut intervenir que dans un domaine restreint, lorsque toute autre vérification est impossible. Alors la « volonté de croire » intervient légitimement pour fixer nos hésitations. Son usage s'impose ; pourquoi choisir délibérément des conceptions déprimàntes ? Par notre action nous pouvons modifier la réalité ; mieux vaut nous stimuler que nous

---

1) Il est permis de ne pas apprécier hautement le bon goût de la comparaison ; mais le « *Peter's Toothache* » est devenu l'un des arguments classiques de la controverse pragmatiste en Amérique.

2) Cf. *New Realism*, pp. 83-92.

paralyser. Seulement, avons-nous encore affaire à un critère de connaissance ? C'est plutôt un motif extra-logique d'action. Pourquoi ne pas le reconnaître ouvertement ?

Rien de plus vague, enfin, que le critère d'utilité générale, celui dont malheureusement les pragmatistes parlent le plus souvent. Ils négligent de distinguer la nature de chaque vérité en particulier et l'utilité de la vérité en général. La valeur de la connaissance résulte-t-elle de l'objet ou du simple fait de connaître? N'y a-t-il pas, à cet égard, une gradation entre les vérités? M. Montague pense que les pragmatistes, si soucieux d'empirisme, devraient établir des tables baconiennes des propositions ayant des conséquences utiles ; il faudrait y observer la proportion des propositions vraies, et, parmi celles-ci, de celles dont la vérité dépend de l'utilité. Le résultat, d'après lui, serait le suivant : « La grande majorité des propositions utiles est vraie ; il y a cependant un bon nombre de croyances qui sont utiles sans êtres vraies... Parmi les propositions utiles qui sont vraies, la grande majorité pourrait être vérifiée par d'autres procédés que l'utilité de leurs conséquences ; pourtant un grand nombre pourrait être vérifié à la fois pragmatiquement et autrement ; enfin un très petit nombre ne pourrait être prouvé que par le critère pragmatique »[1]).

Par le vague de ses assertions, le pragmatisme risque de faire confondre les différentes valeurs intellectuelles ; il semble donner le pas aux motifs sentimentaux sur la science objective. Ce serait là un grave inconvénient. La science, née de la nécessité, s'est développée en devenant indépendante des besoins immédiats.

Les thèses antiintellectualistes des pragmatistes reposent, selon M. Perry, sur une série de confusions. C'est

---

1) *May a Realist be a Pragmatist? Journ. Phil. Ps. Sc. M.*, VI (1909), p. 570.

pour avoir mal compris l'analyse intellectuelle que les antiintellectualistes la rejettent. Telle est aussi la thèse longuement développée par M. Spaulding [1]). Avec une minutie
que les répétitions ne rebutent point, mais qui risque de
devenir fastidieuse, il l'applique à toutes les affirmations de
M. Bergson sur l'espace, le temps, le nombre, les différentes espèces de concepts abstraits, et la nature même de
l'univers.

Est-il vrai que l'analyse réduit l'objet à une juxtaposition
de concepts sans lien entre eux ? Non, disent les réalistes.
L'analyse révèle des parties dans le tout, mais elle montre
aussi les relations qui les unissent. S'il arrive que le tout
ait des propriétés spécifiques, dues à ces relations, l'analyse
véritable ne les néglige pas. L'analyse épuise le tout,
jusqu'au point où elle pénètre. Elle peut être incomplète,
soit parce qu'elle n'a pas mis en lumière toutes les parties
de l'objet, soit parce qu'elle n'en a pas perçu toutes les
relations ; le remède à l'analyse incomplète, c'est une analyse plus profonde. L'erreur ne vient pas de l'analyse elle-
même, mais de ce qu'on la prend pour achevée alors qu'elle
n'a pas encore poussé son travail assez loin.

L'analyse n'est pas nécessairement aveugle sur ses
propres lacunes. L'intellectualisme n'est « fautif » que si
l'on emploie les concepts au sens exclusif — privatif, disait
James. « La méthode analytique implique que la réalité
est constituée par des termes et des relations. Mais elle
n'implique pas que la réalité n'est rien d'autre qu'un
ensemble de termes et de rapports abstraits » [2]). Il faut
tenir compte de la nature propre des différents termes et des

1) Cf. *A Defence of Analysis*, dans *New Realism*, pp. 155-247 ; *New Rationalism*, pp. 274-283, 396-402.
2) PERRY, *Pres. Phil. Tend.*, p. 234. M. Montague fait des remarques analogues
dans « *A Pluralistic Universe* » and *the Logic of Irrationalism*, *Journ. Phil. Ps.
Sc. M.*, VII (1910), pp. 153-155.

relations qui les relient. La relation temporelle n'est pas la relation numérique. Dire que, dans une formule où intervient la notion de temps, on peut supprimer la série continue des instants intermédiaires, c'est être infidèle à la méthode analytique. Ces formules expriment d'une manière abstraite des choses qui ne le sont pas ; il est bien entendu qu'elles ne s'appliquent au réel qu'à condition de recevoir une détermination spécifique. L'objet, ou « ce qui *possède* la forme logique n'*est* pas pure forme » [1]).

L'analyse n'est pas un arrangement arbitraire de concepts. Les pragmatistes eux-mêmes admettent que le « donné », l' « expérience », est multiple. Pourquoi ne pourrait-on pas exprimer cette multiplicité en concepts différents ? Elle est indistincte, dira-t-on. Soit, mais l'indistinction est un caractère psychologique de notre connaissance, non un attribut des choses. Le rôle de l'analyse est tout juste de faire disparaître ce qui trouble notre vision. Les antiintellectualistes se refusent à cet effort. Au lieu de reconstituer l'unité primitive de l'objet, dissocié par l'analyse, au moyen d'un travail persévérant, ils aiment mieux revenir à l'intuition vague du point de départ. N'est-ce pas un exemple frappant du sophisme de pseudo-simplicité, source de tant d'erreurs ?

Toute analyse fidèle, dira-t-on, est impossible, elle s'écarte nécessairement de la réalité. Où trouve-t-on, en effet, dans la nature, des lignes idéales, des figures comme celles que décrit la géométrie ? Mais c'est encore l'analyse qui met au jour cet écart entre certains de ses résultats et la réalité.

Les pragmatistes, dit M. Perry, devraient être les derniers à nier que les concepts puissent atteindre la réalité. Ne distinguent-ils pas dans l'idée son caractère représen-

1) PERRY, *Pres. Phil. Tend.*, p. 236.

tatif, qu'ils disent indifférent, et sa fonction? Mais la fonction d'une idée n'est-elle pas de donner accès à l'expérience
immédiate, c'est-à-dire à la réalité ? A moins de mettre à
part, parmi les idées, celles qu'on qualifie de concepts.
Mais ce qui les distingue des autres ne peut être que leur
contenu. Comment, en restant conséquents, les pragmatistes
peuvent-ils dire que cette différence de contenu produit une
différence dans la fonction de connaissance?

Les caractères des concepts sont opposés à ceux de la
réalité, dit-on. Comme si le symbole devait avoir la même
nature que la chose signifiée! Si je dis que a est à la droite
de b, faut-il que, dans la formule écrite, les lettres se
trouvent à la même place ? Si je dis que a est plus grand
que b, dois-je marquer cette différence par la taille des
symboles? Le soutenir, c'est retomber dans une forme bien
naïve de la théorie de la vérité-copie, tant flétrie par les
pragmatistes.

M. Spaulding, qui aime à acculer ses adversaires à des
contradictions logiques, en trouve une dans le fait que les
pragmatistes se servent continuellement de l'analyse pour
en montrer l'impossibilité. Leur critique, partant, ne peut
pas être absolue ; elle n'atteint qu'une espèce d'analyse,
elle suppose implicitement que celle-ci peut être corrigée
par une analyse plus adéquate.

Il reste à signaler une nuance qui distingue ses critiques
de celles de M. Perry. Tandis que celui-ci attribue aux
termes et aux relations des caractères spécifiques, et semble
croire en outre à l'existence de qualités proprement dites,
M. Spaulding paraît admettre que tous les caractères qualitatifs sont dus aux relations. Ainsi le temps est pour lui
essentiellement une série de termes placés dans une relation
asymétrique transitive [1]). Peut-être la différence vient-elle

1) Cf. *New Realism*, pp. 190-193.

seulement de ce que M. Spaulding insiste davantage sur le caractère propre des relations. Toujours est-il que, si M. Spaulding paraît plus radicalement analytique que M. Perry, les réalistes s'accordent tous à rejeter l'anti-intellectualisme avoué des pragmatistes, comme le mysticisme de certains absolutistes.

II

Cette théorie de la connaissance comporte-t-elle nécessairement des affirmations sur la nature de l'objet connu ? Non, s'il faut s'en tenir aux déclarations des pragmatistes. Dans leur souci d'empirisme, ils ne veulent se solidariser avec aucune doctrine *a priori*, surtout avec l'idéalisme absolu. Les néo-réalistes ont souvent vu en eux des alliés. Ils croient même que certaines théories pragmatistes impliquent l'adhésion au réalisme.

William James a déclaré qu'il se ralliait au réalisme du sens commun. Cette position paraît découler du principe même de son épistémologie : si la connaissance comporte une relation entre un sujet et son milieu, il faut bien que ce milieu soit réel, indépendant du sujet. « Un réaliste peut être instrumentaliste, écrit M. Montague [1]) et un instrumentaliste doit être réaliste ; car il serait contradictoire de considérer la pensée comme un instrument d'adaptation à un monde environnant, tout en niant avec l'idéaliste la réalité persistante et l'indépendance de ce monde. Les mots les plus usuels dans l'épistémologie biologique : milieu, organisme, évolution n'ont de sens que dans un monde réel d'objets indépendants. Que serait une évolution adaptant des organes à un monde qui n'existe pas en dehors

---

1) *May a Realist be a Pragmatist ? Journ. Phil. Ps. Sc. M.*, VI (1909), p. 490.

des organes ? La connaissance ne peut s'être développée que dans un monde préexistant, comme les ailes de l'oiseau n'ont pu pousser que dans un monde où il y avait de l'air. Si la croyance est utile, c'est précisément parce que le monde est tel qu'elle nous le fait voir. Son utilité repose sur sa vérité — au sens réaliste de ce mot ». M. Woodbridge insiste avec force sur ce point. « L'adaptation, dit-il, présente un caractère métaphysique. Elle est toujours une adaptation à des choses » [1]).

M. Montague croit même pouvoir interpréter dans un sens réaliste l'humanisme ou « pragmatisme ontologique ». Il avoue, il est vrai, que son interprétation n'est pas obvie, et laisse entendre qu'elle ne doit pas être celle de M. Schiller lui-même [2]). L'humanisme attire notre attention sur le fait que, dans l'infinie variété des phénomènes, le choix qu'espère la connaissance est conditionné par notre nature humaine. La connaissance est nécessairement anthropocentrique. Mais le choix ne doit pas être une création. Au lieu d'imposer nos lois aux objets, nous pouvons simplement ne percevoir que ceux auxquels nous sommes adaptés. Pourquoi les organismes ne seraient ils pas des harpes accordées à certaines ondes sonores qui les font vibrer, alors que d'autres les laissent au repos ?

On voit dans quel sens l'interprétation réaliste de l'épistémologie pragmatiste permet de parler de la « satisfaction » fournie par la connaissance. La connaissance est satisfaisante parce qu'elle répond à la situation telle qu'elle est ; elle permet d'agir dans le monde. Le sentiment subjectif de satisfaction n'entre pas en ligne de compte. De même, lorsque le pragmatiste affirme que « nous faisons la réalité »,

---

1) *The Field of Logic, Congress of Arts and Sciences, Saint-Louis*, I. p. 322.
2) Cf. *Art. cité*, pp, 561-567.

le réaliste comprend « par notre action, dirigée par la connaissance ». Nous sommes une partie de l'univers ; pour le modifier, nous devons d'abord le connaître tel qu'il est ; la connaissance seule ne suffit pas.

Tel est, d'après nos auteurs, le pragmatisme de James. Doctrine biologique, naturaliste, ce pragmatisme est toujours d'accord avec la thèse fondamentale du réalisme. Très modeste en métaphysique, il s'interdit de fournir une solution au problème de la nature de la réalité. Mais, pour être seulement une théorie de la connaissance, il n'en est pas moins fécond.

Il y a autre chose dans la pensée de James que sa théorie biologique de la connaissance ; et l'on peut se demander si son intuitionnisme s'accorde aussi aisément avec le réalisme. M. Perry le pense, du moins dans une large mesure. James a toujours affirmé, dit-il, que l'intelligence découvre les concepts et ne les fabrique pas. Les notions mathématiques sont indépendantes de l'esprit, aussi bien que les objets sensibles. L'intelligence abstrait, elle choisit dans la réalité les concepts qui servent à caractériser l'objet ; elle ne crée pas. Il y a un danger : c'est d'employer les concepts logiques et mathématiques sans critique, oubliant qu'ils ne sont qu'un aspect du réel. Tant que James n'attaque que cet abus, il ne se met pas en opposition avec le réalisme. Mais il va trop loin en affirmant que certaines propriétés du réel ne peuvent être conçues d'aucune manière. Concevoir, c'est distinguer, non altérer. Au reste, dire d'une propriété qu'elle est inconcevable, c'est déjà la concevoir en quelque façon. Voilà où il faut corriger l'antiintellectualisme de James pour le rendre acceptable.

Tous les réalistes ne partagent pas l'optimisme de M. Perry. L' « empirisme radical » est, s'il faut en croire

M. Pitkin, une forme déguisée d'idéalisme [1]). Au fond, il s'appuie sur l'impossibilité de dépasser l'expérience immédiate — ce que M. Perry a nommé plus tard le « prédicament égo-centrique ». — De fait, la polémique provoquée par cette attaque a montré que James n'admettait qu'une indépendance très limitée de l'objet : tout objet doit être donné dans une expérience actuelle, passée ou future : c'est le principe de l'idéalisme.

Plus tard, M. Montague a insisté sur les tendances idéalistes que révèle le dernier ouvrage de James : A Pluralistic Universe [2]). Pourquoi l'auteur s'y rallie-t-il à l'intuitionnisme bergsonien ? C'est qu'en dépit de tous ses efforts, déclare-t-il, il n'est pas parvenu à concilier l'unité de l'objet avec la multiplicité des aspects qu'il prend, soit dans des consciences différentes, soit dans une même conscience placée à différents points de vue. Mais, dit M. Montague, cette difficulté n'en est une que dans l'hypothèse idéaliste. Si, conformément à cette doctrine, il y a autant de rééditions de l'objet que de témoins qui le considèrent ou d'états de conscience où il apparaît, il y a certes opposition entre l'unité et la multiplicité. Mais le réalisme résout autrement la question. Un même objet peut être vu différemment par des sujets différents ou de différents points de vue. Où est alors la contradiction ? Faut-il ajouter que l'intuitionnisme, pas plus que l'idéalisme, ne lève la contradiction créée

---

1) Cf. A Problem of Evidence in Radical Empiricism, Journ. Phil. Ps. Sc. M., III (1906), pp. 645-650; In Reply to Professor James, ib, IV (1907), pp 44-45 ; W. James, Mr. Pitkin's Refutation of « Radical Empiricism », ib., III (1906), p. 712; A Reply to Mr. Pitkin, ib., IV (1907), pp. 105-106.

2) Cf. « A Pluralistic Universe » and the Logic of Irrationalism, Journ. Phil. Ps. Sc. M., VII (1910), pp. 141-155 ; W. James, A Correction, ib., pp. 183-184 ; Montague, An Explanation, ib., pp. 184 185. James avait déclaré ne pas avoir songé à l'idéalisme; l'empirisme radical n'était qu'un postulat méthodologique, enfin, il ne fallait pas chercher sa théorie de la connaissance dans l'ouvrage en question. La logique interne de l'argumentation intuitionniste donne raison à M. Montague.

à plaisir ? Pourquoi des attributs contradictoires dans le monde réel cesseraient-ils de l'être dans le monde idéal ? Est-ce expliquer quelque chose que de dire que ce qui est logiquement impossible, l'est illogiquement ? Mettre une étiquette à une difficulté n'est pas la résoudre. Il reste que James n'a pas songé à la solution réaliste de ses perplexités, ou ne l'a pas jugée suffisante. Son intuitionnisme est bel et bien idéaliste. Cette inconséquence étonne chez celui qui, le premier, a posé la question : La conscience existe-t-elle ? Elle n'en existe pas moins [1]).

Si le pragmatisme de James peut, avec quelque vraisemblance, passer pour réaliste, d'autres sont décidément idéalistes. L'exemple typique est celui de M. Schiller. Il s'enferme dans le « prédicament égo-centrique ». Au point de vue pragmatique, dit-il, la seule chose qui importe, ce sont les relations de la chose avec le sujet. Tout ce qui dépasse cet ordre est inaccessible et superflu. Aussi notre métaphysique est-elle, en dernière analyse, morale.

Malgré ses apparences réalistes, la théorie de M. Dewey ne sacrifie pas moins à l'idéalisme. Il répète que le réel ne dépend pas de la connaissance, mais il entend par là la connaissance discursive. La réalité s'identifie pour lui avec l'expérience immédiate. Il a beau nier que celle-ci soit une

---

1) Signalons la curieuse tentative de M. Pitkin pour séparer James de M. Bergson. Celui-ci serait un véritable intellectualiste, mal compris par James ; en effet, il répète que l'intelligence est produite par l'évolution en vue de connaître parfaitement la matière. Cf. *James and Bergson, or : Who is against Intellect? Journ. Phil. Ps. Sc. M.*, VII (1910), pp. 225-231. Après M. KALLEN, *James, Bergson and Mr. Pitkin, ib.*, pp. 353-357, M. BERGSON est intervenu pour rectifier cette curieuse méprise dans sa lettre : « *A propos d'un article de Mr. Walter B. Pitkin intitulé : James and Bergson* », *ib.*, pp. 385-388. M. Montague, lui, avait laissé entendre que James aurait bien fait de ne pas se soumettre aux influences étrangères, « *A Plur. Univ.* » and *the Log. of Irrationalism, ib.*, p. 155. Toutes ces discussions sont résumées dans : R. JEANNIÈRE, *La Théorie des Concepts chez M. Bergson et M. James, Revue de Philosophie*, XVII (1911), pp. 578-598.

connaissance : au fond, il doit admettre que la réalité est transformée par le sujet dans la sensation [1]).

Enfin, l'antiintellectualisme bergsonien reproduit ouvertement l'affirmation capitale de l'idéalisme : l'intelligence ne se borne pas à découvrir les choses, elle les crée de toutes pièces, elle en fait la structure et la substance même. Les idées ne sont pas l'expression du milieu, mais du sujet.

Comment donc James ne s'est-il pas aperçu de cette contradiction entre son système et celui de ses amis? Comment a-t-il pu affirmer à plusieurs reprises son accord parfait avec MM. Schiller, Dewey et Bergson? Il n'a voulu voir dans les divergences de leur pragmatisme qu'une différence de point de vue. C'est, dit M. Perry, qu'il a trop facilement fermé les yeux sur ces dissemblances. C'était un trait du caractère de James qu'il aimait à faire honneur à d'autres de ses plus originales intuitions, et à effacer par sympathie les contrastes trop vifs [2]). Parfois, dirait-on, le réalisme de James ne lui paraît pas aussi net [3]) ; ailleurs il soutient que James n'a été franchement réaliste que pendant ses dernières années [4]). Ce qui est certain, selon lui, c'est que le point de vue objectif de James s'oppose au point de vue psychologique et subjectif de M. Schiller ; la rencontre n'est pas possible. James a caractérisé lui-même de la sorte leur différence de position ; il ne s'est pas aperçu que M. Schiller, enfermé dans le « prédicament » idéaliste, ne pouvait plus retrouver le monde réel.

Le principe de l'idéalisme est impliqué, selon M. Montague, dans ce qu'il appelle le « pragmatisme psychologique »,

---

1) Voir plus haut pp. 47-48; Cf. PERRY, *Pres. Phil. Tend.*, pp. 314-315 ; *New Realism*, pp. 149-150; PITKIN, *ib.*, pp. 415-422.
2) Cf. *Dr. Schiller on James and on Realism*, *Mind*, N. S. XXIV (1915), p. 249.
3) Cf. *Pres. Phil. Tend.*, p. 216, note 2.
4) Cf. *Realism and Pragmatism*, *Mind*, N. S. XXII (1913), p. 547.

7

c'est-à-dire celui qui identifie la vérité et sa vérification [1]). Pourquoi les identifier, sinon parce qu'on en a fait autant, tout d'abord, de la chose perçue et de la perception ? Nous retrouvons ici la vieille confusion idéaliste entre la « ratio cognoscendi » et la « ratio essendi ». Mais nous y trouvons une autre méprise, due précisément à la polémique pragmatiste contre l'absolutisme. On ne voulait plus d'une vérité objective contenue dans un Esprit Absolu où elle nous était inaccessible. On voulait la faire descendre dans notre propre intelligence ; on l'a si bien abaissée qu'on l'y a enfermée. Les pragmatistes n'ont pas soupçonné qu'une vérité pouvait être indépendante de l'esprit humain sans s'identifier avec l'Absolu ; ils ont ainsi négligé la thèse réaliste.

L'humanisme, au sens ordinaire, ou le « pragmatisme ontologique », n'est, toujours suivant le même auteur, qu'une application de ce principe subjectiviste. Le monde, tel qu'il nous apparaît, est conditionné par notre connaissance ; s'il agit sur nous, il subit aussi notre réaction. Nous adaptons le milieu à nos besoins ; la nature est malléable et plastique. Sans doute, les désirs et les efforts des individus ne parviennent pas à la transformer brusquement. Il faut, pour la modifier, la collaboration, le travail accumulé des générations successives ; mais petit à petit elle obéit à nos volontés. Il est difficile de dire, si, d'après les humanistes, l'univers a jamais été totalement amorphe et indépendant de la pensée ; il semble qu'au moins par principe méthodologique, ils tendent à l'affirmer pour les caractères généraux de la représentation, comme le temps et l'espace.

Mais on peut se demander si, dans cet univers, des êtres

<hr>

1) Cf. *May a Realist be a Pragmatist?* *Journ. Phil. Ps. Se. M.*, VI (1909), pp. 543-548, 561-567.

comme l'eau, la terre, les étoiles, sont le produit de l'évolution humaine. On s'étonne encore plus de ce que dans un monde qui devrait être adapté à l'homme, il se trouve des choses comme la mort, la souffrance, l'insuccès. Sont-elles la part de la nature dans la composition de l'univers, ou sont-elles un résultat d'expériences ancestrales, conservé, apparemment, en raison de son utilité? Puis, si le monde est relatif à l'organisme, il doit y avoir à côté de l'humanisme, des systèmes comme le bovinisme, l'équinisme, le caninisme. Sont-ils impliqués dans le premier ou en sont-ils exclus? Contribuent-ils à former le monde qui nous apparaît, et en quelle manière? Autant de questions insolubles.

Les conséquences du pragmatisme subjectiviste se devinent aisément. Il porte à confondre les critères du succès et de l'utilité avec le sentiment individuel. Dans un monde qu'on déclare entièrement plastique, ce qui importe, ce n'est pas l'adaptation, c'est la satisfaction individuelle. Le pouvoir créateur de l'intelligence est affirmé sans restriction, comme sans précision ; il devient même l'évolution créatrice [1]). Une telle conception se heurte évidemment aux faits. L'homme, comme tous les organismes, agit sur la nature, grâce, sans doute, à son intelligence, mais non par son intelligence seule. L'activité humaine, guidée par la pensée, n'est pas la pensée. Ceci n'est pas une stérile querelle d'intellectualiste : la limite de la pensée et de l'action n'est pas déterminée par le choix arbitraire des philosophes. Il y a une différence évidente entre la proposition réaliste : ce que je sais de mes ancêtres dépend de mes informations à leur sujet, et varie avec elles, et l'affirmation idéaliste : mes ancêtres dépendent de la connaissance que j'en ai et varient avec celle-ci.

1) Cf. PERRY, *Pres. Phil. Tend.*, pp. 217-219.

Le pragmatisme subjectiviste est en contradiction avec
le principe fondamental du système. Il sacrifie le milieu où
l'organisme se développe et auquel il doit s'adapter. Si le
milieu est un produit de la connaissance, celle-ci demeure
suspendue en l'air. On tombe dans toutes les contradictions
du relativisme. Si l'on ne veut pas revenir au réalisme,
il faut imaginer un Esprit Absolu, conçu sur le type volontariste. Le pragmatisme revient alors à Fichte ; mais il
s'éloigne de plus en plus de sa tendance primitive : il perd
de vue son point de départ, le moi concret, l'organisme
psychophysiologique, accessible à l'observation [1]).

III

Le pragmatisme a été présenté d'abord comme une
philosophie de la vie religieuse et morale. Ici encore, il
implique des doctrines métaphysiques et épistémologiques
qu'il faut mettre en relief pour compléter l'examen de
cette synthèse.

Au monisme des néo-hégéliens, il oppose son pluralisme.
Le monde, pas plus que la connaissance, n'est un bloc
indivisible. Les relations n'enchaînent pas ses parties au
point de leur faire perdre leur individualité. On reconnaît
l'empirisme, qui est l'essence même du pragmatisme. Il
en résulte que cette philosophie prend au sérieux l'existence du mal dans le monde. Loin de le faire évanouir
dans quelque ineffable unité supérieure, elle y voit l'adversaire dont nous devons triompher de haute lutte. Le
monisme conduit au quiétisme, le pluralisme est une doctrine de l'énergie morale ; selon le premier, le monde est
parfait et immuable, pour le second, il est capable d'être

1) Cf. PERRY, *op cit.*, pp. 219-221 ; MONTAGUE, *art. cité,* p. 564.

amélioré par nos efforts. La notion de Dieu n'est pas moins
différente : pour le moniste, il est la somme des éléments
unifiés dans l'univers, du bien et du mal comme de l'esprit
et de la matière ; pour le pragmatiste, — comme pour le
croyant ordinaire — il est un être distinct, une partie du
monde. Comment le moniste peut-il sincèrement honorer ce
Dieu qui unit en lui le bien et le mal ? Au contraire, le
Dieu du pluralisme est une force morale active et bienfaisante.

Dans ce monde discontinu, il y a place pour la nouveauté
réelle de l'action humaine. Tout n'est pas éternellement
déterminé ; le temps n'est pas une vaine apparence ; les
possibilités de changement ne sont pas de pures abstractions. L'effort a sa raison d'être ; nous pouvons ajouter
quelque chose à ce qui est ; le futur n'est pas préformé
entièrement dans le présent. Il faut prendre parti dans le
conflit des forces.

Ainsi le pluralisme assure l'efficacité de l'action humaine.
Mais il ne lui attribue pas une dignité supérieure à celle
des autres agents. Peut-on, avec M. Bergson, donner à
l'indéterminisme de James que nous avons exposé jusqu'ici,
un sens plus profond ? L'indéterminisme du maître du Collège de France se fonde sur une attitude antiintellectualiste. « Puisque le déterminisme est un artifice de l'intelligence, il est relatif à l'intérêt qui meut l'intelligence, et
ne peut être imposé à la vie elle-même. Au lieu d'être
déterminée, la volonté est elle-même l'auteur de la faculté,
principe de détermination ; ce principe n'est pas son maître,
mais sa créature » [1]). M. Schiller ne pense pas autrement.
Est-il besoin de dire que M. Perry, favorable au pluralisme
et à l'indéterminisme de James, ne se rallie pas à cet
intuitionnisme tout imprégné d'idéalisme ? L'intelligence

1) PERRY, *Pres. Phil. Tend.*, p. 254.

ne crée pas les lois. Nos actes sont libres, dit-on encore,
parce que imprévisibles. La vie est une spontanéité que
le déterminisme ne saura jamais complètement enserrer
de ses mailles. Toujours il reste quelque chose qui échappe
à la connaissance scientifique. Pour connaître entièrement
la vie, il faudrait s'identifier avec elle. Préjugé idéaliste
encore! Pourquoi ne peut-on connaître que ce qu'on est?
D'ailleurs, peu importe au déterministe que notre connaissance soit incomplète : si certaines lois sont établies, il n'y
a plus de place pour la liberté. Enfin, dans cette exaltation
de la vie et de l'activité, il y a un mysticisme romantique que rien ne justifie. L'idée spontanée de la vie est
indistincte ; mais cette indistinction doit s'effacer par le
progrès de la critique. Peut-on faire reposer une philosophie sur une notion à demi éclaircie, qu'on se garde
d'expliquer davantage ?

La notion pragmatiste de la foi religieuse diffère, elle
aussi, chez James d'une part, et chez M. Schiller et les
pragmatistes continentaux, de l'autre. James maintient
soigneusement les droits de la raison. Là où l'expérience
et la déduction sont impossibles, il faut faire appel à
d'autres critères ; c'est le cas pour la religion. Tenons
compte alors de la valeur émotionnelle des idées. Puisqu'il
faut agir, le choix s'impose. Mais pourquoi choisirait-on
des idées déprimantes, alors que le pessimisme n'est pas
plus vrai, théoriquement, que son contraire? Mieux vaut
embrasser le parti qui contribue à nous faire agir ; indépendamment de la satisfaction que nous trouverons dans
nos convictions, nous travaillerons à les réaliser en y conformant notre action. Qui sait? Nous finirons peut-être par
faire le monde tel que nous croyons qu'il est.

Cette sage réserve est bien dépassée par les pragmatistes
plus radicaux. Ils confondent l'intérêt théorique et l'intérêt
pratique. Aussi le sentiment, l'harmonie des pensées et

de la vie, deviennent-ils les seuls critères. Ils tombent ainsi dans l'irrationalisme complet. Comment peuvent-ils résoudre les conflits entre les sentiments et les idées théoriquement justifiées? Que peut-il y avoir de stable dans ce nivellement qui met tout à la merci des caprices du sentiment?

Malgré ces inconséquences, le pragmatisme en général a été, selon M. Perry, une réaction bienfaisante. Il a fait entrer dans la philosophie des idées essentiellement vivantes. C'est une projection de l'esprit du temps. Il exalte l'effort humain et son efficacité. Il affirme, non la stérile transcendance de l'idéal, mais la lutte par laquelle l'homme triomphe des résistances de la nature mauvaise et rebelle. Il n'est pas individualiste; il connaît la nécessité de la collaboration sociale ; il l'applique à Dieu lui-même, conçu comme « le chef d'une action commune ». Enfin, « le pragmatisme est mélioriste. Il veut *rendre meilleur*, il dénonce l'esprit d'abdication et l'esprit de désespoir. Il est la philosophie de la jeunesse impétueuse, du protestantisme, de la démocratie, du progrès temporel — ce mélange de candeur, de vigueur et de courage aventureux qui se propose de posséder l'avenir, malgré le présent et le passé » [1]).

IV

Incontestablement les néo-réalistes ont sincèrement cherché à comprendre le pragmatisme. M. Schiller a rendu cette justice à M. Perry [2]). Certes, ses efforts et ceux de M. Montague sont méritoires ; il faut bien avouer que trop souvent les critiques du pragmatisme ont procédé d'une manière hâtive ; ne se souciant pas assez de pénétrer dans

---

1) PERRY, *Pres. Phil. Tend.*, p. 268.
2) Voir son compte rendu dans *Mind*, N. S. XXII (1913), p. 281.

la pensée de l'adversaire, leur critique a été inefficace, ou du moins a perdu de sa force. Ici, la sympathie des néo-réalistes pour tout ce qui est empirisme, devait les aider à comprendre les thèses pragmatistes. Le travail d'analyse a été poussé remarquablement loin, et on ne trouvera guère d'exposés aussi exacts du pragmatisme sous la plume de ses autres critiques.

Cependant, le tableau est-il tout à fait fidèle ? On a trouvé des lacunes chez M. Perry et M. Montague : on voudrait voir figurer parmi les ingrédients du pragmatisme le nominalisme et l'idéalisme ; on critique un peu l'étude de ses origines historiques ; mais dans l'ensemble, on a trouvé le tableau exact [1]) ; et des juges aussi compétents que M. H. M. Kallen [2]) et M. Schiller [3]) ne sont pas loin de se déclarer satisfaits. Dans ces éloges atténués, une inquiétude, cependant, se fait jour ; elle s'exprime tant bien que mal dans les critiques de détail, mais elle touche à quelque chose de plus profond. Est-il juste de décomposer le pragmatisme en fragments où l'on choisit des propositions qu'on adopte, d'autres qu'on rejette ? Une philosophie ne se compose pas de pièces juxtaposées. Elle peut inspirer au critique l'idée de thèses séparées qu'il approuve ou désapprouve ; mais, quand il s'agit d'un philosophe original — d'un vrai philosophe, en somme, — ces thèses ne sont pas l'équivalent de sa conception propre. Le philosophe a beau

---

1) Cf. LOVEJOY, « *Present Philosophical Tendencies* », *Journ. Phil. Ps. Sc. M.*, IX (1912), pp. 629-632 ; *Pragmatism and Realism, ib.*, VI (1909), pp. 575-580.

2) Cf. *The Affiliations of Pragmatism, ib.*, VI (1909), pp. 655-661 ; *Pragmatism and its « Principles », ib.*, VIII (1911), pp. 624 et note 5, 633-636.

3) Cf. Compte rendu cité, *Mind*, N. S XXII (1913), pp. 280-284.

Ce compte rendu a donné lieu à une discussion avec M. Perry. Nous avons mis à profit, dans ce qui suit, les articles en question ; PERRY, *Realism and Pragmatism, ib.*, pp. 544-548 ; *Dr. Schiller on William James and on Realism*, XXIV (1915), pp. 240-249 ; SCHILLER, *Prof. Perry's Realism, ib.*, XXIII (1914), pp. 386-395 ; *Realism, Pragmatism and William James, ib.*, XXIV (1915) pp. 516-524.

proclamer par paradoxe que son œuvre peut être disloquée, qu'il aime mieux les morceaux que le tout ; malgré lui, sa pensée fait bloc ; une inspiration unique court à travers les parties de l'œuvre. Lien ténu qui échappe aux yeux de maint critique, il apparaît quand on essaie de rompre l'unité de la pensée ; principe vital, il résiste à la décomposition ; si malgré tout, l'organisme est dépecé, les fragments isolés ne sont plus reconnaissables.

Cela est particulièrement vrai de William James. Il n'attachait pas grand prix à la symétrie ; il n'avait pas de répugnance à concevoir une philosophie disparate, qu'il qualifiait lui-même de monstrueuse ; et pourtant, ne sont-elles pas de lui ces pages qui font consister l'essentiel de toute grande philosophie historique dans la « vision » qui a frappé l'auteur [1]) ? Là William James se rapproche de M. Bergson, qui a, lui aussi, consacré des pages éloquentes et subtiles à exalter le rôle de cette intuition dans l'histoire de la philosophie [2]). Il n'en résulte pas que lui-même eût parfaitement conscience de l'unité profonde de sa pensée. La pensée riche s'ignore toujours un peu elle-même. Et l'une des causes de l'erreur de perspective de M. Perry a sans doute été une fidélité trop littérale à certaines directions de James lui-même. James a cru son pragmatisme tout à fait indépendant de son « empirisme radical » ; il a déclaré se rallier au réalisme naïf, sans trop se demander comment le concilier avec les deux thèses précédentes ; il a revendiqué contre le monisme l'indépendance des éléments du monde, mais il a maintenu une unité plus intime dans l'expérience pure elle-même. C'est peut-être là le fond de sa pensée, plus facile à suggérer qu'à expliquer, comme il

1) Cf. *A Pluralistic Universe*, pp. 3-40.
2) Cf. *L'intuition philosophique, Rev. de Métaphysique et de Morale*, XIX (1911), pp. 809-827.

convient pour une doctrine si fluide. La vie, voilà la réalité ; elle est, au fond, fusion de ce que nous abstrayons en sensations et en pensées. Nos idées courantes, nos théories scientifiques, en particulier les doctrines biologiques et évolutives se détachent sur ce fond avec un relief étrange : elles sont nettement accusées, et cependant elles sortent tout entières de ce fond comme de l'expérience pure ; elles sont souples et plastiques, mais non vagues et effacées ; engagées entièrement dans la pure réalité psychologique, elles ne s'y perdent nullement.

C'est faire violence à cette pensée que de la soumettre aux cadres rigides de la métaphysique néo-réaliste : on y trouve quelque chose de correspondant, non la réplique exacte. Il ne s'agit pas encore ici d'apprécier la conception de James ; ce sera notre tâche de tout à l'heure. Il s'agit seulement de montrer quelle est l'illusion des néo-realistes lorsqu'ils croient retrouver explicitement telle ou telle de leurs thèses chez leur grand précurseur. Certes, ils ont le devoir de le vénérer et le droit de s'en réclamer. Les relations personnelles de M. Perry avec son maître l'ont aidé à juger son œuvre avec sympathie [1]). L'admiration de M. Montague et de M. Pitkin s'est manifestée par leur collaboration aux *Essays* de l'Université de Columbia, en l'honneur du maître. James avait fait, dans le bloc de la philosophie moniste universitaire, une brèche par où l'empirisme et même l'empirisme réaliste allait s'introduire dans la place. Mais le temps marche vite, au pays de la vie intense surtout. De nouvelles idées côtoyaient, dans les jeunes esprits, les notions reçues de leur initiateur. Ce n'est pas seulement leur style rébarbatif qui empêchait

---

1) On sait que M. Perry a été choisi par les héritiers de James pour préparer l'édition posthume de *Some Problems of Philosophy*; il y annonce une autre publication du même genre. Il rappelle encore ses relations avec le maître à la page 246 de l'article cité en dernier lieu.

James de comprendre les philosophes de la jeune génération [1]) ; des notions neuves faisaient une barrière que la
meilleure volonté de part et d'autre. ne pouvait traverser.
Mais les sympathies communes ont pu faire croire à un
accord plus complet que celui que nous constatons.

James s'était, en somme, désintéressé des problèmes
traditionnels de l'épistémologie et de la métaphysique ; il
avait abandonné la controverse de l'idéalisme et du réalisme
pour une vision d'un autre genre. Tout au plus son ouvrage
inachevé, *Some Problems of Philosophy*, en lui faisant
aborder successivement toutes les questions de la philosophie systématique, avait-il ramené son attention vers ce
point de vue. Mais on ne peut lui attribuer le réalisme
spencérien que M. Perry et M. Montague croient être le
sien. Sa notion du milieu, sa conception biologique de la
connaissance, doivent être interprétées suivant ses tendances générales. Son réalisme, s'il l'avait développé, aurait
été quelque chose d'analogue au « réalisme pragmatiste »
de M. John E. Russell [2]) et de M. Boodin [3]) : une attitude
pratique, comparable à celle du bon sens vulgaire, qui se
désintéresse profondément de la question de savoir s'il
y a une réalité indépendante de l'acte de connaissance.
Serré de près sur ce terrain, sa réponse, s'il avait consenti
à en donner une, eût été plus près de l'idéalisme phénoméniste que du réalisme.

Ainsi comprise, la philosophie de James apparaît comme
plus intuitionniste et antiintellectualiste que ne le pensent
les néo-réalistes. Elle se rapproche par le fait même davantage de celle de M. Schiller, voire de celle de M. Bergson.

1) Voir plus haut, p. 21.
2) Cf. *Realism a Defensible Doctrine, Journ. Phil. Ps. Sc. M.*, VII (1910),
pp. 701-708.
3) Cf. par exemple, *The New Realism, ib.*, IV (1907), pp. 533-542 ; *The five
Attributes, Mind*, N. S. XXII (1913), pp. 509-525.

Il reste cependant des différences appréciables. Il est hors
de doute que James est moins radical que M. Schiller.
Cela tient sans doute à ce qu'il a eu moins le souci de faire
un système cohérent, ou du moins d'appliquer sa méthode
d'une manière suivie. M. Schiller, lui, reste trop l'universitaire anglais, nourri de la tradition grecque, pour ne pas
systématiser, jusque dans ses négations. Ce n'est pas en
vain qu'il rappelle Protagoras ; et s'il a combattu Hegel et
Bradley, il a, comme eux, conçu une philosophie générale
de la vie et du monde, plus dialectiquement liée que celle
de James. Il y a plus de métaphysique dans ses affirmations,
et M. Perry n'a pas tort d'y retrouver des thèses idéalistes
assez nettes.

La différence d'avec M. Bergson est plus grande encore.
Chez le professeur si écouté du Collège de France, tout
tend vers une métaphysique d'un idéalisme subtil, décon-
certant ; le public français ne se contenterait pas d'une
philosophie qui ne s'achève pas en affirmations sur les
réalités dernières. La psychologie de M. Bergson n'est que
la préface de l'*Evolution créatrice ;* elle est cette *Introduction à la métaphysique* qui en est déjà toute pénétrée, qui
insinue toutes les doctrines maîtresses de la philosophie
première ; ou encore, tout, chez M. Bergson, n'est que la
préparation de ce regard que l'esprit jette dans les profon-
deurs de la réalité ; c'est l'exercice qui dispose l'âme à
s'identifier avec la vie qu'elle va étreindre. Construction
hardie qui dépasse de loin les délicates analyses psychologiques de James et ses timides inductions métaphysiques,
reprises de Fechner [1]).

---

1) Cf. J. Henry, *Pragmatisme Anglo-Américain et Philosophie nouvelle,*
R. *Néo-Scol.*, XIX (1912), pp. 264-272. M. Perry conclut parfois un peu rapidement à l'idéalisme de M. Bergson. Il ne distingue pas entre les « idées » et les
« images » dans la philosophie bergsonienne. Le R. P. Roland-Gosselin tient
compte de cette importante distinction dans son pénétrant article : *La percep-*

Nous n'insisterons pas sur les détails de l'analyse réaliste du pragmatisme. Les insuffisances de la théorie de la connaissance sont bien soulignées, encore qu'elles soient plus affirmées que prouvées. Une fine remarque de M. Perry est celle où il montre les pragmatistes victimes d'une conception étroite de la vérité-copie dans leur critique de l'analyse [1]). Elle est toute conforme à l'esprit aristotélicien. Une étrange méprise a fait croire que la notion traditionnelle de la vérité était celle d'une ressemblance entre un tableau et son modèle : il était trop facile de demander quelle ressemblance il y a entre une pensée et un objet. Mais les anciens se contentaient d'une « certaine » ressemblance ; ils l'appelaient ressemblance « intentionnelle », ce qui rappelle étrangement telles descriptions de la « fonction » des idées. Plus exactement, on n'attribuait à l'idée seule ni vérité, ni fausseté. On disait, avec Aristote, que la vérité consiste à dire que ce qui est, est, et que ce qui n'est pas, n'est pas. Rien, dans ces termes, ne rappelle la notion de « copie » ; il ne s'agit que de « correspondance ».

Il faut avouer que, dans leur zèle louable pour défendre les droits de la raison, les néo-réalistes ont un peu dépassé le but. Ils ont très opportunément rappelé le vieil adage « *abstrahentium non est mendacium* » : abstraire n'est pas nier les propriétés que l'on ne considère pas actuellement ; c'est simplement les négliger. Ils ont eu soin, d'ailleurs, de rappeler que la forme logique n'est pas tout ; mais, dans la manière de parler des objets de connaissance, en fait donc, sinon en théorie, ils aiment un peu trop à les réduire à des termes et des relations abstraites ; malgré leurs protestations, ils font, en pratique, trop bon marché des restrictions

---

tion extérieure d'après M. Bergson, Rev. des Sc. Phil. et Théol., VIII (1914), pp. 397-422, et montre qu'au fond, les assertions de M. Bergson restent imprégnées d'idéalisme.
1) Voir plus haut, p. 90-91.

qu'ils posent. Ils ne se soucient guère de montrer comment
sont spécifiés ces termes et ces relations dont ils nous
parlent. Ils ont bien fait de montrer, contre les pragmatistes, que l'intuition vague et confuse ne suffit pas ; ils ne
se sont pas assez gardés de l'excès opposé. Ils auraient dû
montrer l'unité nécessaire de notre connaissance, toujours
composée de deux éléments, intuition sensible et intelligence, qui doivent s'unir dans une synthèse. On n'expliquera
jamais par la seule logique ce qu'est un objet, ce qu'est une
qualité ; au bout de toutes les analyses et de toutes les
déductions, il vient un point où il faut ajouter : cet être est
quelque chose comme *ceci*, comme ce que j'éprouve lorsque
j'ouvre les yeux, que j'étends la main, que mes oreilles
entendent une harmonie. Ce dernier élément, indispensable,
doit être éprouvé, il ne peut être adéquatement analysé. En
outre, les analyses successives ne restent véridiques, que si
l'on a soin de les unir, par voie régressive, en une synthèse
qui reconstitue l'unité de l'objet, provisoirement dissoute.

Nous n'insisterons pas ici sur la philosophie religieuse du
pragmatisme ; puisque les réalistes l'adoptent à peu près
telle quelle, nous en reparlerons plutôt après avoir marqué
la place qu'elle tient dans leur propre conception. Bornons-
nous pour le moment à une remarque. Nous avons vu
M. Perry en faire la philosophie d'une religion essentiellement laïque. Il est vrai qu'il s'agit de celle de James plutôt
que de celle des pragmatistes continentaux ; ces deux doctrines ont cependant ceci de commun : c'est le vague de
l'idée qu'elles se font de l'attitude religieuse et de son
objet. La seule affirmation de M. Perry ne suffit pas, sans
doute, à inféoder cette philosophie à la nuance de protestantisme libéral qu'il semble admettre. Mais l'imprécision
de cette doctrine, facile à tirer en sens opposé, nous rend
défiants à l'égard des essais d'« utilisation » apologétique
du pragmatisme. Nous avons, certes, d'autres raisons, et

plus concluantes, de ne pas faire crédit à ces tentatives ; nous nous contenterons maintenant de mentionner celle-ci.

Quelle est, enfin, la source des erreurs d'interprétation, ou plutôt de perspective, que nous avons dû relever ? C'est, nous l'avons dit, une conception générale assez divergente pour que les mêmes mots prennent chez les néo-réalistes et les pragmatistes, une nuance différente, pour que des concepts, qui sont, en gros, identiques, se colorent différemment. Nous pouvons la caractériser d'un mot, à présent que nos remarques de détail l'ont certainement déjà suggéré : les réalistes adoptent une attitude nettement intellectualiste, et ne songent pas un instant à s'en défaire, même en exposant et en appréciant une philosophie qui ne veut pas la partager. De là qu'ils accentuent et grossissent les ressemblances comme les différences. Ils ont donné du pragmatisme une interprétation aussi ressemblante que peut l'être une gravure au trait précise et détaillée, d'une peinture impressionniste aux tons juxtaposés, mais fondus en une impression globale. Ce qu'ils croient être les parties du pragmatisme qu'ils approuvent, sont en réalité les thèses que suggèrent à un intellectualiste averti, mais rigide, la lecture des ouvrages pragmatistes et la réflexion sur les situations qu'il y trouve décrites ; les voyant avec d'autres yeux, il les comprendra autrement, et les utilisera fort habilement, certes, mais sans convaincre ceux à qui il croit faire des emprunts. Le pragmatisme n'est ni aussi irrationaliste qu'on le pense, ni aussi intellectualiste qu'on le suppose parfois. Il est plutôt un relativisme satisfait, que ne tourmente pas le besoin des explications dernières. Aussi la contradiction logique le laisse-t-elle assez indifférent : il la déclare relative à un intérêt particulier, qui ne peut pas arrêter la vie de l'ensemble. Par un détour, il revient, qui le croirait ? au phénoménisme auquel aboutit — d'une manière également inattendue — l'absolutisme qu'il combat. Il n'est pas un scepticisme au sens vulgaire de ce mot, l'une des injures classiques du répertoire de la critique et de l'histoire de la philosophie. Il n'est qu'une courte sagesse de tous les jours, une modeste philosophie de l'expérience ; il s'y conforme et ne croit pas devoir regarder au delà. Chimérique est celui dont la raison ne se contente pas de ce qui suffit à la vie de chaque jour !

Si l'on veut atteindre efficacement le pragmatisme, c'est dans ce contentement un peu bourgeois qu'il faut l'inquiéter. Il ne suffit pas de lui juxtaposer une philosophie plus consistante et plus logique ; il n'y verrait qu'une satisfaction individuelle, un caprice de certains esprits, caprice légitime, — tous les caprices le sont — mais caprice tout de même. Il faut montrer que l'expérience ne se suffit pas à elle-même ; elle nous pousse à la dépasser. Les besoins moraux et religieux, qui jouent un rôle dans la conception pragmatiste, ouvrent des perspectives sur quelque chose de plus grand, de plus définitif que l'expérience vulgaire toujours variable. Il serait possible de montrer que leurs exigences ne seraient satisfaites que par un absolu, aussi éloigné, du reste, de l'Absolu hégélien que des âmes cosmiques de Fechner. Mais déjà dans toute affirmation, dans tout jugement, si banal soit-il, se cache quelque chose qui dépasse l'expérience, la biologie. Sans cet élément, aucune expérience n'est complète ; aucune philosophie n'est achevée si elle n'en examine les conséquences. M. Woodbridge l'a signalé avec force. « Le fait que les processus logiques sont des actes vitaux, dit-il, n'a rien à voir avec leur caractère distinctif comme processus logiques. Ils ressemblent à tous les autres processus en ce qu'ils sont sujets à l'évolution ; ils s'en distinguent en ce que la pensée ne ressemble pas à la digestion ou à la respiration. Par le fait qu'on regarde les processus logiques comme vitaux on ne supprime pas le

moins du monde leur valeur logique ; il n'est pas inutile de
considérer leur prétention à nous donner une connaissance
réelle d'un monde réel... Le jugement *prétend* être plus
qu'une action quelconque... Il a une *signification* propre » [1]).
Quelle est cette signification ? C'est qu'une chose non
seulement paraît, mais *est* ; dans l'existence la plus fugace,
il y a quelque chose de nécessaire et d'absolu : la nécessité
d'affirmer qu'elle est, l'impossibilité d'affirmer le contraire.
Dans ce fait si modeste et si solide qu'il doit contenter tous
les empiristes, on peut trouver le lien de l'expérience
concrète et de l'analyse intellectuelle, avec ses conséquences.
Ou, si l'on préfère, c'est là que s'unissent le monde idéal et
le monde réel ; c'est là qu'on peut constater leur pénétra-
tion mutuelle, disons mieux, leur identité [2]).

Les néo-réalistes auraient mieux fait, sans doute, de
creuser davantage le fait de la connaissance, pour y trouver
ses lois idéales ou plutôt analytiques. Ils se sont bornés à
les affirmer. C'est évidemment qu'ils en étaient trop convaincus. Leur valeur s'imposait à eux. Partageant leur
conviction, nous aurions mauvaise grâce à critiquer leur
affirmation. Mais nous aurions aimé à la voir mieux mise
en lumière ; plus complète, leur épistémologie aurait été
plus persuasive.

Quoi qu'il en soit, la critique du pragmatisme que nous
venons d'examiner, fait mieux comprendre les caractères
de la philosophie réaliste. Unie aux pragmatistes dans la
lutte contre le monisme idéaliste, elle préconise un empirisme d'une nuance spéciale. Il pousse plus loin que le
pragmatisme l'affirmation de l'indépendance réciproque des
parties de l'univers. Au lieu du courant de l'expérience

---

1) *The Field of Logic, Congress of Saint-Louis*, I, pp. 322-323.
2) Cf. L. Noël, *Les Frontières de la Logique, R. Néo-Scol.*, XVII (1910),
pp. 229-233.

indistincte, il voit des choses, des termes et des relations.
Dans l'impression vécue, il introduit l'analyse. Le monde
est accessible à la recherche intellectuelle abstraite ; les lois
logiques et mathématiques ne sont pas de simples résumés
d'expériences, elles ont une objectivité qui domine l'épistémologie biologique.

CHAPITRE IV

Le programme de l'école nouvelle

En comparant le réalisme avec l'idéalisme et le pragmatisme, nous n'avons certes pas entendu soutenir qu'il soit la synthèse de ces antithèses : ce serait vraiment trop d'hégélianisme en pareille matière. Il est incontestable que la doctrine nouvelle a fait des emprunts à ses devancières. Il n'est pas moins certain qu'elle se rapproche plus de l'attitude pragmatiste que des théories idéalistes. Elle garde néanmoins son originalité, aussi bien dans la méthode qu'elle préconise que dans les thèses qu'elle avance.

Quelque surprenante que paraisse cette affirmation, on peut dire que le réalisme se caractérise davantage par sa méthode que par ses thèses métaphysiques. Le nom ne doit pas nous tromper ; c'est une étiquette qui réunit des choses fort différentes. Sur la question des rapports de la conscience et de la réalité, à part une affirmation générale, les opinions divergentes sont presque aussi nombreuses que les individus. Sur la question de méthode, au contraire, l'accord, explicite ou non, est complet. La doctrine épistémologique, qui a fourni le nom autour duquel se rallie toute l'école, est plutôt l'application d'un programme général qu'une thèse primordiale ; application de première importance, thèse très apparente, sans doute, mais secondaire pour qui recherche, dans les systèmes philosophiques,

plutôt l'esprit qui les inspire, que les propositions dans lesquelles ils se formulent. '

La première apparition collective du néo-réalisme s'identifie avec la publication d'un programme général de réforme
intellectuelle ; le programme a été appliqué avant d'être
formulé. S'il en était autrement, il ne mériterait guère de
considération ; les programmes vides de réalisation, en philosophie, ne valent pas mieux que les promesses stériles des
candidats en politique. Ce que nous chercherons, soit dans
les formules du programme collectif, soit dans les publications diverses des néo-réalistes, c'est l'esprit général de leur
philosophie. Nous interrogerons principalement les signataires du programme ; mais un état d'esprit analogue se
révèle chez ceux qui n'y ont pas donné une adhésion formelle. L'étude de la méthode qu'ils recommandent et
s'efforcent de suivre, nous amènera à nous représenter
l'idée qu'ils se font de la philosophie et de ses rapports
avec la science.

I

Un premier caractère de la méthode des néo-réalistes,
c'est l'empirisme. Une lecture, même superficielle, de leurs
travaux suffit à faire remarquer leur horreur de l'*a priori*,
leur souci de l'expérience. Par là, ils sont bien dans la tradition anglo-saxonne. Ce qui les inquiète dans l'idéalisme,
c'est moins la thèse métaphysique, que la manière sommaire dont on l'établit. Ce qui les rapproche des tendances
vives du pragmatisme, c'est le goût du concret qui s'y
manifeste ; si, au contraire, certaines formes de cette philosophie leur inspirent de la défiance, c'est qu'ils y
retrouvent les généralisations hâtives qu'ils ont condam-
nées dans l'idéalisme. « Dogme spéculatif », « sophisme de
pseudo-simplicité », « d'importance illicite », voire « de

particularité exclusive » et « de définition par prédication
initiale », autant de vocables qu'ils ont mis en usage, pour
proscrire la « généralisation indue », l' « abus de l'*a
priori* ». En l'appelant « erreur de suggestion verbale », ils
lui attribuent une origine peu flatteuse : la piperie des
mots.

La dialectique pure inquiète ces esprits positifs. Ils
n'osent pas se fier à elle pour la solution des problèmes
philosophiques. Elle leur sert dans la polémique, mais son
rôle constructif est restreint. Nulle part on ne le voit mieux
que dans l'étude du problème de la connaissance. Où les
idéalistes parlent d'objet et de sujet, d'un et de multiple,
d'intuition sensible et de catégories, ils parlent d'organisme
et de milieu ; ils étudient de près le système nerveux, ils
en décrivent la structure et les fonctions ; au lieu de faire
allusion à la sensation en général, ils examinent des perceptions concrètes ; les catégories intellectuelles sont rem-
placées par des exemples familiers de connaissance médiate.
L'expression est plus abstraite, il est vrai, que chez les
pragmatistes ; mais la doctrine cherche à serrer de plus près
la réalité expérimentale que ne le fait l'idéalisme.

D'ailleurs une thèse capitale du néo-réalisme est l'indépendance de la métaphysique par rapport à l'épistémologie.
Proposition d'une portée considérable pour qui veut connaître la nouvelle philosophie. M. Marvin lui a consacré de
longs développements [1]). « L'émancipation de la métaphysique par rapport à l'épistémologie », comme il s'exprime,
est « la caractéristique la plus importante de la philosophie
néo-réaliste ». En quoi consiste-t-elle ? En ce que « la
nature des choses ne doit pas être cherchée en premier lieu
dans la nature de la connaissance ». Les questions méta-

---

1) Cf. *The Emancipation of Metaphysics from Epistemology, New Realism*,
pp. 45-95 ; *First Book in Metaphysics*, pp. 201-210.

physiques, la nature ultime de la réalité, son caractère
moral ou spirituel ne doivent pas être discutés en partant
de la notion ou du fait de la connaissance : « C'est bien un
fait général, que, quoi que l'on juge que le monde est, il
est jugé tel, il est donc objet de connaissance ; mais ce fait
doit être ignoré ici ; si l'on juge que le monde est spirituel
ou moral en tout ou en partie, on ne peut le faire à juste
titre qu'en s'appuyant sur des raisons empiriques » [1]).

M. Marvin a même vu dans cette thèse l'essence du néo-
réalisme, et il a proposé d'appeler celui-ci simplement le
dogmatisme. Le dogmatisme consiste à étudier d'une manière
objective les choses physiques aussi bien que les entités
abstraites. Le réalisme actuel est un néo-dogmatisme, parce
qu'il réagit contre la tradition de Locke, de Kant et de
leurs successeurs. Ces philosophes avaient entrepris de
faire de l'épistémologie la base et le centre de la philosophie. Mais ce néo-dogmatisme n'est nullement dépourvu
de critique. Il n'est pas un retour pur et simple au rationalisme du xviiie siècle. Selon lui, la théorie de la connaissance dépend avant tout de la métaphysique et de la
logique, puis des sciences spéciales ; elle n'a pas le pouvoir
de délimiter *a priori* le domaine de la connaissance. « En
un mot, le dogmatiste est essentiellement logicien, le criticiste, psychologue » [2]). Les collaborateurs de M. Marvin
n'ont pas osé se rallier à cette affirmation hardie : le nom
du dogmatisme aurait, pensent-ils à bon droit, justifié de
fâcheux soupçons [3]) ; ils n'ont pas moins confié à M. Marvin le soin de défendre dans leur volume collectif, la
thèse que tous admettent, de l'indépendance de la métaphysique.

---

1) *New Realism*, p. 32.
2) Cf. *Dogmatism versus Criticism, Journ. Phil. Ps. Sc. M.*, IX (1912),
pp. 309-317 ; *New Realism*, pp. 50-51, note, p. 95, note.
3) Cf. *Article cité*, p. 310, note 2.

La métaphysique, telle qu'ils l'entendent, embrasse « deux objets : l'étude des fondements logiques de la science et la théorie de la réalité ». La théorie de la réalité, c'est « toute collection de propositions existentielles fondamentales et de hautes généralisations existentielles » [1]). La philosophie classique — l'idéalisme — fait dépendre la métaphysique de l'épistémologie sous différents rapports. Puisque la métaphysique et toutes les sciences du réel sont des cas particuliers de connaissance, elles supposent une théorie générale de la connaissance, qu'elles se bornent à appliquer. Tout au moins veulent-ils que l'épistémologie fixe *a priori* les limites de la connaissance possible ; de la seule notion de connaissance, elle déduira la possibilité des recherches particulières, indépendamment de l'expérience. Enfin, elle établira, toujours en toute indépendance, la valeur respective des sciences, et leur certitude ; elle posera d'avance certaines affirmations qu'il ne leur sera jamais permis de contredire ; ainsi elle édifiera au moins les grandes lignes d'une théorie positive de la réalité, et cette théorie, ne dépendant que des lois de l'esprit lui-même, ne sera jamais contredite par aucune expérience.

Prétentions insoutenables, dit M. Marvin. Les sciences dépendent de la logique, non de l'épistémologie, et la logique ne s'identifie nullement avec celle-ci. Elle n'est pas une étude de la pensée, mais l'investigation objective d'entités abstraites : termes, classes, propositions, relations. Il n'a pas fallu attendre la logique symbolique pour s'en rendre compte ; déjà l'ancienne logique était une science objective, non une doctrine de l'esprit. On peut, certes, en déduire des règles d'hygiène mentale, un art de penser, mais cet art n'est pas la logique scientifique ; il s'appuie autant sur des considérations psychologiques et morales que

1) *New Realism*, p. 45, note.

sur la logique proprement dite. Le rapport de la logique et des sciences particulières est tout autre : ces dernières substituent, dans les formules générales qu'elle fournit, des termes déterminés aux termes indéterminés ; de même la mécanique appliquée remplace les variables d'une équation par des quantités concrètes. Rien, dans ces opérations, ne suppose une théorie de l'esprit ; la logique, comme les autres sciences, s'établit par sa propre force ; elle n'a besoin que des arguments tirés de son objet à elle, non des considérations étrangères de l'épistémologie. Faut-il, peut-être, se demander pourquoi ce qui est vrai est vrai, pourquoi la vérité est la vérité ? Si tel est le genre de questions que doit discuter l'épistémologie, autant dire qu'elle est vide de sens.

Il n'y a donc pas lieu de constituer cette discipline primordiale, qui devrait, d'après les criticistes, démontrer la possibilité de toute science, y compris la logique. Pour se formuler, elle devrait, en effet, supposer la possibilité de la connaissance, attendu qu'elle en serait elle-même un exemple ; elle devrait également supposer au moins une partie de la logique. N'est-ce pas un cercle vicieux ? Si la critique peut supposer la possibilité de la connaissance, pourquoi les autres sciences n'auraient-elles pas le droit d'en faire autant ? Pourquoi ne pourraient-elles pas se passer d'une épistémologie préalable ? En fait, l'histoire montre qu'elles n'ont jamais demandé l'autorisation de la critique pour se constituer. Elles se sont développées en toute indépendance. Bien mieux, Kant lui-même justifie sa théorie de la connaissance par les résultats, admis comme certains, de la mécanique et des mathématiques.

Loin d'être le fondement de toutes nos connaissances, l'épistémologie dépend elle-même d'une foule de sciences. La pensée est un phénomène qui intéresse l'organisme aussi bien que la conscience. Elle se produit dans un milieu déterminé ; elle dépend de conditions sociales, morales, historiques. Pour l'étudier, ce n'est pas trop de faire appel à toutes les sciences de la nature et de l'esprit. Ce n'est donc pas à l'épistémologie qu'il appartient de délimiter à l'avance l'objet des sciences. Toutes les prophéties en cette matière ont été démenties par l'histoire. Il eût été difficile, au temps de Galilée, de ne pas condamner *a priori* comme impossibles, les progrès de la science et de la technique que nous voyons réalisés. Aussi bien, l'agnosticisme de Kant, par exemple, n'est pas un corollaire de sa théorie de la connaissance, mais une conclusion de ses doctrines scientifiques et psychologiques, qu'il a fait passer dans sa critique.

A plus forte raison ne peut-on déduire des lois de l'esprit aucune conclusion positive sur la nature de la réalité. Tout ce que Kant ou Hegel ont cru pouvoir dire à ce sujet n'était pas le résultat de leur critique de la connaissance, mais le résidu d'expériences antérieures, de convictions morales, voire de simples préjugés. C'est une illusion de croire qu'on a déduit le principe de contradiction de la nature de l'esprit ; illusion encore de vouloir fonder sur l'épistémologie une doctrine « organique » de la réalité : il n'y a là qu'une généralisation — indue, au reste — d'une observation sommaire des organismes vivants.

Somme toute, pour être féconde, la métaphysique doit avoir le pas sur l'épistémologie. Elle peut en recevoir d'utiles suggestions, en apprenant par elle comment se fait le progrès de la science. Mais c'est toujours l'analyse objective des systèmes de propositions, sciences, art, morale, religion, qui lui fournira ses éléments principaux.

M. Spaulding a signalé comme un fait caractéristique le nombre de philosophes qui ne croient plus que la métaphysique dépende de l'épistémologie [1]). Les essais de descrip-

1) Cf. *New Rationalism*, p. 53.

tions de la conscience des néo-réalistes s'inspirent manifestement de la méthode objective préconisée par M. Marvin. M. Perry fait appel aux notions d'organisme et de milieu ; M. Montague à l'idée d'énergie ; M. Holt réduit la conscience à des entités « neutres » en relation ; M. Pitkin se sert de la géométrie projective : rien dans tout cela ne rappelle l'opposition classique de l'objet et du sujet [1]).

L'épistémologie de M. Fullerton est d'un dogmatisme bien plus accentué que celui de M. Marvin : on est en droit de l'appeler naïf. Quant à MM. Woodbridge et Bush, ils ont répété à satiété que la critique de la connaissance dépend de multiples conditions et ne peut être-primordiale. M. Woodbridge veut bien admettre que l'on ne peut séparer d'une manière définitive la question de la nature de la connaissance et celle de la nature de la réalité ; car nous ne pouvons rien dire de la réalité sinon en tant qu'elle est connue par nous. Mais il reste à se demander quelle est l'origine de la connaissance, et comment, en fait, nous connaissons. Voilà les questions que doit traiter l'épistémologie [2]). Elle doit le faire en utilisant les résultats de l'observation ; c'est par cette méthode objective qu'elle parviendra à résoudre la question de la différence entre l'apparence et la réalité, qui fait le fond de la critique de la connaissance [3]).

Enfin, un esprit analogue se manifeste dans les phrases suivantes de M. Sellars, l'un des penseurs les plus vigoureux parmi les réalistes indépendants : « Les problèmes épistémologiques sont réels; on peut les énoncer clairement,

---

1) Voir plus loin, ch. V et VI, l'exposé détaillé de ces théories.
2) Cf. The Field of Logic. Congress of Saint-Louis, I, p. 319.
3) Cf. WOODBRIDGE. Perception and Epistemology, Essais in Hon. of W. James, pp. 137-166 ; The Deception of the Senses, Journ. Phil. Ps. Sc. M., X (1913), pp. 5-15; BUSH, The Existential Universe of Discourse, ib., VI (1909), pp. 175-182; Knowledge and Perception, ib., pp. 393-398; The Sources of Logic, ib., pp. 571-575.

et, j'en suis convaincu, les résoudre. Que voulons-nous dire
quand nous disons que nous *connaissons* une chose ? Quelles
sont les conditions de cette connaissance ? Ces questions et
les nombreuses autres questions auxquelles elles conduisent
sont aussi empiriques que celles qu'on pose dans les sciences
spéciales, et, pour autant que je peux m'en rendre compte,
tout aussi susceptibles d'une solution satisfaisante » [1]).

L'empirisme des néo-réalistes ne se manifeste nulle part
mieux que dans le dédain qu'ils affichent pour l'esprit de
système. Sans doute, la recherche de l'unité qu'on soupçonne
au fond des choses est le but même de la philosophie ; mais
il ne faut pas, pour la réaliser, faire violence aux faits [2]).
Parfois le lecteur se demande si ce but n'est pas perdu de
vue, tant on renie la cohésion doctrinale. On veut traiter
chaque problème à part, en ne tenant compte que de ses
données propres et immédiates. La solidarité relative des
signataires du programme ne les a pas empêchés de donner
au problème de la vérité et de l'erreur des solutions fort
divergentes. Ils n'en ont été nullement déconcertés [3]). Bien
mieux, lorsqu'une thèse particulière qu'ils soutenaient leur
paraissait d'accord avec leur position générale, ils ont parfois fait remarquer avec satisfaction qu'ils l'avaient adoptée
en toute indépendance, sans s'apercevoir de cette harmonie [4]).

Aucune doctrine ne paraît définitive ; le principe même
du réalisme épistémologique, l'indépendance de l'objet et du
sujet, n'est qu'une affirmation de nature expérimentale,
qui n'a, en soi, rien d'irréformable. En général, un système

1) *Critical Realism*, p. v.
2) Cf. Holt, *Concept of Consc.*, pp. ix-xi.
3) Cf. *New Realism*, pp. 36, 480-486 ; Perry, *Some disputed Points in Neo-Realism, Journ. Phil. Ps. Sc. M.*, X (1913), p. 462 ; voir aussi Fullerton, *Everybody's World and the Will to believe, ib.*, pp. 438-441.
4) Cf. Marvin, *Dogmatism versus Criticism, Journ. Phil. Ps. Sc. M.*, IX (1912), pp. 315-317 ; Pitkin, *Rejoinder to Professor Bush, ib.*, XI (1914), p. 384.

philosophique « organique » dont toutes les parties se com-
mandent réciproquement, est inadmissible parce que contradictoire : il n'est, en effet, qu'un cas particulier de la
« théorie interne » des relations [1]).

Il s'en faut cependant que cet empirisme se réduise à un
vulgaire sensualisme. Il est tout l'opposé du nominalisme
positiviste. Déjà William James avait insisté sur la présence,
dans la conscience, d'éléments non sensibles ; il avait
admis, sans trop préciser, la valeur de la logique et des
mathématiques, aussi bien que celle de la psychologie et de
la physique ; mais le monde concret l'attirait toujours plus
que les entités abstraites, quelle que fût leur importance.
Les réalistes gardent ce sens très large du mot empirisme ;
ils l'affermissent en insistant sans cesse sur le caractère
objectif des sciences abstraites. Souvent ils répètent qu'elles
ne peuvent nullement se réduire à la psychologie, pas plus
que leurs objets ne se ramènent à des actes subjectifs. Pour
mieux accentuer ce caractère objectif, ils aiment à dire que
les objets de ces sciences, sans avoir une existence proprement dite, jouissent d'une « subsistence » objective, indépendante des actes de connaissance. En résumé, « le réaliste
est un empiriste à l'esprit ouvert. Il est tout prêt à rencontrer et à reconnaître comme un fait tout être quelconque, à
croire à l'existence ou à la subsistence d'une entité, de
quelque espèce qu'elle soit. Les seules restrictions sont
a posteriori. Pour le réaliste, l'étude du processus de la
pensée n'est qu'un champ d'investigation parmi bien
d'autres. La logique, l'arithmétique et les mathématiques
en général sont des sciences qui peuvent être poursuivies
indépendamment de l'étude de la pensée. Les entités dont

1) Cf. Mc Gilvary, *The Relation of Consciousness and Object in Sense Perception, Phil. Rev.*, XXI (1912), p. 153 ; Spaulding, *The Postulates of a Self-
Critical Epistemology, ib.*, XVIII (1909), pp. 615-641.

elles s'occupent ne sont pas physiques ; elles ne sont pas mentales non plus. Pourtant, elles sont des entités ; ce sont donc des entités subsistantes. Ces sciences n'examinent donc pas des entités physiques ou mentales, mais elles étudient un champ indépendant et objectif qui leur est propre » [1]). Aussi, « puisqu'il accorde une condition ontologique indépendante aux choses de la pensée comme à celles des sens, aux entités logiques comme aux entités physiques», le néo-réaliste n'hésite pas à s'appeler « un réaliste platonicien [2]).

Tout l'ouvrage de M. Holt « *The Concept of Consciousness* » repose sur cette distinction ; elle fait aussi le fond du livre de M. Spaulding : « *The New Rationalism* ».

Il est en tout cas impossible d'identifier le néo-réalisme avec l'empirisme vulgaire. L'expérience, au sens ordinaire, n'est pas sa seule source d'information. M. Marvin [3]) déclare nettement qu'il est empiriste en ce sens que la cohérence systématique n'est pas le seul critère de la vérité. La source principale de la connaissance, c'est la « perception directe » ; mais cette perception n'est pas nécessairement sensible : elle peut être intellectuelle ; ici M. Marvin se dit franchement rationaliste ; il rejoint ainsi M. Spaulding [4]). Mais il restreint le champ de la perception intellectuelle aux seules sciences logiques et mathématiques ; si celles-ci sont infaillibles, il n'en est pas de même des déductions qu'on a essayé d'en tirer par rapport à l'ensemble de l'univers : les synthèses philosophiques ne sont que d'hypothétiques généralisations d'expériences.

1) *New Realism*, pp. 40-41.
2) *New Realism*, p. 35.
3) Cf. *First Book in Metaph.*, pp. 96-105.
4) Cf. *New Rationalism*, p. 43, et *A Reply to Professor Dewey's Rejoinder*, *Journ. Phil. Ps. Sc. M.*, VIII (1911), pp. 568-569 où M. Spaulding distingue l'observation sensible et l'observation « idéale ».

II

Nous voyons ainsi se révéler un nouveau caractère de la doctrine que nous étudions : l'intellectualisme. En l'examinant de plus près nous serons peut-être amenés à y voir la marque distinctive et spécifique de sa méthode.

L'intelligence discursive est bien pour ces logiciens notre seule source de connaissance philosophique. Nous ne possédons pas de faculté meilleure, pour nous donner accès à la réalité, que cette raison raisonnante, si bafouée de nos jours. Le mysticisme sous toutes ses formes est peu goûté. Si on lui montre parfois quelque sympathie, on l'écarte cependant de la philosophie scientifique, qui doit être accessible à tous, non à quelques privilégiés ; aucune illumination ne peut, d'ailleurs, prévaloir contre la raison logique [1]). Le volontarisme, l'intuitionnisme antiintellectualiste sont dédaigneusement qualifiés de romantisme. Pleins d'une confiance un peu naïve dans la raison humaine, nos philosophes croient qu'elle parviendra à supprimer tout mystère dans l'univers [2]). La philosophie doit, comme toutes les connaissances, être claire et distincte, exprimable en propositions précises. Tandis que les spéculatifs se font gloire de leurs conceptions « ineffables », la vraie philosophie sera énonciable, discursive, conforme aux lois de la logique [3]).

Son procédé sera l'analyse. « Expliquer, c'est analyser un tout en parties ou une complexité en éléments qui sont plus simples et dont les relations sont plus simples » [4]).

---

1) Cf. *New Rationalism*, p. 407.
2) Cf. EDGAR E. SINGER JR., *On Mind as an Observable Object, Journ. Phil. Ps. Sc. M.*, IX (1912), p. 211.
3) Cf. HENRY M. SHEFFER, *Ineffable Philosophies, ib.*, VI (1909), pp. 123-129.
4) MARVIN, *The Nature of Explanation, ib.*, IV (1907), p. 113.

Considérer attentivement l'objet, le réduire successivement
à des éléments de plus en plus simples, voilà la méthode à
suivre ; que les parties soient séparables de fait ou qu'elles
soient distinguées par la seule pensée, le procédé est le
même. Il importe d'ailleurs de tenir compte, non seulement
des éléments qui constituent la chose, mais des relations
qui les unissent. La chose n'est pas la somme de ces
éléments, elle les suppose placés dans un certain ordre.
La terminologie des intellectualistes, on l'avoue, a été
parfois cause de confusion ; ils ont laissé dans l'ombre la
part de synthèse que comporte leur procédé [1]).
    Cette méthode nous est déjà connue par les applications
qu'en fait M. Spaulding à la critique de l'intuitionnisme
pragmatiste [2]). Elle repose, en définitive, sur la théorie
des relations externes, qui apparaît de plus en plus comme
le fond même du néo-réalisme. Tout résoudre en termes
logiquement indépendants, mais unis par des relations qui
respectent leur nature propre, tel est l'idéal de la nouvelle
école. M. Spaulding fait, il est vrai, quelques restrictions
peu précises, qui corrigent jusqu'à un certain point les
excès de l'intellectualisme. Les sciences, comme la réalité
elle-même, présentent des discontinuités. En passant d'une
science simple, comme la cinématique, à une branche plus
complexe, comme la dynamique appliquée, on introduit des
éléments nouveaux. Il en est de même de la physique, de
la chimie, de la biologie. Des relations vraiment nouvelles,
irréductibles aux termes connus, viennent s'ajouter. Aussi
la déduction universelle de toutes les propriétés est impossible. L'induction, tenant compte des discontinuités, doit
intervenir pour nous faire connaître le réel. En ce sens, il
y a un élément non rationnel dans la nature ; il est dû, soit

1) Cf. *New Realism*, pp. 24-25.
2) Voir plus haut, pp. 89-92.

à l'imperfection actuelle de notre connaissance, soit même
à la structure de l'univers [1]). Ce dernier mot atténue
considérablement le radicalisme des premières affirmations,
mais on peut se demander s'il leur laisse encore une portée
véritable.

Avec la persévérance qui le caractérise, M. Spaulding
applique sa doctrine à quatre espèces d'ensembles, pour
montrer que l'analyse les explique sans les déformer. Il
distingue les collections ou agrégats d'entités quelconques ;
les classes composées d'entités qui ne sont pas elles-mêmes
des classes, tels les atomes de charbon, les nombres pairs,
les fractions rationnelles : ce sont les notions universelles ;
les classes formées d'autres classes de moindre extension,
comme les nombres, divisés en ordinaux et cardinaux, pairs
et impairs, ou les éléments chimiques, monovalents ou non
monovalents ; enfin, les touts organiques : un organisme,
une molécule individuelle, un atome déterminé. S'aidant
des travaux de M. Bertrand Russell, il passe en revue ces
quatre groupes et leur applique laborieusement sa théorie,
à grand renfort de signes mathématiques.

Il met une singulière obstination à réfuter, à propos des
organismes, le vitalisme de M. Hans Driesch [2]). Il reconnaît que l'organisme, comme tout, obéit à des lois spéciales, plus complexes que les lois physico-chimiques qui
régissent ses parties. Ces lois ne sont pas mécaniques, au
sens strict du mot ; elles sont *spécifiques*. Mais, pense-t-il,
aucun mécaniste n'a jamais dit autre chose, et il n'y a pas
lieu d'imaginer un élément propre aux êtres vivants. Une
énergie particulière qui viendrait troubler arbitrairement le

---

1) Cf. *New Realism*, pp. 218-230. Pour l'ensemble de l'apologie de l'analyse,
cf. *ib.*, pp. 155-247.

2) Cf. *ib.*, pp. 243-247 ; *Driesch's Theory of Vitalism*, Phil. Rev., XV (1906),
pp. 518-527 et le compte rendu de l'ouvrage de Driesch, *The Science and Philosophy of Organism*, *ib.*, XVIII (1909), pp. 63-69, 436-442.

jeu des forces physico-chimiques rendrait impossible toute science biologique. Une entéléchie, destinée à les diriger, serait inutile ; la finalité et la conscience n'ajoutent rien aux lois propres de l'organisme. Si la spécificité des propriétés exigeait une entéléchie, il n'y aurait pas de raison d'en nier l'existence dans le monde inorganique lui-même ; la distance entre les deux règnes, si vivement revendiquée par les vitalistes, serait effacée. D'une manière générale, les causes finales, et tout ce qui n'est pas mécanisme pur, n'a pas la faveur du réalisme [1]).

M. Pitkin manifeste les mêmes tendances. Pour lui aussi, l'analyse ne déforme pas· les objets, elle respecte, entre autres, la réalité du temps. Mais la critique du vitalisme est plus radicale encore chez lui [2]). Aucun des faits biologiques qu'il examine· en détail ne se prête le moins du monde, selon lui, à une interprétation vitaliste. Les transformations les plus profondes en apparence, la digestion, la sécrétion, se réduisent, sous sa critique, à de purs déplacements mécaniques. C'est une manière assez inattendue de justifier l'analyse intellectuelle du reproche de déformation. En voulant montrer que les transformations organiques dans la nature ne sont nullement des exemples de relations internes, il semble bien que M. Pitkin perd un peu de vue leur nature véritable. Ce qu'il reproche surtout au vitalisme de Driesch c'est sa tendance idéaliste. L'entéléchie, placée dans le monde nouménal, ne peut avoir d'effet dans celui des phénomènes, qui est celui qu'il s'agit d'expliquer ; au reste, à y regarder de près, le monde nouménal et l'entéléchie ne sont qu'une réplique bien inutile

---

1) Cf. SPAULDING, *New Ration.*, pp. 342-344 ; HOLT, *Conc. of Consc.*, pp. 158-159 ; MARVIN, *First Book in Metaph.*, pp. 248-252 ; à l'*American Philosophical Association*, M. Montague a défendu le vitalisme, attaqué par M. Marvin ; cf. *Journ. Phil. Ps. Sc. M.*, XVI (1919), pp. 129-131.

2) Cf. *New Realism*, pp. 377-434.

des phénomènes qui nous sont accessibles. Dès lors, ne vaut-il pas mieux négliger cet hypothétique règne idéal, produit du pur verbalisme ?

Mais M. Spaulding ne s'arrête pas au point où nous sommes parvenus. L'originalité et l'essence même du néo-réalisme, selon lui, c'est d'être une application consciente et rigoureuse de la logique moderne. C'est par là qu'il se constitue, qu'il se différencie des autres systèmes, et qu'il est impliqué par eux, malgré eux, dans leur propre affirmation. Telle est, en résumé, la thèse développée, sous des formes multiples, dans son dernier ouvrage [1]). Essayons de l'expliquer quelque peu.

La logique fondée par Aristote a dominé la philosophie jusqu'à nos jours, et son déclin dans les sciences mêmes ne date pas de loin. Le type de l'être, pour elle, est la chose physique avec ses propriétés, son activité, ses causes, ses lois. L'esprit est une de ces choses, d'une nature particulière ; en vertu d'une action mystérieuse, elle connaît les autres choses. Son activité est régie par certaines lois, propres à sa constitution, qui lui assurent la connaissance de la vérité. Ces lois sont principalement les principes d'identité, de contradiction et du tiers exclu, ainsi que celui de l'évidence ou de l'inconcevabilité du contraire. Tandis que les premiers concernent la suite logique du raisonnement, le dernier sert à vérifier les prémisses. La logique a pour objet d'étudier ces lois qui règlent les rapports des classes d'objets sur lesquelles s'exerce le raisonnement. Cette logique ancienne est donc essentiellement psychologique.

La logique nouvelle au contraire, est issue du progrès des sciences, surtout des sciences exactes. Sa notion fonda-

---

1) Cf. *New Rationalism*, pp. 3-43, 109-200 et passim.

mentale est celle de relation, sous la forme de l'implication. Les objets sont reliés par des relations qui ne les modifient pas. Ils constituent, grâce à elles, des systèmes dont la première propriété doit être la cohérence, l'absence de contradiction interne. Ces systèmes ne sont pas, comme dans l'ancienne logique, des classes contenues les unes dans les autres et partiellement identiques ; ce sont des propositions ; l'affirmation de l'une entraîne celle de l'autre. Cette relation d'implication est strictement objective. Elle n'est pas une loi de l'esprit, mais bien une loi des entités logiques elles-mêmes. Elle n'est pas créée par nous, mais découverte, tout comme les termes. Elle se justifie par voie d'induction, car elle ressort de l'examen de tous les cas où elle s'applique ; on n'y a découvert aucune exception, tandis que les anciens critères de l'évidence et de l'inconcevabilité de l'opposé ont été démentis par toute l'histoire de la science. De plus, le nouveau critère s'implique lui-même, soit sous sa forme positive, soit sous la forme négative de la réduction à l'absurde. Ainsi toute la logique, et toute la philosophie et la science sont un vaste système cohérent qui s'impose par lui-même. Il ne faut pas cependant le regarder comme une vérité absolue : ses prémisses ne sont, en définitive, que des postulats. Il y a pourtant quelque chose d'absolu dans le réalisme, au point qu'on peut l'appeler un absolutisme logique : c'est qu'il est strictement et absolument vrai que ce système logique est cohérent, qu'il est affirmé et est impliqué dans sa propre négation.

Il y a dans ce programme de M. Spaulding un curieux mélange d'absolutisme et de relativisme. Très ferme dans son affirmation de la valeur générale du système, il devient sceptique quand il s'agit des critères des prémisses en particulier : qu'elles soient établies par la perception, la mémoire, la tradition, l'induction, l'évidence, l'inconcevabilité de l'opposé, elles n'ont qu'une certitude psychologique et relative. Lorsque enfin le dernier critère, celui de cohérence, est recommandé, on est un peu étonné de le voir proposer seulement, dans une formule un peu ambiguë, comme « un critère logique extrêmement digne de foi » [1]). Ici l'empirisme et l'intellectualisme analytique se rejoignent : M. Spaulding est soucieux de n'exclure aucune possibilité encore inconnue. Aux relations logiques insoupçonnées, il faut laisser « la porte ouverte ». Car, malgré les implications logiques, tout ne se tient pas comme dans les systèmes monistes ; les relations sont externes. La connaissance est donc additive : elle est susceptible de progrès réel. Elle se développe par accroissements partiels. Pour connaître une chose il n'est pas nécessaire de la connaître tout entière : on peut avoir des connaissances, comme des ignorances partielles ; il y a un milieu entre la connaissance entière et l'ignorance totale.

L'ouvrage capital de M. Holt n'est que le brillant développement d'un programme analogue [2]). M. Holt est pourtant plus hardi que M. Spaulding. Il est plus conséquent dans la déduction. La grande découverte de nos jours, c'est l'unité de la logique et des mathématiques. Pas plus que l'algèbre ou la géométrie, la logique n'est l'art de penser correctement. Comme elles, elle a l'*être* pour objet. Un système mathématique est défini par ses termes et ses hypothèses fondamentales ou postulats. Ces points de départ, qui ne sont pas définis par d'autres propositions, engendrent toute la suite des théorèmes ; ils sont actifs par eux-mêmes ; ce n'est pas notre esprit qui déduit des conséquences ; elles sont produites *objectivement*. Les termes et les propositions fondamentales sont le donné. Les termes initiaux et simples peuvent être déterminés (*hypothecated*)

---

1) *New Rationalism*, p. 135.
2) Cf. *Conc. of Consc.*, surtout pp. 1-76.

de diverses manières. Avec l'aide des propositions, ils
donnent naissance à des termes plus complexes. On peut
se demander s'ils sont eux-mêmes totalement indépendants
les uns des autres ou s'il est possible de les ramener à
l'unité. Existe-t-il une proposition unique dont puissent
sortir tous les termes initiaux et tous les postulats, par
conséquent tous les systèmes qu'ils engendrent ? L'idéal de
la philosophie serait de le trouver. Pour répondre à la
question, la logique n'a qu'un moyen : observer. Jusqu'ici
ce principe n'a pas été découvert. L'existence de la contradiction dans le monde est même une sérieuse présomption
contre la possibilité de le trouver jamais. Nous savons que
les termes ont l'être, comme les autres parties du système,
nous ignorons si cet être est indépendant ou dépendant des
autres éléments objectifs. La philosophie n'a pas le droit
d'éliminer *a priori* les discontinuités.

Peut-on même dire que les systèmes où se rencontrent
des contradictions et les propositions qui les produisent
n'ont pas d'être ? Il ne s'agit évidemment pas d'être réel,
physique ; il s'agit d'être logique. En ce sens, il faut dire
d'abord que tout terme initial est. Quant aux propositions,
il est certain que tant que la contradiction à laquelle elles
mènent n'est pas découverte, rien ne paraît s'opposer à ce
qu'on leur attribue l'être logique. Le leur refuser, dès qu'on
a remarqué la contradiction, n'est-ce pas céder à un goût
subjectif pour les systèmes cohérents, à l'exclusion des
autres ? Il semble bien qu'il faille distinguer entre différents
systèmes ou, — c'est un synonyme — « univers de
discours » *(universe of discourse)*. Un système de propositions contradictoires est un système qui ne correspond pas
à un système de termes ; mais en soi il possède l'être
logique comme celui-ci.

On voit l'importance que prend la déduction en philosophie. Elle est, à proprement parler, l'unique méthode

possible. Ne parlons pas de l'induction mathématique, qui n'est qu'une déduction déguisée. Mais l'induction ordinaire, celle de Mill, que la logique vulgaire considère comme le moyen d'atteindre l'universel et dont elle fait, par suite, la base de la déduction, ne mérite pas ce crédit. Toute explication, toute induction, tout jugement même, consiste à placer des êtres dans un certain ordre ; or, c'est là l'essence du raisonnement déductif, qui ne se confond nullement avec le syllogisme classique. L'ordre n'est pas le résultat qu'on obtient en collectionnant des cas individuels, il est le moyen nécessaire pour les classer, même dans l'induction.

La logique est donc entièrement non spatiale et intemporelle. Elle s'occupe de termes et de relations. Elle n'a que faire de « substances ». Dire que la matière et l'esprit diffèrent parce que ce sont deux substances totalement étrangères l'une à l'autre n'a pas de sens en logique ; il est superflu de se demander quelle est la substance des êtres. La logique s'occupe d'entités « neutres » ; elle se contente d'en observer l'existence et les relations.

Tel est le suprême effort de synthèse du néo-réalisme. Si les principes en ont surtout été mis en lumière par M. Spaulding et M. Holt, MM. Marvin et Perry, quoique plus timides, n'en sont pas éloignés. Quant aux auteurs qui n'ont pas signé le programme, ils ne semblent pas près de se rallier à de pareilles hardiesses. M. Woodbridge a soutenu l'indépendance de la logique et attache beaucoup d'importance à la notion de relation [1]) ; M. Bush insiste sur la notion d' « univers discursif » [2]) ; ces deux auteurs ont sans doute quelque sympathie pour les idées énoncées à ce

---

1) Sur l'indépendance de la logique, voir *The Field of Logic*, *Congr. of Saint-Louis*, I, pp. 313-330 ; pour la notion de relation voir plus loin, ch. V.

2) Cf. par exemple *The Existential Universe of Discourse*, *Journ. Phil. Ps. Sc. M.*, VI (1909), pp. 175-182, et plus loin ch. V.

sujet par MM. Holt et Spaulding ; ils n'y ont donné aucune
adhésion publique. Mais la plupart des autres néo-réalistes
se contentent d'un empirisme assez ordinaire et d'un intellectualisme moins synthétique, quoique résolu. Adversaires
du mysticisme et du romantisme, ils n'ont pas formulé aussi
rigoureusement leurs principes. Les vastes synthèses déductives les effraient plus qu'elles ne les attirent.

III

Si telle est la méthode de la philosophie, il n'est pas
difficile de deviner son objet et sa nature [1]). Sans nier, loin
de là, l'influence immense qu'elle exerce et doit exercer sur
la vie psychologique et morale, les néo-réalistes ne voient
pas dans cette fonction ce qui la constitue essentiellement.
Depuis que les philosophes ont commencé à réfléchir sur le
monde, les uns ont considéré leur enseignement comme une
vie spirituelle, sans rapport direct avec la science, les
autres n'y ont vu qu'un prolongement de celle-ci. Les
néo-réalistes optent résolument pour ce dernier parti. Ni
par son objet, ni par ses procédés, la philosophie ne diffère
essentiellement des sciences. Elle ne les domine pas dédaigneusement comme ses humbles servantes. Elle ne
prétend pas réinterpréter leurs résultats, de manière à les
transformer totalement par son pouvoir magique. Elle ne
mesure ni les limites, ni la certitude des autres connaissances. Elle ne se réserve pas l'intuition de la nature vraie
des choses, abandonnant à ses sujettes la vue trouble des
phénomènes. N'étant ni une poésie, ni une morale, elle doit
se contenter du même objet et des mêmes moyens d'investi-

---

1) Pour ce qui suit, voir *New Realism*, pp. 21-42 ; MARVIN, *First Book in
Metaph.*, pp. 3-21, 44-51 ; HOLT, *Conc. of Consc.*, pp. IX-XI, 47-48 ; PERRY, *Pres.
Phil. Tend.*, part. I, passim.

gation que les sciences. Il n'y a entre ces deux branches du
savoir qu'une différence de degré. Aux sciences particulières
les recherches de détail, les questions techniques, l'emploi
confiant des méthodes de travail ; à la philosophie les
généralisations, la critique approfondie des instruments de
connaissance. Les méthodes que la philosophie emploie et
justifie sont celles que les sciences ont employées avant elle.
A vrai dire, si elle a mission de s'en occuper, c'est qu'aucune branche particulière ne s'en est encore emparée. Mais
que de vérités scientifiques d'aujourd'hui ont commencé
par être des thèses philosophiques ! Il suffit de songer à
la théorie atomique.

Ainsi la philosophie et les sciences, loin de s'opposer,
doivent collaborer. La distinction des problèmes, nécessitée
par la division du travail scientifique, ne peut pas être
définitive ; il faut, à la fin, rétablir l'unité de l'objet, provisoirement dissoute. La logique et les mathématiques aide-
ront la philosophie à trouver sa méthode générale ; elles
fourniront les principes d'une critique de la connaissance [1]).
La biologie, la physiologie, la psychologie contribueront
largement à édifier l'épistémologie. Par contre, la philosophie réaliste débarrassera la psychologie des préjugés dualistes et subjectivistes qui en ont arrêté le développement.
Au lieu de l'introspection artificielle des laboratoires, elle
permettra d'employer les méthodes objectives dont l'usage
a été si vivement contesté.

La connaissance philosophique étant de même nature que
celle des sciences, elle est susceptible de s'accroître comme
elle. Pour cela, elle doit renoncer aux fausses méthodes qui
ont jusqu'ici retardé sa marche. Elle ne doit plus se confondre avec l'histoire des systèmes. Que de temps perdu à

---

1) Voir, outre les ouvrages de M. Spaulding, l'article de M. KARL SCHMIDT,
Critique of Cognition and its Principles, Journ. Phil. Ps. Sc. M., VI (1909),
pp. 281-287.

rechercher la vraie pensée de Kant ou de Hegel, alors que
l'examen direct de la question aurait produit des résultats
positifs ! Ce n'est pas qu'il faille dédaigner l'histoire de la
philosophie. Outre l'intérêt qu'elle présente par elle-même,
elle explique souvent l'origine psychologique de certains
problèmes, et, par suite, leur portée exacte. Mais il ne faut
pas se laisser absorber par elle au détriment de la doctrine
elle-même.

Il faut avoir soin de formuler nettement les thèses qu'on
défend. Pour cela, il est nécessaire de bien diviser les questions ; la confusion empêche tout progrès. Puis il faut définir exactement les termes employés. Les questions de mots,
loin d'être dénuées d'importance, sont essentielles ; faute de
définitions précises, on ne se comprend pas. Comment alors
discuter en connaissance de cause ? Pour sortir de cette
difficulté, il faut innover hardiment, créer et définir des
termes. La tradition philosophique ne peut pas nous aider.
C'est elle, au contraire, qui nous a mis dans l'embarras
actuel. Tout progrès philosophique s'accomplit par la défiance à son égard. Elle n'a ni termes définis, ni doctrines
assurées. « Nous sympathisons, mais nous ne sommes pas
d'accord, nous différons d'avis, mais nous ne sommes pas
en désaccord... Le premier devoir des philosophes n'est
pas d'être d'accord, mais de rendre explicites leurs accords
et désaccords implicites » [1]). Sinon, la philosophie restera
perpétuellement un mélange de mauvaise science et de
poésie encore pire ; elle retournera à l'ère des sophistes.

Pour réaliser ce vœu, il faut que les philosophes colla-
borent au lieu de s'isoler. Comme une collaboration simul-
tanée de tous est impossible actuellement, il faudra se
contenter d'abord de réunir des groupements restreints.

1) *New Realism*, p. 29. Le « programme » de 1910 débute par des considérations sur la nécessité de la coopération ; cf. *ib.*, pp. 471-472.

Ceux-ci formuleront leur programme, travailleront à développer des doctrines communes bien définies. Il sera possible alors de comparer ces thèses et de les discuter. Les collaborations locales prépareront une collaboration générale et systématique.

IV

Le programme que nous venons d'exposer ne manque pas d'ampleur. Par des développements quelque peu imprévus, il passe d'un point de vue qui pourrait être terre à terre à un véritable platonisme mathématique. Au lieu des timides inductions que promettait le début, nous sommes jetés dans de singulières hardiesses déductives. Un bon nombre des principes énoncés appartiennent à l'essence même de toute méthode philosophique ; sous des formules déconcertantes se cachent parfois des vérités élémentaires ; d'autres fois, des assertions tranchantes ne parviennent pas à masquer l'insuffisance des conceptions.

Les multiples professions de foi empiristes sont trop bien dans l'esprit de la philosophie anglo-saxonne. Sans croire beaucoup à l'influence déterminante de la race, il est permis de signaler ce lien historique. La réaction contre l'idéalisme, sortie du pragmatisme, explique encore le choix de cette étiquette, qui n'est cependant pas exempt d'équivoque. Fervents de la science objective, les néo-réalistes n'ont pu supprimer ni déguiser la valeur absolue de la logique et des mathématiques. En les mettant sur le même pied que les sciences expérimentales ou les perceptions immédiates, ils ont voulu en exalter la certitude. Est-ce l'habitude du langage pragmatiste qui leur a fait employer ce vocabulaire ? Etaient-ils, en le faisant, les héritiers directs de la tradition anglaise ? Craignaient-ils de se compromettre avec le subjectivisme, s'ils parlaient de vérités idéales, nécessaires ou *a priori ?* Il eût mieux valu, semble-t-il, employer ces termes, en ayant soin, cela va sans dire, de les expliquer, au lieu de se contenter d'un mot vague, prêtant à des confusions dangereuses. Nous touchons ici à l'une des faiblesses de la méthode néo-réaliste. Dans l'ardeur de la polémique, nos auteurs se laissent entraîner à des affirmations absolues qu'ils ne se donnent pas la peine de nuancer ; à première vue, on croit apercevoir des contradictions flagrantes ; une bonne part des critiques stériles du programme et de l'épistémologie réaliste aurait été évitée, si les novateurs avaient expliqué d'emblée leur pensée. Leur tendance à prendre, de leur côté aussi, toutes les propositions des adversaires dans le sens le plus absolu, sans tenir compte des ensembles et des circonstances historiques, n'a pas été non plus sans leur faire commettre de singulières injustices dans leurs critiques.

Si nous considérons l'ensemble du programme réaliste, l'empirisme dont ses auteurs se targuent revient à « ce truisme bien négligé du réaliste naïf, que... chaque chose est précisément ce qu'elle est et ne doit pas être, à force d'explications, supprimée et transformée en une autre » [1]). Truisme, sans doute, mais qu'il était opportun de rappeler. Il est à la base de toute vraie philosophie. Mais que de fois n'est-il pas négligé par les constructeurs de systèmes qui semblent plus préoccupés de faire œuvre d'imagination créatrice que de science objective ? Bien des idéalismes ne sont-ils pas une perpétuelle protestation contre ce principe trop simple ? Ne cherchent-ils pas avant tout à nous montrer que rien n'est tel qu'il paraît ? Quand même ce serait là la conclusion de la philosophie, on n'aurait pas le droit de

---

1) HOLT, *Conc. of Consc.*, p. 339 : « ... that sadly neglected truism of the naive realist, that — Everything is precisely what it is, and is not to be explained away as something else ».

poser ce principe au point de départ; sinon, on s'interdirait logiquement tout raisonnement.

Si les néo-réalistes s'insurgent contre la primauté de l'épistémologie, c'est, en somme, au nom du même « truisme ». Ils répudient le psychologisme, parce que le psychologisme fait des entités logiques et des vérités nécessaires de simples manières d'être de l'esprit, ou des abréviations commodes de la pensée. L'absolutisme idéaliste ne trouve pas grâce à leurs yeux, parce qu'il consiste, en somme, à transporter dans un esprit plus vaste, mais conçu sur le modèle de l'esprit humain, ce que le psychologisme ordinaire affirme de celui-ci; la vérité abstraite n'est nécessaire que par le fait de cet esprit; en soi elle n'est pas absolue.

Mais n'est-ce pas une faiblesse de refuser pour cela à l'épistémologie la place qui lui revient dans la philosophie ? L'excès de zèle n'est pas une force. Le dogmatisme est une réponse insuffisante à l'épistémologie subjectiviste. Si les principes élémentaires sont niés, il faut, non les prouver, cela va de soi, mais les justifier en quelque manière en les éclairant. On ne peut évidemment déduire de quelques réflexions sommaires sur la nature de la pensée toute une philosophie de l'être et du monde. Qui d'ailleurs y songe à l'heure présente ? Le temps des post-kantiens est bien passé. On reconnaît la nécessité de l'expérience pour connaître les caractères concrets du monde. Nul ne pense à déduire l'aspect et les lois des phénomènes particuliers de celles de l'être ou de l'esprit abstraits. Mais encore, ne faut-il pas justifier ces orientations générales ? Ne faut-il pas que la critique fixe les limites de la connaissance? N'est-il pas vrai de dire qu'elle doit déterminer les bases de la science et de la philosophie ? La théorie de la connaissance commande l'idée qu'on se fait de la philosophie ; elle donne naissance aux grands systèmes. A toutes les époques, c'est par elle que s'est opéré le progrès ou du moins le changement en philosophie. Le néo-réalisme n'échappe pas à cette loi. Son programme contient, quoi qu'il en dise, une épistémologie. L'objectivisme qu'il affiche, est une doctrine de la connaissance, au moins implicitement affirmée, sinon énoncée et prouvée ouvertement.

On conçoit fort bien une réflexion critique sur toute connaissance humaine qui en dégage la nature logique, et par suite, la valeur et l'étendue. Adoptant au début une attitude neutre, elle n'est *a priori* ni objective, ni subjective. Objet et sujet sont des différenciations du donné à critiquer, qu'il faut justifier, non supposer ; elles impliquent, en réalité, déjà toute une psychologie et une critique. Ici au contraire, il s'agit simplement de se mettre en face des phénomènes de connaissance pour voir en quoi ils consistent. Ce qui frappe d'abord, c'est que toute connaissance complète est un jugement au sujet de certaines choses. Elle consiste à dire qu'un phénomène ou un objet est, qu'il a des propriétés, qu'il obéit à des lois. Dans ce qui pourrait n'être qu'une masse indistincte, vide de déterminations, on discerne des termes et des rapports plus ou moins stables, des activités et des sujets passifs. En même temps qu'émergent les groupes de propriétés que sont les objets et les lois plus ou moins générales qui les régissent, on voit se développer une opposition particulière entre l'ensemble qu'on appelle le monde, et le centre persistant quoique actif, vivant et par conséquent évoluant, qui se révèle comme le moi. L'un éclaire l'autre ; tous deux obéissent à certaines lois communes, comme ils sont aussi, chacun de son côté, soumis à des règles propres. Les lois communes sont celles de l'être ou de la métaphysique et de la logique, les autres celles de la psychologie et des sciences objectives. Les relations entre ces groupes de propriétés et de lois posent et en même temps résolvent le problème de la connaissance. En poursuivant les règles des différents ordres de sciences et en les critiquant par l'application des lois les plus générales, on achèvera l'épistémologie. Ainsi se constituera une théorie et une critique complète de la connaissance et de ses différentes variétés, qui ne se confondra pas, à coup sûr, avec la psychologie. Si elle se rapproche de la métaphysique et de la logique, elle s'en distingue assez par l'intérêt critique qui la constitue, pour être regardée comme une branche indépendante.

Notre conception n'est pas opposée à celle des néo-réalistes. M. Marvin ne fait-il pas rentrer dans la métaphysique, outre l'étude des caractères généraux de la réalité, celle des fondements logiques de la science ? Sa métaphysique se constitue donc de deux parties bien distinctes, dont la seconde n'est rien autre qu'une épistémologie, au sens où nous l'entendons [1]). A vrai dire, son objet nous paraît un peu étroit. La connaissance humaine embrasse plusieurs espèces assez différentes, malgré leur caractère commun : intuition vague, perception sensible, affirmation des principes, raisonnement vulgaire, témoignage, inférence morale, méthode scientifique ; il faut les examiner toutes, sans se borner à la variété plus raffinée, mais aussi moins riche, pour laquelle le siècle dernier eut ce culte excessif qui est un peu passé de mode. Il reste

---

1) On pourrait dire que ces deux objets disparates en apparence, sont considérés en métaphysique sous le même aspect : les principes premiers de l'être et par suite, de la connaissance. Cette opinion pourrait se réclamer du patronage d'Aristote, qui traite aussi bien des premiers principes logiques que de l'être réel dans sa Métaphysique; nous croyons pourtant qu'on reste fidèle à son esprit en distinguant deux sciences : la critique des premiers principes a pris une ampleur qui a permis de reconnaître son caractère propre ; on ne le pouvait soupçonner lorsque cette science tenait tout entière dans les premières pages des livres III et IV de la Métaphysique.

même à se demander s'il ne faut pas concevoir, au moins comme possible, une intuition où le sujet et l'objet s'identifient pour dépasser la connaissance discursive, non pour s'abaisser au-dessous d'elle. Cette hypothèse, quand même elle n'aurait pas d'autre valeur, servirait de norme idéale à la critique de la connaissance humaine [1]). On ne peut nier que cette critique ne conduise parfois à modifier ou à reviser certaines conclusions des sciences ; tout au moins interprétera-t-on différemment certains résultats ; la philosophie, sans sortir de son rôle, mettra en garde contre l'acceptation hâtivement dogmatique de toutes les formules quelles qu'elles soient.

Nos conclusions ne doivent pas déplaire à M. Woodbridge [2]). M. Perry et ses collaborateurs semblent entièrement d'accord : « Il faut que la philosophie soulève les questions de l'épistémologie, ne fût-ce que pour leur assigner un rang secondaire. Il ne sert de rien d'ignorer le fait de la conscience elle-même. Tôt ou tard, le sujet connaissant doit tenir compte de soi-même et devenir conscient de cette relation intérieure à un fond subjectif, qui, dans la direction première, objective ou extérieure de la connaissance, est naturellement négligée. Le réalisme ne consiste pas à négliger les problèmes par aveuglement ou naïveté. S'il conclut, comme il le fait, que le sujet, dans la grande majorité des cas peut être négligé, et l'objet être expliqué en termes qui lui sont propres, ce n'est qu'après un examen suffisant de la situation. Le droit de négliger de la sorte les conditions subjectives de la connaissance est le résultat de réflexions critiques. Et c'est un résultat qui n'est pas de mince importance, car il établit du coup les droits de toutes

---

1) Cf. L. NoëL, *Note sur le « problème » de la connaissance, Annales de l'Institut supérieur de Philosophie*, t. II (1913), Louvain, p. 685 et note.
2) Cf. *The Field of Logic, Congress of Saint-Louis*, I, p. 319.

les branches spéciales de nos connaissances » [1]). N'est-ce pas ce que nous venons d'expliquer ? Et M. Marvin lui-même, s'il veut être « dogmatiste » n'en prétend pas moins être critique [2]).

Dans ces conditions on s'étonne de lui voir soutenir que l'épistémologie n'est pas le fondement logique de la philosophie, y compris la métaphysique. Certes, ce n'est point par elle qu'il faut aborder l'étude de la philosophie. Mais cette question de priorité de temps ne concerne en rien celle de l'ordre logique des matières. Lorsque nous nous livrons à la réflexion critique, notre esprit n'est pas une « tabula rasa ». Il est déjà enrichi d'expériences, de jugements, d'appréciations, de sciences, de préjugés aussi. La critique ne s'exerce que sur des données préalables, même sur des convictions philosophiques déjà arrêtées, au moins provisoirement. Elle les épure et les unifie, elle ne les remplace pas. Mais en le faisant, elle joue un rôle de première importance dans la constitution de la synthèse philosophique. Elle occupe la première place dans le tableau impersonnel qu'est la philosophie objective ; en d'autres termes, logiquement, elle en est le fondement.

Chez M. Marvin, il est vrai, comme chez d'autres néo-réalistes, le mot épistémologie désigne plutôt une théorie biologique et psychologique de la conscience ; alors il va de soi qu'elle suppose la métaphysique, surtout si celle-ci comprend l'examen critique des principes de la science. Mais n'est-il pas étrange de voir juxtaposer dans une même science deux parties aussi disparates que des questions de logique critique et des généralisations de lois existentielles ? Cette dernière partie ne paraît même nullement d'accord avec les principes réalistes sur l'analyse. S'il est vrai que

---

1) Cf. *New Realism*, p. 41.
2) Cf. par exemple, *New Realism*, p. 51, note.

l'intelligence a un objet autre que les faits individuels, si elle peut étudier objectivement des termes et des relations abstraites, pourquoi son suprême effort serait-il une généralisation des faits constatés ? Car les propositions existentielles portent sur des constatations, — à moins que M. Marvin ne parle, comme M. Holt, d'existence ou d'être logique. De telles généralisations sont toujours contingentes. Leur certitude ne dépasse pas les limites d'une haute probabilité. Pourquoi, au contraire, ne pourrait-on pas étudier la notion d'être en elle-même et déduire les conséquences qui en résultent pour tout être possible? Un travail de cette nature n'a rien que de conforme aux tendances objectivistes de nos auteurs. Ils ne pourraient être arrêtés que par ce reste d'empirisme vulgaire qui vient parfois obscurcir l'idée qu'ils se font de la philosophie et de ses rapports avec les sciences du concret.

Mais en fait la logique de M. Spaulding et de M. Holt comprend un certain nombre de questions qu'on rattacherait plus aisément à la métaphysique telle que nous la comprenons. Le sens du mot être, de la relation, de la dépendance et de l'indépendance, n'est pas seulement logique, il est aussi métaphysique. L'être n'est pas seulement le lien abstrait des propositions, ni la dépendance l'implication logique : les êtres réels, les phénomènes, l'univers sensible obéissent à certaines lois générales, par le fait même qu'ils sont. Les néo-réalistes n'ont pas distingué comme on le faisait autrefois, l'être réel, actuel ou possible, de l' « être de raison ». Leur logique contient d'abord des propositions qui ne concernent que la forme pure des êtres, objets du raisonnement ; elles se rapportent à l'implication logique, ses formes diverses et ses conditions. D'autres s'appliquent à l'être lui-même, à sa notion abstraite, et par suite, à tout être existant ou possible. Les premières sont le domaine propre de la logique, science de l' « être de raison », les

10

secondes appartiennent à la métaphysique, science de l'être
réel. Cette distinction est essentielle dans la philosophie
d'Aristote et de ses disciples. Elle suffit à enlever tout
fondement aux injustes critiques de M. Spaulding. La
logique qu'il appelle « traditionnelle » et qui est fondée
sur la psychologie ne remonte guère au delà du xixe siècle.
Avant ce temps, c'était un lieu commun de définir la
logique, non par les actes de l'esprit auxquels elle s'applique,
mais par l'ordre qu'elle établit entre les concepts objectifs
des choses. Sans doute, la tradition aristotélicienne qui
avait une doctrine ferme sur l'être et le connaître, sur la
personne humaine et le monde, se rendait compte de la
différence qui existe entre l'ordre logique ou abstrait et
l'ordre réel des êtres existants ou possibles. Les relations
logiques *correspondent* à des relations réelles, elles ne sont
jamais, telles quelles, réalisées ni réalisables dans la réalité.
Exprimant cette correspondance par des entités d'un degré
d'abstraction très élevé, mais conçues sur le modèle de l'être
réel, la vraie logique traditionnelle ne sacrifie aucunement
l'objectivité de son objet. Si la substance paraît préoccuper
davantage Aristote, ce n'est pas au point de lui faire
négliger les autres catégories. Sa logique n'est pas seulement une logique de classes : le syllogisme, d'après lui, est
fondé sur l'identité de l'être ; mais parmi les espèces d'être
il range la relation. Peu de philosophies ont accordé à cette
catégorie une objectivité aussi marquée que ne l'a fait la
philosophie péripatéticienne, surtout chez ses interprètes
chrétiens. M. Spaulding s'est aperçu quelque part de ce que
sa condamnation avait de sommaire [1]). Pour s'en convaincre
tout à fait, il lui faudrait lire des volumes antiques, un peu
rébarbatifs, que ne feuillettent guère les logiciens modernes;
ils y trouveraient cependant des réflexions judicieuses, qui

1) Cf. *New Ration.*, p. 108, note.

ne contredisent nullement la logique objective, même la logique mathématique [1]).

Nous comprenons qu'en purs logiciens, les néo-réalistes puissent mettre sur le même rang toutes les espèces d'objectivité, qu'ils ne distinguent pas entre l'être logique et l'être réel. On peut le faire au début de l'épistémologie neutre que nous esquissions tout à l'heure, mais la philosophie ne peut se contenter de ces cadres vides. Elle ne doit pas établir, à son point de départ, une différence de nature ou de substance dans l' « étoffe » (*stuff*) dont est fait le monde. Mais il vient un moment où la tâche s'impose de déterminer les ressemblances et les différences entre les êtres. La logique est « neutre », oui : elle ne se prononce pas sur la nature des objets auxquels elle s'applique. La métaphysique ne peut l'être ; elle ne doit certes pas prendre parti sans examen et même, ses convictions ne seront pas dictées par les conséquences morales. Mais elle ne peut se désintéresser des différences objectives entre les êtres ; certaines se constatent par l'observation et l'expérimentation ; d'autres se déduisent par raisonnement. La tendance excessive à l'analyse pure risque de dissoudre toute la philosophie. Nous avons déjà signalé les principaux inconvénients de ce procédé chez les néo-réalistes [2]). Le vague dans lequel cette méthode laisse la nature exacte des « termes » et des « relations » n'est pas le défaut le moins frappant dans une philosophie qui se pique de clarté et rejette avec dédain le « dogme spéculatif ». La relation est une idée commode qui signifie, pour les néo-réalistes, aussi bien la qualité et

---

1) On peut citer, par exemple, le Dominicain espagnol Jean de Saint-Thomas, qui écrivait dans les premières années du xviie siècle son *Cursus Philosophicus ;* dans *Logica,* p. ii, q. I, art. III, q. II, on trouve sur la logique et son objet, l'« *ens rationis* », de profondes considérations, d'où il ressort que la « tradition » péripatéticienne n'est pas précisément telle que la croit M. Spaulding. Cf. *op. cit.*, t. I, éd. Vivès, Paris, 1883, pp. 192-201, 216-243.

2) Voir plus haut, pp. 109-110.

toutes les propriétés, que le rapport proprement dit.
L'ancienne philosophie d'Aristote était mieux inspirée, quoi
qu'on en dise, en considérant comme son objet principal la
substance, l'être dont l'existence est directement affirmée,
et auquel se rapportent, dans une mesure diverse, les
autres propriétés, action, forme, qualités de toute nature,
étendue, quantité, situation locale, durée temporelle. Les
propriétés sont en rapport avec la substance, elles la déterminent ; ainsi on peut les appeler des relations. Mais le
mot relation a un sens plus précis : il constitue une manière
d'être particulière, fondée sur les autres catégories, mais
non identique à elles. Les logiciens modernes ont poussé
très loin l'étude des relations ; mais les scolastiques les
avaient devancés en plusieurs points ; sous des noms différents, on y trouve déjà des théories qui passent pour nouvelles ; les relations « symétriques » et « asymétriques » par
exemple, s'appellent parfois relations d' « équiparance » et
de « disquiparance » [1]). Ainsi la relation est, en un sens,
interne : elle contribue à la constitution de l'être total,
de la substance déterminée ; mais, considérée à part, rap-
portée aux autres éléments dont se compose l'être concret,
elle en est distincte, elle leur est « extérieure ». Ainsi
du point de vue de la réalité métaphysique, le plus compréhensif, l'être complet ou la substance individuelle comprend les relations ; du point de vue plus abstrait de la
logique, la substance, sujet de la relation, la propriété qui
en est le fondement, et la relation elle-même sont susceptibles d'être isolées.

---

1) Cf. MERCIER, *Métaphysique générale*, n°s 174-179, 4e édit., Louvain, 1905,
pp. 360-376 ; REMER, *Summa praelectionum philosophiae scholasticae*, Prato,
1895, I, pp. 319-331. Parmi les anciens on peut citer encore JEAN DE SAINT-
THOMAS, *Cursus Philos.*, *Log.*, p. II. q. XVII, pp. 494-527. La notion de relation a été l'objet d'études approfondies de la part des *théologiens* scolastiques,
à propos du traité de la Trinité.

N'est-ce pas une illusion analogue qui fait exalter la logique mathématique ? Qu'elle ait, historiquement, ramené les esprits à la logique objective, nous ne le nions pas ; les néo-réalistes en témoignent assez pour eux-mêmes. Elle a eu le mérite, en particulier, d'attirer l'attention sur la notion de relation, fort négligée par l'atomisme en cosmologie et l'associationnisme en psychologie. Mais ses plus fervents admirateurs n'ont pas encore réussi à montrer une vérité nouvelle dont la révélation lui soit due, un sophisme qu'elle seule ait réfuté définitivement. Les néo-réalistes en fait n'en ont pas usé ; ils y font des allusions, parfois ils emploient des symboles, heureusement plus intelligibles que ce « péanien » qu'Henri Poincaré avouait ne point entendre. Tout ce qu'ils disent sous cette forme, et en général tout ce qu'expriment les symboles plus compliqués de la véritable logistique, peut être énoncé plus aisément dans le langage philosophique ordinaire. La logistique, de l'avis même de mathématiciens, n'est pas encore assez claire ni assez sûre pour servir à une réforme fondamentale de la philosophie [1]). Après cela nous attacherons moins d'importance aux erreurs qu'on peut relever en matière mathématique chez M. Spaulding [2]) : elles prouvent surtout que sa vraie pensée est assez indépendante de la forme qu'il croit devoir lui donner.

On a remarqué que l'analyse de M. Spaulding est en réalité une synthèse ; reconstituer, comme il le prétend, le continu avec des termes et des relations, ce n'est pas précisément décomposer la réalité en éléments plus simples [3]).

---

1) Cf. HAROLD CHAPMAN BROWN, *If the Blind lead the Blind. A Comment on « Logical Form » in Professor Perry's « Realistic Program »*, Journ. Phil. Ps. Sc. M., VII (1910), pp. 491-496.
2) ARTHUR R. SCHWEITZER, *Some Critical Remarks on Analytical Realism*, Journ. Phil. Ps. Sc. M., XI (1914), pp. 169-184.
3) H. T. COSTELLO, *A Neo-Realistic Theory of Analysis*, Journ. Phil. Ps. Sc. M., X (1913), pp. 494-498.

Mais le même critique se hâte d'ajouter que, par un caprice du langage, les sciences mathématiques dites analytiques sont justement les plus synthétiques. Pour nous, M. Spaulding a principalement voulu affirmer la suprématie de l'intelligence raisonnante. L'analyse conduisant nécessairement aux relations, se mue en synthèse ; les néo-réalistes, comme d'autres intellectualistes outranciers, n'ont pas assez remarqué cette loi propre de l'intelligence : loin d'appauvrir de plus en plus son objet, elle y découvre des richesses nouvelles ; elle ne dissout pas seulement ; son vrai progrès consiste à unir des notions en apparence dissemblables ; au lieu de piétiner sur place, elle identifie par l'affirmation, les notes préalablement isolées.

M. Spaulding et M. Marvin ont cru devoir s'attaquer au vitalisme, tel, surtout, qu'il est défendu par Hans Driesch. Ils le rapprochent, bien à tort, de l'antiintellectualisme bergsonien ; la légitimité du procédé analytique entraîne, pensent-ils, la fausseté du vitalisme. Mais cette condamnation sommaire n'est pas une application heureuse de l'analyse. Le vitalisme n'a rien de commun avec l'antiintellectualisme, ni avec la caricature qu'en fait M. Pitkin. Driesch a eu tort de vouloir le rattacher à l'idéalisme ; mais les expériences sur lesquelles, en outre, il s'appuie, gardent toute leur valeur, et l'interprétation qu'il en donne est conforme à la méthode scientifique autant qu'à une solide tradition. L'entéléchie qu'il a voulu ressusciter est, en somme, ce qu'Aristote appelait de ce nom ; les « propriétés spécifiques » de M. Spaulding ne sont ni plus ni moins mystérieuses. Pour nous, nous acceptons volontiers la conséquence que Driesch n'a pas osé tirer : s'il y a une entéléchie, un principe d'unité dans l'organisme vivant, pourquoi n'y en aurait-il pas dans tout corps, même inorganique ? Nous ne séparons pas les applications de l'hylémorphisme dans les différents domaines ; la forme est le

principe •unifiant et directeur des opérations de tous les
êtres de la nature [1]).

En somme, le rappel des droits de l'intelligence était
opportun à une époque où la philosophie risque de se perdre
dans une vague intuition. Il était nécessaire, si l'on voulait
distinguer le programme nouveau de ses antécédents pragmatistes. Mais il faut regretter la tendance au rationalisme
absolu qui se fait jour par moments chez les néo-réalistes.
Un peu plus d'« empirisme » devrait ici rappeler aux réfor-
mateurs la nécessité de tenir compte de ce que la réalité
présente de rebelle à l'analyse. De plus, en se conformant
mieux à l'esprit de modestie qui leur suggéra le premier
prinpcipe de leur méthode, ils se griseraient moins d'affirmations générales sur la valeur conquérante de la raison
humaine. Ils réserveraient, sinon le fait, du moins la possibilité du mystère.

Une notion plus précise de l'analyse intellectuelle, un
sentiment plus juste du rôle de l'expérience et du raisonnement, auraient aussi préservé les néo-réalistes de certaines
obscurités dans l'exposé de la notion même de la philosophie.
A certains moments, la philosophie paraît mise exactement
sur le même plan que les sciences ; elle est, tantôt leur
premier stade de développement, tantôt, une collection de
notions générales, mais d'ordre expérimental. Dans les
essais d'épistémologie de MM. Holt et Pitkin, par exemple,
on ne sait trop où finit la biologie, où commence la philosophie proprement dite. Ailleurs on nous dit, que « la
philosophie est spécialement chargée de corriger les résultats obtenus dans chaque ordre de recherches spéciales par

---

1) La synthèse du mécanisme et du vitalisme esquissée par M. Spaulding,
New Ration., p 342, ressemble très fort au vitalisme, ou mieux, à l'animisme
péripatéticien. Cf. D. Nys, *Cosmologie*, t. II, 3ᵉ éd., Louvain, 1918, pp. 55-57,
456-461 ; Mercier, *La définition philosophique de la vie*, 2ᵉ éd., Louvain, 1898.

les résultats d'autres recherches » [1]). Ce positivisme s'accorde
mal avec les thèses platoniciennes sur la nature des idées
générales.

De même le dogmatisme scientifique étonne un peu
comme une survivance, à une époque où les savants eux-
mêmes ne sont plus idolâtres de leurs méthodes. Il faut,
certes, prendre la science au sérieux, mais il ne faut pas
lui demander ce qu'elle ne peut donner. Il ne faut pas
confondre le fait et l'hypothèse [2]). Et la nature de la théorie
scientifique elle-même devrait être discutée. M. Spaulding
a reconnu autrefois le mérite de l'œuvre de M. Duhem [3]);
il l'a malheureusement négligée dans la suite. Une philosophie qui ne tient aucun compte des sciences n'est certes
plus possible aujourd'hui. La réflexion philosophique
suppose comme matière l'ensemble des connaissances et de
la culture d'une époque, et de nos jours, la science occupe
une trop grande place dans la pensée et la vie pour qu'on
puisse la négliger. Mais on a reconnu qu'elle ne possédait
pas cette suprématie absolue dont elle s'enorgueillissait
naguère. Pour se dégager de ces obscurités, la philosophie
doit dépasser l'ordre des faits expérimentaux, et se réserver
le domaine des notions générales, nécessaires à toute
pensée, vulgaire aussi bien que scientifique. En d'autres
termes, la métaphysique et la critique de la connaissance
lui assigneront son véritable objet [4]).

---

1) *New Realism*, p. 26.

2) Cf. M. R. Cohen, « *The New Realism* », *Journ. Phil. Ps. Sc. M.*, X (1913),
p. 207.

3) Voir son compte rendu de *La Théorie Physique*, dans *Journ. Phil. Ps. Sc. M.*,
III (1906), pp. 606-610.

4) M. Perry semble, au fond, de cet avis, lorsqu'il essaie de distinguer la
science et la philosophie, comme la description rigoureuse des faits, d'une part,
et la recherche du sens précis des notions mises en œuvre, de l'autre. Cf. *Pres.
Phil. Tend.*, pp. 45-84. Voir aussi les judicieuses remarques de M. Fullerton,
Introd. to Philos., pp. 244-247, 255-259.

La collaboration est le seul moyen qu'il y ait de constituer une philosophie constructive complète. La division du travail s'impose, en présence de la masse de matériaux à classer et à critiquer, mais, pour ne pas être stérile, elle doit être l'objet d'un effort collectif et coordonné. Les règles de méthode pratique des néo-réalistes contiennent d'excellents préceptes. La coopération peut donner de bons résultats, au moins pour clarifier les idées. Mais il ne faut pas se leurrer de l'espoir qu'un accord parfait se réalise en philosophie. La réalité est trop vaste et trop mystérieuse, l'esprit humain à la fois trop fécond et trop limité pour qu'on puisse en quelques thèses satisfaire définitivement toutes les intelligences. La découverte de la vérité philosophique est lente, pénible et mêlée d'insuccès, disait déjà la sagesse ancienne [1]). L'expérience des derniers siècles confirme ce jugement, et les néo-réalistes eux-mêmes ont montré plus de bon vouloir dans le travail commun qu'ils n'ont enregistré de succès. Les appels à la collaboration, à la constitution d'un vocabulaire nouveau, risquent de produire un effet contraire à celui qu'on en attend : l'émiettement des forces n'est guère moindre si les chercheurs constituent des groupes indépendants que s'ils s'enferment dans leur pensée personnelle. La multiplication des programmes n'entraîne pas celle des découvertes [2]). Le progrès et

---

1) Cf. Saint Thomas d'Aquin, *Summa contra Gentiles*, l. I, c. 4, l. III, c. 39.
2) L'opportunité et la possibilité de la coopération en philosophie ont été discutées dans les associations et les revues américaines à l'époque de la publication du « programme ». Voir J. E. Creighton, *The Idea of a Philosophical Platform*, *Journ. Phil. Ps. Sc. M.*, VI (1909), pp. 141-145; J. A. Leighton, *Philosophy and the History of Philosophy*, *ib.*, pp. 519-524 ; ces auteurs nient l'opportunité ou la possibilité de l'accord explicite ; en sens contraire, Karl Schmidt, *Concerning a Philosophical Platform*, *ib.*, pp. 673-685 ; *A Reply to Professor Creighton*, *ib.*, pp. 240-242 ; voir encore, Savilla Alice Elkus, *A Philosophical Platform from another Standpoint*, *ib.*, VII (1910), pp. 19-20. Les discussions de l'American Philosophical Association ont donné lieu à différentes communications de MM. Schmidt, Pitkin, Norman Smith, Theodore de Laguna, reproduites dans

l'entente ne sont possibles que dans une tradition où la pensée prend un point de départ au moins provisoire. L'histoire et l'usage peuvent seuls fixer la terminologie et le sens des problèmes. Certes, les réalistes ont raison de réagir contre l'abus de l'histoire, qui menace parfois de supprimer la philosophie elle-même. Il ne suffit pas de savoir ce que d'autres ont pensé ; il faut se placer en face des problèmes et tâcher de les résoudre. Mais pour en saisir le sens, il n'est pas superflu de savoir comment on les a compris dans le passé. Une histoire exacte, plus scrupuleuse que celle que présentent parfois les néo-réalistes, est au moins un point de départ utile. On voudrait parfois découvrir des moyens infaillibles, mécaniques, pour accroître le savoir collectif. Vains efforts ! L'humanité ne s'enrichit que par la continuité du travail. Pour apprendre, elle doit, comme l'individu, profiter des expériences passées, recueillir dans sa mémoire les idées acquises, les entretenir et les augmenter par l'effort persévérant. La science, pas plus que l'homme, ne peut s'isoler de la tradition nourricière.

Journ. Phil. Ps. Sc. M., IX (1912), pp. 615-616, 701-717, X (1913), pp. 91-95 ; *Phil. Rev.*, XXII (1912), pp. 172-178, 245-247. — Voir aussi les réflexions un peu sceptiques de M. Miller au sujet de la multiplication des programmes réalistes, dans son article : *Is Consciousness a « Type of Behavior »? Journ. Phil. Ps. Sc. M.*, VIII (1911), pp. 326-327.

CHAPITRE V

L'épistémologie réaliste et ses preuves

Un empirisme radical, mais élargi, un intellectualisme analytique conséquent, telles sont les deux directions méthodiques essentielles du néo-réalisme. Combinées à des degrés divers, elles se retrouvent avec une pureté relative chez ses divers représentants. L'empirisme, au sens ordinaire du mot, a été le point de départ de la nouvelle philosophie. Certains auteurs ne l'ont guère dépassé : MM. Fullerton et Mc Gilvary, par exemple. Mais bientôt il se combine avec le rationalisme et se transfigure sous l'action de cette doctrine si différente à première vue. M. Woodbridge représente assez bien cet état d'esprit ; il en est de même de M. Montague, de M. Pitkin, de M. Perry dans certaines parties de son œuvre. Enfin, la substitution est complète : chez M. Holt et M. Spaulding, empirisme et intellectualisme analytique sont devenus synonymes.

Nulle part les nuances différentes des programmes ne se vérifient mieux que dans la théorie de la connaissance. Nulle part aussi on ne comprend mieux le fond commun à tout le néo-réalisme : l'attitude impartiale vis-à-vis de la réalité entière. Cette disposition, exprimée de diverses manières selon les tempéraments, devait mener à l'affirmation de l'indépendance de la réalité par rapport au sujet connaissant. En cette proposition se résume la doctrine épistémologique à laquelle on réserve d'ordinaire le nom de réalisme. Nous avons déjà dit qu'elle n'est que l'application d'un programme plus vaste. Application de première importance, cela va sans dire ; cas particulier qui implique toute la méthode générale. Il nous reste à exposer la thèse générale de l'épistémologie réaliste, les formes particulières qu'elle prend, et les arguments qui l'appuient.

I

Le thème général de l'épistémologie réaliste est suffisamment connu, encore qu'il ne soit pas facile à définir en termes positifs. Croyance instinctive, elle ne se formule distinctement que lorsque l'idéalisme a essayé de l'ébranler ; aussi son affirmation comporte-t-elle une antithèse obligée avec ce système. Le réalisme soutient essentiellement, écrit M. Montague, « que les choses ne dépendent pas, pour exister, du fait que nous les connaissons, et que, par conséquent, elles peuvent persister dans ce qu'on appelle l'*existence*, durant les intervalles de temps où aucun sujet ne les aperçoit. Il s'oppose à l'idéalisme uniquement pour autant que l'idéalisme implique la doctrine : *pas d'objet sans sujet*. Il ne considère pas la conscience comme le créateur ou le soutien, ou même le corrélatif nécessaire de ses objets ; elle ressemble plutôt à la lumière d'une bougie qui, durant ses périodes d'existence, brèves et intermittentes, illumine les objets sur lesquels elle donne, et permet ainsi au propriétaire de la bougie de s'adapter plus efficacement à ces objets » [1]).

Mais on ne peut s'en tenir à cette formule générale. Les néo-réalistes mettent d'abord un grand soin à se séparer de certains de leurs devanciers. La conscience n'est pas un

[1]) *Current Misconceptions of Realism, Journ. Phil. Ps. Sc. M.*, IV (1907), pp. 101-102.

épiphénomène négligeable ; son objet propre n'est pas
davantage un double psychique de la réalité extérieure. Ce
qu'elle atteint, c'est le réel tout court, la chose elle-même ;
celle-ci n'est donc nullement une inconnaissable chose en
soi. Le fait de passer dans le champ de la conscience n'altère
pas les choses. L'objet connu ne diffère do ce qu'il était
auparavant que par cette relation à la conscience ; mais
cette relation n'est pas interne, transformante, elle est
externe, purement additive. Ainsi se précise l'assertion
fondamentale empruntée au sens commun ; et l'on voit
poindre dans cette explication les théories fondamentales
de l'analyse intellectuelle. Les néo-réalistes signifient par
« monisme épistémologique » ou « pan-objectivisme » ou
encore « immanence » cette notion fondamentale de la présence immédiate de l'objet à la conscience [1]). Par elle, ils
prétendent à la fois rester fidèles aux tendances les plus
profondes et les plus sûres de la pensée spontanée, et
dépasser, en l'absorbant, l'idéalisme lui-même. Comme lui,
ils rejettent le dualisme avéré et critique de Descartes et de
Locke ; mais ils ne font pas plus de fond sur le dualisme
naïf et timide de Reid et des Ecossais. « Idéalisme et néo-
réalisme sont deux essais de donner à l'esprit une connaissance immédiate de la réalité en identifiant la réalité avec
les objets présents à l'esprit » [2]). Il va sans dire que tout
monisme épistémologique n'est pas nécessairement réaliste ;
ce qui lui donne ici cette orientation, c'est la thèse générale de l'indépendance de l'objet par rapport à la conscience.

L'expression de monisme épistémologique a été forgée par

---

1) Est-il besoin de faire remarquer que ces mots sont employés — au grand
dommage de la clarté — dans un sens tout autre que celui auquel nous ont habi-
tués les controverses philosophico-théologiques des derniers temps ? Le monisme
dont il est ici question n'affirme point l'unité de substance du monde, et l'immanence n'a aucun rapport avec une activité vitale quelconque.

2) PERRY, *Some Disputed Points in Neo-Realism, Journ. Phil. Ps. Sc. M.*, X
(1913), p. 461.

les « réalistes du programme ». Mais l'idée qu'elle exprime se trouve chez d'autres néo-réalistes, non toutefois sans des nuances appréciables. « Nous trouvons dans l'expérience, écrit M. Fullerton [1]), un ordre objectif de phénomènes. Quiconque n'a pas de facultés sensitives, ne peut évidemment pas le trouver. Les phénomènes qui sont dans l'ordre objectif sont *révélés*, c'est-à-dire, peuvent être rapportés aux sens d'un individu ; comme tels, ils sont sa perception de l'ordre objectif, et l'homme est dit éprouver des sensations. Mais, bien que nous rapportions constamment les phénomènes à nos sens, ce n'est point là notre seule manière de les considérer. Nous les rapportons directement les uns aux autres, abstraction faite de la relation aux sens, et, comme tels, nous reconnaissons qu'ils ont leur place dans un ordre objectif. Ainsi considérés, les phénomènes en question ne sont pas des sensations, ils sont des qualités des choses ». L'objet présent à la conscience est donc identiquement le monde objectif. Celui-ci est le même pour tous ; étendu dans le temps et l'espace, il est l'objet des sciences de la nature. Il se révèle à nous petit à petit ; mais tout ce que nous en savons, c'est à l'expérience que nous le devons. Nous ne pouvons jamais la dépasser. Connaître une chose, c'est lui assigner une place dans ce monde qui nous apparaît. Si l'on demande ce qu'était le monde avant que l'homme y fût présent avec ses facultés sensitives, on ne peut répondre à cette question qu'en termes d'espace et de temps ; cela revient à dire qu'il faut, pour pouvoir y donner une réponse, considérer le monde d'autrefois comme une partie de celui que nous percevons aujourd'hui. Chercher au delà, c'est poser une question inintelligible. Le réalisme, en tout cas, est sauf ; on maintient la distinction entre le monde objectif et les

---

1) *The New Realism, Essays in Hon. of William James*, p. 34.

sensations qui nous le font connaître, et, d'autre part, on ne
nie pas le rapport qui existe entre ces deux groupes [1]).

M. Mc Gilvary est tout aussi préoccupé de supprimer
l'inconnaissable chose en soi, que critiquent à juste titre
les idéalistes. La conscience est une qualité simple, une
pure apperception (*awareness*) des objets. On la confond
souvent, à tort, avec eux ; pourtant, elle est irréductible
à toute autre qualité. Elle perçoit les objets et peut se percevoir soi-même ; elle n'est pas, comme les objets, une
série d'éléments unis on ne sait comment ; si James l'a cru,
c'est par un étrange oubli de sa description si vivante du
courant de la conscience [2]). La conscience, évidemment,
n'est pas séparable de son objet ; cela ne l'empêche pas
d'en être distincte ; aussi ne modifie-t-elle pas l'objet qui
lui est présent. Celui-ci, dans la sensation, est objet *senti*,
mais aussi objet *sensible*, pouvant être objet d'une autre
sensation. La sensation est l'ensemble de l'objet et de sa
perception ; mais le même terme désigne aussi la simple
qualité de *sentir*, d'être conscient. Il faut donc distinguer
dans la sensation globale le *sensum* (*senti*), le *sensibile* et le
sentire. L'ensemble est le *sentire sensum*, et le *sensum* est
identiquement, quoique sous un autre rapport, le *sensibile* ;
ainsi un présent, avant d'être offert de fait, *datum*, existe
comme *dandum* [3]). Si l'on appelle objet chaque élément
présent à la conscience, M. Mc Gilvary souscrit au monisme
épistémologique le plus strict. Mais si par objet on entend
un ensemble de qualités physiques, comme la couleur, la
forme, la continuité de la surface d'une orange, il peut se
faire que nous n'en percevions directement qu'une partie ;

1) Cf. *ib.*, pp. 32-49.
2) Cf. *The Stream of Consciousness*, *Journ. Phil. Ps. Sc. M.*, IV, 1907,
pp. 225-235.
3) Cf. *Prolegomena to a Tentative Realism*, *Journ. Phil. Ps. Sc. M.*, IV, 1907,
pp. 456-458.

ainsi le monisme se restreint quelque peu [1]). Mais, comme
M. Fullerton, M. Mc Gilvary se désintéresse d'un monde
où n'interviendrait pas la pensée humaine. Nous ignorons
ce qu'il pourrait être ; contentons-nous de connaître celui
où nous vivons.

Mais c'est aux signataires du « programme » qu'il faut
demander des explications plus précises. Prévenons d'abord
une équivoque que ce terme plutôt malheureux provoquerait
sans doute : « Le réalisme moniste » n'est pas « une doctrine
qui serait en opposition avec le pluralisme métaphysique » ;
il est simplement « ce monisme épistémologique qui s'oppose
à la théorie dualiste ou représentative de la conscience,
selon laquelle les objets et les idées par lesquelles ils
sont connus constituent deux ordres de faits incommen-
surables ». Le nouveau réalisme est, en épistémologie,
« présentationniste » ou « immédiatiste », au moins dans
une certaine acception de ces termes ambigus [2]) ; en métaphysique, il tend, au moins provisoirement, au pluralisme ;
rejetant la « théorie des relations internes », il a, en effet,
enlevé au monisme métaphysique sa principale raison
d'être [3]).

« Le monisme épistémologique, écrit M. Perry [4]), veut
dire que, quand des objets sont connus, ils sont identiques,
élément pour élément, à l'idée ou contenu de l'état de
conscience. D'après cette opinion, on ne peut diviser le
monde en deux catégories fondamentales irréductibles :
idées et choses ; il n'y a qu'une classe, celle des choses,

1) Cf. *The Relation of Consciousness and Object in Sense Perception, Phil.
Rev.*, XXI, 1912, pp. 152-173.
2) Cf. Montague, *Current Misconceptions of Realism, Journ. Phil. Ps. Sc.
M.*, IV, 1907, pp. 105.
3) Cf *New Realism*, p. 33.
4) *Pres. Phil. Tend.*, p. 126.

dont les idées sont une sous-classe : celle des choses qui, accidentellement, sont connues. Ce qu'on appelle communément « l'objet » de la connaissance, se confond, dans cette opinion, avec l'idée ; ou bien encore, elle est la chose entière dont l'idée est une partie. Ainsi, lorsqu'on perçoit une tulipe, l'idée de la tulipe et la tulipe réelle coïncident, élément pour élément ; elles sont une même chose, par la couleur, la forme, la grandeur, la distance, etc. Ou, si l'on veut, on peut réserver le nom de « tulipe réelle » à l'ensemble de la tulipe, en tant que distincte de toutes les parties qui sont de fait embrassées par l'idée ». Le néoréalisme, « tout en soutenant, comme tout réalisme doit le faire, que les choses sont *indépendantes*, affirme que, lorsqu'elles sont connues, elles *sont* des idées de l'esprit. Elles peuvent entrer directement dans l'esprit ; et quand elles le font, elles deviennent ce qu'on appelle des « idées ». Ainsi les idées ne sont autres que les choses dans une certaine relation ; ou bien les choses, en tant qu'elles sont connues, sont des idées »[1]). On le voit, le vénérable mot « idée » consacré par la tradition anglaise depuis Locke, se vide de son sens propre. Il n'est plus qu'une étiquette, le nom donné à une chose quelconque lorsqu'elle est connue.

Tout ceci concerne avant tout la connaissance directe, « *knowledge by acquaintance* », comme disait James. Elle nous met en contact immédiat avec les choses, sans intervention de décalques ou d'autres substituts. La connaissance médiate, « *knowledge about* », se fait par l'intermédiaire d'idées ou de raisonnements. Leur rôle est de remplacer la connaissance directe ; cela seul fait leur valeur. Mais pour servir d'intermédiaires dans la connaissance de la réalité, il s'en faut que les idées soient des copies. Bref, « le contenu de la conscience », ce qui est présent dans

1) *Pres. Phil. Tend.*, p. 308.

11

l'esprit ou devant lui, quand la connaissance se produit, est numériquement identique à la chose connue. « On ne nie pas la connaissance par intermédiaire, mais on la subordonne à la connaissance directe ou présentative. Il n'existe pas de classe spéciale d'entités, qualitativement ou substantiellement distinctes de toutes les autres, et qui seraient les moyens de connaissance. En fin de compte, toutes les choses sont connues en étant mises elles-mêmes directement dans cette relation où elles sont dites constatées ou appréhendées. En d'autres termes, les choses, lorsqu'on en a conscience, deviennent elles-mêmes contenus de conscience ; les mêmes choses figurent à la fois dans le monde dit externe et dans la multiplicité que révèle l'introspection » [1]).

Telle est la physionomie propre du réalisme nouveau. Accord avec l'idéalisme d'une part, retour au sens commun de l'autre, ne semble-t-il pas vouloir s'assurer tous les avantages ? Mais une doctrine philosophique ne doit-elle pas s'imposer par des arguments en forme ? Il nous faut rechercher et examiner ceux qu'apportent les néo-réalistes. Cette étude nous amènera d'elle-même à préciser la notion de la conscience.

II

À première vue, on peut être déconcerté, et maint critique, idéaliste ou autre, l'a été, en demandant aux néo-réalistes les preuves de leur système. On s'attendrait, chez des logiciens intellectualistes, à trouver des preuves alignées, des syllogismes en ordre de bataille, des arguments numérotés. La première lecture ne révèle rien de semblable. Les preuves annoncées semblent fuir, et faire place à

1) *New Realism*, pp. 34-35. Cf. *Pres. Phil. Tend.*, pp. 311-313.

des considérations dogmatiques. Pourtant les novateurs paraissent fort surpris de ce qu'on n'ait pas saisi du premier coup la portée de leur argumentation. En fait, la marche de leur pensée, embarrassée par la critique des doctrines opposées, vaut surtout — quoi qu'ils en aient — par sa cohérence interne. Cependant on peut distinguer, et ils l'ont fait eux-mêmes, sous la pression des critiques, certains chefs de preuve principaux [1]).

« En premier lieu, il faut observer, dit M. Perry, que, si l'idéalisme est faux, le réalisme est vrai. C'est pourquoi la critique de l'idéalisme prend une importance particulière »[2]). Qu'on se rappelle le luxe de preuves accumulées contre l'idéalisme : elles finissent par le convaincre de contradiction interne ; le système diamétralement opposé au réalisme en suppose la vérité. Mais déjà la simple critique des arguments de l'idéalisme prépare l'affirmation du réalisme : si ce système artificiel n'est pas établi d'une façon péremptoire, l'esprit libéré d'embarras dialectiques revient à sa tendance spontanée, et reprend son attitude réaliste.

Et c'est bien là une des raisons pour lesquelles les néo-réalistes s'attachent le plus à leur doctrine. Au lieu d'exiger, comme l'idéalisme, une renonciation complète à l'attitude normale de l'esprit, le réalisme n'est que le prolongement de celle-ci. Loin de réinterpréter et de transfigurer le monde du sens commun et de la science, il le prend tel qu'il est ou prétend être. Qu'on relise les passages où l'idéalisme est accusé de se mettre en contradiction avec les convictions spontanées de l'humanité : dans la même phrase on trouvera l'éloge du réalisme et de son épistémologie conservatrice [3]). On n'a pas manqué de faire remarquer que l'ultra-réalisme

---

1) Sur l'ordre des preuves du réalisme, cf. PERRY, *Some Disputed Points in Neo-Realism, Journ. Phil. Ps. Sc. M.,* X (1913), pp. 459-463.
2) *Art. cité,* p. 459.
3) Voir par exemple, *New Realism,* p 477.

de nos philosophes, fruit de leur logicisme rigoureux, ne déconcerterait pas moins le vulgaire que les plus audacieuses spéculations de Berkeley ou de Fichte ; on a même insinué que l'enfant et le sauvage ont une préférence marquée pour l'animisme, par conséquent pour l'idéalisme [1]). Mais M. Pitkin a répondu, non sans raison, que seule la thèse fondamentale de l'indépendance de l'objet et de sa présence immédiate à la conscience était en question pour le moment ; l'animisme du primitif ne s'y oppose point, car l'esprit qui réside dans les choses est nettement distingué de celui du sujet [2]).

Mais la preuve décisive du réalisme ne peut être qu'empirique. « Il faut, dit M. Perry, renoncer à la dialectique, et observer ce qui se passe en réalité » [3]). Et il semble bien à nos philosophes qu'un regard même rapide jeté sur la conscience montre qu'elle n'est pas créatrice, mais dépendante de l'objet ; la chose au contraire est connue, certes, mais connue comme indépendante de l'acte de conscience. C'est bien cette constatation élémentaire et immédiate qu'ils retrouvent dans le sens commun. Tout le monde distingue, dit M. Fullerton, la sensation de l'imagination [4]). La sensation implique une relation à mon corps, l'imagination en est indépendante. Il est vrai que cette relation avec le corps est encore perçue par des sensations. Mais il n'en reste pas moins que « la distinction entre les sensations et l'imaginaire est une distinction *observée*. On peut *prouver* que certaines expériences sont sensorielles et que d'autres ne le sont pas. Cela veut dire qu'en traçant cette distinction, nous

---

1) Cf. MARY WHITON CALKINS, *Unjustified Claims for Neo-Realism*, *Phil. Rev.*, XXII (1913), pp. 53-56 ; *The Idealist to the ̄ealist. Journ. Phil. Ps. Sc. M.*, VIII (1911), pp 449-450.
2) *The Neo-Realist and the Man in the Street, Phil. Rev.*, XXII (1913), pp. 188-192.
3) *Pres. Phil. Tend.*, p 322.
4) Cf. *Essays in Hon. of W. James*, pp. 31-49 ; *Introd. to Philos.*, pp. 45-58.

restons dans le domaine de nos expériences " ¹). Nous ne
pouvons du reste point nous en évader; quoi que nous percevions et affirmions, nous le faisons en vertu de nos expériences. Mais ces expériences nous révèlent un double ordre
dans les sensations. Ou plutôt, le mot sensation, comme
celui d'expérience, est équivoque. Il désigne aussi bien
l'ordre objectif que le subjectif. Si je rapporte la sensation
au moi, je la mets dans l'ordre subjectif. Si je considère
les rapports des sensations entre elles, j'entre dans l'ordre
objectif de la nature. La différence entre les deux est facile
à mettre en évidence. Je regarde le feu qui brûle dans ma
cheminée et j'éprouve certaines sensations de lumière et de
chaleur. Il me suffit de fermer les yeux pour faire disparaître les sensations lumineuses, de m'éloigner, pour ne
plus ressentir la chaleur. Mais si je constate que le charbon
rougi s'est changé en un tas de cendres grises, je ne puis
plus percevoir ni lumière ni chaleur. Dans le premier cas,
c'est moi qui ai changé, dans le second, c'est l'objet lui-même
qui s'est modifié. Le fragment d'expérience particulière par
lequel j'entre en contact avec l'objet, par exemple l'impression de rouge, n'est par lui-même ni objet ni sensation ;
tout dépend de l'ensemble avec lequel on le met en rapport.
Mis en rapport avec des modifications de l'organisme, il est
la sensation au sens subjectif; mis en rapport avec les autres
objets qui constituent le monde, il est une chose ou une
partie de chose; rien n'empêche, enfin, qu'il soit en relation
avec plusieurs personnes à la fois et donne lieu ainsi à
plusieurs sensations du même objet.

M. Mc Gilvary propose un exemple analogue. Prenons
une expérience concrète de rouge : je regarde avec un ami
un timbre-poste placé sur mon bureau. Que mon attention
soit distraite par un événement fortuit, le timbre ne cesse

1) *Introd. to Philos.*, p. 49.

pas d'être présent à la conscience de mon ami, qui m'en parle lorsque je reviens à lui ; le rouge est donc indépendant de ma conscience. Si nous sortons ensemble et qu'une troisième personne, survenue en notre absence, nous parle ensuite du timbre laissé sur le bureau, c'est que cet objet est indépendant de la conscience de mon ami aussi bien que de la mienne. Qu'une quatrième personne vienne nous dire la même chose, puis, qu'après une conversation sur un autre sujet, nous nous remettions à parler de ce timbre, la question se pose : Qu'est-il devenu pendant que personne ne le voyait et n'y pensait ? Dire qu'il est indépendant de toute conscience, parce qu'il l'est par rapport à deux ou trois, serait sans doute une inférence illégitime, — *fallacia a dicto secundum quid ad dictum simpliciter*. Mais n'y a-t-il pas une forte présomption dans ce sens ? La conclusion que le sens commun tire de ces faits ne peut être infirmée que par de sérieux arguments, et nous avons vu que l'idéalisme n'en fournit aucun. L'observation de la conscience et de son objet nous amène à affirmer l'indépendance du dernier. Comment cela se peut-il ? C'est qu'il est en relation avec la conscience au même titre qu'il peut être en relation avec d'autres objets sans être pour cela identique à elle [1]). On commence donc à voir l'importance de la notion de relation pour l'étude de la conscience.

Mais c'est à M. Perry qu'il faut demander les analyses les plus complètes de la conscience, et la preuve du réalisme qu'on en peut tirer [2]). Dans cette analyse, il faut employer à la fois la méthode objective ou l'observation externe et la méthode subjective ou l'introspection. La première ne se

1) Cf. *Prolegomena to a Tentative Realism, Journ. Phil. Ps. Sc. M.*, IV (1907), pp. 449-458.

2) Pour ce qui suit, voir *Pres. Phil. Tend.*, pp. 271-323 ; *Some Disputed Points in Neo-Realism, Journ. Phil. Ps. Sc. M.*, X (1913), pp. 454-463.

distingue pas de l'observation scientifique en général ; elle
étudie les manifestations organiques de la conscience, ou
ses résultats sociaux. Elle est préférée par les physiologistes,
les historiens, les sociologues et les philosophes qui
s'attachent au point de vue scientifique, tel Aristote.
L'autre est celle de la psychologie moderne ; elle se ressent
de ses origines cartésiennes ; elle est le procédé favori des
philosophes idéalistes et des penseurs religieux comme
saint Augustin. Quoi qu'on en ait dit, elles ne s'excluent •
pas, mais se complètent.

L'introspection est le moyen le plus sûr de connaître la
présence d'un contenu de conscience, mais elle ne nous
fournit guère de précisions sur sa nature. Que de fois nous
nous trompons sur les sentiments que des observateurs
attentifs ont analysés chez nous depuis longtemps ! S'en
tenir à l'introspection, c'est préférer la pseudo-simplicité
d'une vague intuition aux analyses scientifiques. C'est bien
à tort qu'on a critiqué l'emploi de la méthode externe.
Rien ne nous empêche de manifester par des paroles, par
exemple, le contenu de notre conscience. Puis une foule
d'indices permettent de s'en rendre compte. La conscience
peut être observée comme tout autre être de la nature.
Quand on l'analyse de près, on n'y trouve aucune qualité
qui lui soit propre. Tous ses éléments, par exemple les
couleurs, l'étendue, les qualités de toute espèce, se trouvent
également dans la nature. La seule chose qui lui appar-
tienne en propre, c'est leur réunion, leur synthèse. En un
mot, la conscience se caractérise par des relations des
éléments. D'autre part, elle est liée à un organisme. Elle
lui sert à réaliser ses intérêts ; elle est pour lui le moyen
de réagir aux éléments du milieu, de les utiliser pour sa
conservation. La portion du milieu auquel réagit l'organisme, et qui, par suite, doit être dans la conscience, c'est
celle qui l'intéresse, à quelque titre que ce soit. L'action de

l'organisme manifeste le contenu de sa conscience, et elle
est elle-même guidée par l'intérêt. Il va sans dire qu'il s'agit
de besoins spirituels et moraux, aussi bien que de besoins
physiologiques. M. Perry ne veut nullement être matérialiste.

Quelle est donc la relation entre la conscience et son
objet ? Que nous apprend l'observation ? L'indépendance de
l'immanent, telle est la formule du néo-réalisme. L'objet
est immanent à la conscience — en ce sens qu'il lui est
présent sans intermédiaire, que c'est bien lui qui est connu,
et non un substitut quelconque ; c'est le monisme épistémologique. Mais il est distinct de la conscience, il en est
absolument indépendant, au sens le plus rigoureux du mot :
il ne dépend ni de l'idée, ni de l'expérience, ni de la connaissance d'un individu en particulier, ni de celle de tous
les individus pensants ou même d'un esprit universel. Il
n'est pas non plus simplement une norme régulatrice, mais
bien un être existant ou subsistant. Ainsi le réalisme
s'affranchit à la fois de toutes les nuances de l'idéalisme et
de toutes les variétés du pragmatisme. L'objet ne peut être
que « neutre » ; il ne renferme en lui-même aucune dépendance, voire aucune relation nécessaire à une conscience
quelconque. Dans l'acte de connaissance, certes, il est en
relation avec le sujet connaissant, mais cette relation est
adventice, elle laisse intacte la nature propre de l'objet.
En d'autres termes, c'est une relation externe. Le réalisme
suppose donc la théorie externe des relations qui seule
permet de sauvegarder l'indépendance de l'objet ; mais
cette théorie à elle seule ne prouve pas encore le réalisme,
pense M. Perry ; elle établit directement le pluralisme, et
rend possible le réalisme, sans établir que de fait celui-ci
soit vrai. D'autres réalistes, en Angleterre surtout, ont
pensé qu'il suffit de considérer une perception quelconque
pour justifier le réalisme d'une manière péremptoire.

Prenons, disent-ils, l'objet d'une sensation, le rouge, le bleu, par exemple ; la notion de la conscience n'y est nullement renfermée ; la conscience est plutôt une réalité d'une nature toute particulière, diaphane en quelque sorte, qui se saisit directement et s'oppose à son objet. Quoi qu'il en soit de cette idée un peu simpliste de la conscience, que M. Perry n'est pas près d'admettre, ce genre d'argumentation lui paraît encore trop dialectique. Quand même il n'y aurait pas, entre l'objet et le sujet, un rapport de nécessité abstraite, il pourrait se trouver que ce rapport fût nécessaire en fait. Ainsi l'idée de ma table n'inclut pas l'idée qu'elle est perçue par moi ; soit, mais elle n'inclut pas davantage l'idée qu'elle ait été déplacée ; cependant elle peut fort bien avoir été apportée dans mon cabinet de travail par un commissionnaire.

La vraie preuve du réalisme consiste simplement à regarder ce qui se passe dans la conscience. Ainsi nous saurons si de fait la relation entre le sujet et l'objet est ou n'est pas une relation de dépendance. Or, il suffit de nous rappeler ce que nous avons vu tout à l'heure : « La conscience est une espèce particulière de fonction exercée par un organisme. L'organisme est en corrélation avec un milieu d'où il est sorti par évolution et dans lequel il agit. La conscience est une réponse sélective dans un milieu existant préalablement et indépendamment. Pour qu'il y ait une réponse, il faut un objet auquel on puisse répondre. La distribution spatiale et temporelle des corps dans le champ d'action qui lui est offert, et les relations plus abstraites, mathématiques et logiques, que ce champ contient, déterminent les objets possibles de la conscience. Les objets actuels de la conscience sont choisis parmi ces multiples possibilités, conformément aux diverses exigences de la vie. Il suit de là que les objets choisis par un organisme individuel réagissant composent un agrégat défini par cette relation. Tout ce que cet agrégat doit à la conscience sera donc *le fait qu'il est un agrégat, et rien de plus* » [1]). Sera subjectif tout ensemble dont le contenu et l'arrangement peuvent être attribués à la réaction d'un organisme. Ainsi le nombre et l'ordre des planètes n'est pas dû à cette cause ; il n'est pas subjectif. Mais le nombre des planètes qui m'apparaissent, leurs relations apparentes dans l'espace, sont dus à ma manière de les observer. Les objets physiques et leurs relations propres sont donc indépendants de la conscience et réels ; la manière dont ils m'apparaissent est due à mon activité mentale. Qui peut douter que les objets sont indépendants de ma connaissance et qu'ils peuvent exister sans être connus, puisque j'en découvre continuellement de nouveaux, inconnus jusqu'alors ?

Telle est donc la preuve directe du réalisme, selon M. Perry ; c'est du moins celle sur laquelle il insiste le plus dans ses *Present Philosophical Tendencies*. Elle se ramène à une description empirique de la conscience, qui s'inspire et se réclame d'Avenarius ; elle rappelle aussi certaines doctrines pragmatistes ; seulement M. Perry en tire des conclusions différentes. Elle s'apparente surtout à celle de M. Woodbridge, « le premier prophète du réalisme ». Celui-ci fut l'un des plus empressés à nier, à la suite de James, que la conscience soit une réalité à part, et à la réduire à un groupement d'éléments en relations.

Dès 1904, M. Perry s'était déclaré d'accord avec lui sur les points fondamentaux [2]). Comme M. Perry, d'ailleurs,

---

1) *Pres. Phil. Tend.*, p. 323.
2) Cf. *Conceptions and Misconceptions of Consciousness, Psychological Rev.*, XI (1904), pp. 282-296. M. Woodbridge a exprimé ses idées dans les articles suivants, que nous allons utiliser : *The Field of Logic, Congress of Saint-Louis*, I, pp. 313-330 ; *The Nature of Consciousness, Journ. Phil. Ps. Sc. M.*, II (1905), pp. 119-125 ; *Consciousness, the Sense Organs and the Nervous System, ib.*, VI (1909), pp. 449-455 ; *The Deception of the Senses, ib.*, X (1913), pp. 5-15 ; *The*

M. Woodbridge cherche dans l'acte même de la connaissance la preuve du réalisme. La pensée n'est pas libre ; ses
conceptions ne sont pas des constructions arbitraires. Elle
est guidée, non par une loi subjective, mais par son contenu. Les vérités qui apparaissent à la conscience ne concernent pas nos actes mentaux, mais les choses elles-mêmes.
La connaissance, en ce sens, se dépasse elle-même ; elle
atteint un objet distinct du sujet ; elle est donc « transcendante », bien qu'on n'ait pas besoin d'une logique trans-
cendantale au sens néo-hégélien pour l'étudier. Telle est la
portée que réclame la connaissance. L'analyser autrement,
c'est substituer un système arbitraire aux faits observés. La
connaissance ne se caractérise point par la relation des
objets à la conscience, mais par les rapports des objets entre
eux. Pour que je connaisse les objets, ils doivent, certes,
être en rapport avec moi, mais cette relation ne m'intéresse
pas et ne doit pas m'intéresser. Si je veux savoir ce que
sont les objets, je dois les comparer entre eux, et c'est
l'étude de leurs ressemblances et de leurs différences qui
m'importe. Tous les objets ont ceci de commun qu'ils sont
objets ; ils se présentent comme posés dans la conscience,
indépendants à son égard. Ainsi encore tous sont dans le
temps et dans l'espace, et la science étudiera leurs rapports
spatiaux et temporels. Mais il ne viendra pas à l'idée du
savant de se demander pourquoi ils sont dans l'espace, quel
rapport il y a entre les corps et l'espace, ou si l'espace est
cause de ce qu'il contient. La conscience joue, par rapport
aux objets connus, un rôle analogue à celui de l'espace ;
elle est une caractéristique générale, tout à fait négligeable,
un fait dont il n'y a pas à tenir compte, lorsqu'on étudie —

Belief in Sensations, *ib.*, pp. 599-608 ; *Consciousness and Meaning*, *Psychol.
Rev.*, XV (1908), pp. 397-398 ; *Perception and Epistemology*, *Essays in Hon.
of W. James*, pp. 137-166 ; *Consciousness and Object*, *Phil. Rev.*, XXI (1912),
pp. 633-640.

et c'est le véritable objet de la science et de la philosophie
— les êtres eux-mêmes. Le contenu de la conscience est
objet de la psychologie en tant qu'il comporte la coexistence
d'un certain nombre d'éléments ; il est aussi objet des
sciences objectives ; pour cela il ne doit subir aucune transformation ; il suffit que l'on considère les relations de ces
mêmes objets en soi, abstraction faite de leur coexistence
accidentelle. En tout cela nous ne cherchons pas à sortir de
la conscience ; l'entreprise serait vaine ; nous nous rendons simplement compte de ce qu'elle est et de ce qu'elle
présente. Cette attitude nous débarrassera d'une foule de
questions et de solutions inutiles ou inintelligibles : auto-
matisme, interaction, parallélisme, agnosticisme.

La conscience est une continuité d'objets. Elle n'est pas
un sujet mythique opposé à des objets plus ou moins illusoires. Elle fait partie d'un univers bien réel. Et puisque
cet univers est soumis à l'évolution, il faut dire qu'elle est
un moment défini de cette évolution ; elle n'est pas une
entité permanente, mais un état transitoire. Elle ne peut
donc être qu'une relation nouvelle entre les éléments qui
composent ce monde réel. « Une réalité en évolution se
développe, dans des conditions déterminées, en réalité
connue, sans subir d'autre transformation, et ce nouveau
stade marque un progrès dans l'action de la réalité et son
adaptation... Le point d'où la connaissance part et auquel
elle finit par revenir est toujours une portion de la réalité
où il y a conscience, c'est-à-dire, les choses dont nous avons
coutume de dire qu'elles sont dans la conscience. Les
choses ne sont pas des idées qui représentent d'autres
choses situées en dehors de la conscience ; ce sont des
choses réelles, mais qui, par le fait d'être dans la conscience,
ont le pouvoir de se représenter *l'une l'autre*, de tenir lieu
l'une de l'autre ou de s'impliquer l'une l'autre. La connaissance n'est pas la création de ces implications, mais leur

heureuse systématisation » [1]). « La réalité connue doit être opposée à la réalité inconnue ou indépendante de la connaissance, non comme l'image à l'original, l'idée à la chose, l'apparence à la réalité ; mais la réalité comme connue est un nouveau stade dans le développement de la réalité elle-même. Ce n'est pas un esprit extérieur qui connaît la réalité au moyen de ses propres idées ; c'est la réalité elle-même qui devient connue par ses propres processus d'expansion et d'adaptation » [2]). Tout ceci nous semble, en somme, signifier que l'objet connu est un objet réel de même nature que le monde réel où il se trouve ; la connaissance est un fait qui ne transforme pas son objet. Elle ne peut être, selon M. Woodbridge, qu'une relation. De quelle nature ? Une relation d'implication ou de signification, répond-il. Ce n'est pas encore fort clair. Il semble qu'il s'agisse, en tout ceci, de la connaissance réfléchie ou même discursive. La simple présence non remarquée à la conscience (awareness), ne peut entrer en ligne de compte ; elle n'est pas connue. Nous ne nous apercevons de la présence d'un objet que lorsqu'il signifie quelque chose ; la signification est en outre la seule relation qu'on puisse ajouter à un être pour que, tout en conservant toutes ses propriétés constitutives, il acquière celle d'être remarqué par la conscience. Ainsi l'eau, telle qu'elle est présente à la conscience, reste le composé d'oxygène et d'hydrogène qu'elle est dans la nature ; mais elle a, de plus, la propriété d'évoquer, de signifier autre chose, par exemple, le fait d'étancher la soif. Voici comment M. Woodbridge résume sa pensée à un autre endroit : « Si nous demandons directement à l'expérience réflexive ce qu'est la conscience, nous trouvons qu'elle ne peut pas être identifiée avec les objets

---

1) *The Field of Logic, Congress of Saint-Louis*, I, p. 329.
2) *Ib.*, p. 328.

de cette expérience, mais qu'elle doit l'être avec une relation entre eux ; cette relation est la relation de signification
ou d'implication, bref, la relation logique „ [1]).

Il reste à voir comment se réalise, au concret, l'interaction entre l'organisme et le milieu, dont le résultat est
l'expérience consciente. D'une manière générale, on le sait
depuis longtemps, c'est par le système nerveux. Mais il faut
préciser. Comment se fait le passage du physique au mental? Il ne s'agit pas de savoir comment cela est possible —
la question n'aurait pas de sens, — mais comment les
choses se passent en fait. Or, dans l'organisme, on remarque
une différence frappante entre les organes des sens et le système nerveux central; ceux-là ont une structure variée,
adaptée aux impressions qu'ils doivent recueillir pour
mettre l'organisme en communication avec le milieu. Le
système nerveux, lui, est fait pour transmettre et coordon-
ner les excitations reçues par les organes sensoriels. Il
assure leur action sur l'organisme entier. Bref, il est, bio-
logiquement, l'expression de l'unité et des relations que la
conscience établit dans l'expérience. Il y contribue encore
par la transmission des excitations d'origine interne, et par
la régularisation des phénomènes conscients; en cela il correspond au rôle de la mémoire et de l'imagination. La
conscience est donc bien un être de la nature au milieu
d'autres êtres également naturels. Les sensations ne sont
pas des entités mentales indescriptibles, mais de simples
effets physiques de l'action du milieu sur l'organisme. Pour
les expliquer, il ne faut pas recourir à je ne sais quelle
activité projective qui les localise en dehors du cerveau :
elles sont nécessairement dans le monde dont l'organisme
fait partie. Même la distinction entre qualités primaires et

---

1) *Consciousness, the Sense Organs and the Nervous System, Journ. Phil.
Ps. Sc. M.,* VI (1909), p. 449.

secondaires ne provient pas de l'activité « mentale » ; elle est due simplement à une activité plus ou moins complexe de l'organisme ; entre les deux genres de qualités il n'y a qu'une différence de causalité, non d'objectivité ou de subjectivité.

Les idées de M. W. T. Bush présentent beaucoup d'analogies avec celles de M. Woodbridge, et les deux auteurs n'ont pas omis de le faire remarquer [1]). Le « problème de la connaissance » sous la forme classique, de « l'existence du monde extérieur » est vain et inintelligible. Tout problème suppose l'existence de son objet. Il ne peut consister qu'à rattacher l'objet à un ensemble plus vaste, un « univers de discours » (universe of discourse). Mais cet univers lui-même, limite extrême de ce qui peut être observé, ne peut être rapporté à autre chose. Il faut l'accepter comme existant ; pour nous, rien n'existe en dehors de lui. Mais on peut poser le problème dans un autre sens : ce qui existe pour nous, doit être perçu, soit. Mais la perception, la présence pure et simple dans la conscience, n'est pas encore la connaissance. Celle-ci consiste à découvrir dans l'objet des relations qui nous le font comprendre ; ces relations se rattachent principalement à la causalité.

A mesure que nous découvrons le mécanisme de la causalité, nous apprenons à distinguer deux aspects des choses : leur apparence immédiate ou sensible, et les virtualités latentes qui se révèlent par la causalité. Selon que je considère l'un ou l'autre de ces aspects, je comprendrai les choses au point de vue statique ou au point de vue dynamique. La

---

1) Cf. WOODBRIDGE, l. c , p. 452, note 6, et BUSH, *The Existential Universe of Discourse, Journ. Phil. Ps. Sc. M.*, VI (1909), p. 181, note. Pour les idées de M. Bush, résumées ici, voir cet article, l, c., pp. 175-182 ; *Knowledge and Perception, ib.*, pp. 393-398 ; *The Sources of Logic, ib.*, pp. 571-575 ; *The Continuity of Consciousness, ib.*, IV (1907), pp. 428-432 ; *An Empirical Definition of Consciousness, ib.*, II (1905), pp. 561-568.

connaissance qui mérite ce nom consiste à associer aux
caractères apparents des choses les conséquences qu'elles
peûvent produire. Le donné immédiat devient le signe des
opérations des objets, et c'est l'expérience qui nous apprend
à lui attribuer ce sens. L'intelligence peut se définir : « La
capacité de lire les signes des conséquences déterminées
que présente l'aspect immédiat d'un milieu » [1]). Dans sa
fonction de déchiffrer le code de signaux qu'est la nature,
l'intelligence s'aidera de la logique ; celle-ci n'est que l'élaboration des notions et des principes généraux qui nous
guident dans la tâche, souvent ardue, d'interpréter l'expérience. Comme dans le langage, qui en est l'expression, on
y retrouve sans cesse la préoccupation d'exprimer les deux
aspects de l'univers : apparence immédiate et causalité.

L'expérience résout tous nos doutes. C'est elle qui
nous fait distinguer ces apparences et ces réalités dont la
recherche constitue la connaissance. Cette distinction est
tout objective ; l'existence que nous attribuons à des réalités, en dehors de leur présence immédiate, est basée sur la
causalité. Ainsi toute théorie représentative de la connaissance est écartée ; la connaissance consiste à comprendre
le monde tel qu'il est, dans le flux inépuisable de ses énergies, aussi bien que dans le donné immédiat de la perception. Tout au plus pourrait-on parler de représentation à
propos de la perception ; mais puisque celle-ci ne peut
qu'improprement être appelée connaissance, il vaut mieux
éviter entièrement le nom de théorie représentative.

La perception est certainement conditionnée par la causalité des organes sensoriels. D'après le réalisme naïf,
l'influence de cette causalité est nulle ; l'observation et les
résultats de la physiologie contredisent cette thèse simpliste. Mais il est impossible de préciser la nature de cette

---

1) *The Sources of Logic, Journ. Phil. Ps. Sc. M.*, VI (1909), p. 571.

influence. Se demander ce qu'est la réalité, en dehors de
l'expérience, c'est poser une question aussi absurde que
celle de savoir quelle impression une sonate ferait sur un
sourd, ou si un homme prononcerait mieux le français ou
l'allemand, en étant privé des organes de la parole. Il n'y a
pas de problème épistémologique de la perception, mais il
y a des problèmes de la perception ; nous pouvons étudier
la perception aussi bien qu'une combinaison chimique ou
une action organique quelconque.

Rien, en tout cas, ne nous permet de croire que le monde
soit purement subjectif. Au contraire, la conscience implique
l'objet ; dans l'expérience, on le trouve directement ; le
moi n'apparaît que par réflexion. La conscience, au sens
subjectif, désigne ce qui est privé, inaccessible à d'autres ;
mais le monde dans lequel nous vivons et qui nous apparaît,
n'est nullement un domaine privé ; il est au contraire commun à tous les êtres conscients qui sont en rapport avec lui.

Si M. Bush admettrait facilement que l'objet connu subit
une certaine transformation par le fait de la sensation,
M. Pitkin cherche au contraire dans la biologie des confirmations expérimentales d'un réalisme plus strict [1]). Toute
réaction vitale, dit-on, modifie l'excitant qui la provoque.
Interrogeons les faits, et il ne restera plus grand' chose de
cette affirmation tranchante. Le tort des philosophes qui se
sont occupés de la question a été de s'en tenir aux généralités. Idéalistes et pragmatistes sont également en défaut. Il
n'existe pas de type unique de réaction vitale, il y en a au
contraire des espèces en grand nombre.

Tout organisme est placé dans un certain milieu où il
doit lutter contre les obstacles qui s'opposent à la conservation de son existence. Dans l'organisme, les fonctions

1) Cf. *Some Realistic Implications of Biology, New Realism*, pp. 377-443.

vitales et la structure sont en rapport étroit. Les fonctions
d'un organe dépendent au moins de trois facteurs : ses
caractères innés ou acquis, ses rapports avec d'autres
organes et les influences qu'il subit de la part du milieu.
Les variations de l'excitant peuvent à leur tour modifier la
structure et les fonctions de l'organe. Dans un phénomène
organique, il est assez difficile de déterminer exactement ce
qui appartient proprement à l'excitant et ce qui constitue la
réaction. Une influence quelconque n'est pas un excitant :
ainsi l'attraction lunaire sur le cœur d'un animal ou l'action
du magnétisme terrestre sur ses courants nerveux n'en sont
pas, mais l'attraction terrestre sur la tige d'une plante géo-
tropique ou sur les canaux semi-circulaires le sont. En effet,
pour qu'il y ait excitant, il faut une réaction de l'organisme.
Il peut se faire que les excitants soient intraorganiques ; ils
peuvent aussi être le produit d'autres réactions, telles les
toxines produites par la fatigue. Ensuite tout excitant modifie
l'action de l'organisme, mais toute action externe qui
modifie l'organisme n'est pas encore un excitant ; ainsi un
coup qui me fait tomber n'est pas un excitant, mais il l'est,
s'il provoque de ma part une réaction tendant à me maintenir
en équilibre. Enfin une réaction peut être à la fois une
réponse à un excitant et l'excitant d'une réaction ultérieure.

M. Pitkin ne distingue pas moins de sept espèces de
réactions : simple adaptation, partielle ou totale, sélection,
conduction, transformation, résistance, réception et réten-
tion. Ces deux dernières se rapportent plus directement à la
conscience. Quand on les passe toutes en revue successivement, on voit d'abord qu'elles ont chacune leurs caractères
propres ; puis, que chaque fois il est possible de distinguer
les divers facteurs qui y interviennent. Les réactions sont
donc quelque chose de bien particulier ; ce n'est pas à
l'ensemble du milieu, mais à une portion bien délimitée de
celui-ci que l'organisme répond. Les excitants ne sont pas

seulement des choses physiques, mais même des relations
géométriques, comme l'amplitude de l'angle d'incidence
d'un rayon lumineux, puisque cette propriété exerce une
influence causale sur la lumière et sa perception; ou encore
des propriétés comme la vitesse, la forme d'un objet. De
l'examen détaillé il ressort aussi que les réactions les plus
profondes en apparence ne sont pas proprement des transformations qualitatives, mais des sélections, des diminu-
tions, des augmentations, qui ne changent pas la nature
propre de l'excitant. Puis, dans bien des cas, on est en
présence d'une relation de causalité, où il n'y a aucune
ressemblance entre la cause déterminante et l'effet produit ;
on ne peut donc parler de transformation à ce propos.
En un mot, tous les préjugés idéalistes et romantiques
doivent tomber ; rien ne s'oppose à ce que la conscience ne
modifie pas ses objets.

La réaction de conduction est particulièrement intéressante à cet égard. Le système nerveux se borne à transporter
telles quelles les excitations reçues par les organes sensoriels. Certaines expériences paraissent décisives à M. Pitkin :
elles se rapportent à l'adaptation des poissons plats qui
prennent la couleur du fond de l'eau sur lequel ils se
trouvent. On sait que cette adaptation est due à l'intervention de la vue. On a montré de plus que l'animal copie
servilement le modèle qu'il voit ; il y a donc à la fois
intervention de la vue et non-transformation du modèle.

Ailleurs, M. Pitkin avait déjà signalé quelques faits
biologiques qui supposent la réalité de l'étendue, point
capital dans toute théorie réaliste [1]. Si l'espace est bien
une réalité que nous percevons telle qu'elle est, il n'y a rien
d'étonnant à ce que les intervalles entre les cônes et les

---

1) Cf. *Some Neglected Paradoxes of Visual Space*, *Journ. Phil. Ps. Sc. M.*,
VI (1909), pp. 601-608, 645 655, VII (1910), pp. 92-100, 204-215.

bâtonnets ne soient nullement perçus comme des discontinuités. Rien d'étonnant non plus à ce que les limites de
nôtre espace nous échappent. Dans les théories courantes on
s'efforce de faire sortir la perception de l'espace d'éléments
non spatiaux, et l'on se figure que l'espace concret nous
apparaît comme bordé d'une frange indéterminée, mais
toujours spatiale ; on a peine à s'expliquer pourquoi le point
aveugle ne produit pas comme une tache dans les objets, ni
pourquoi les parties qui ne tombent pas précisément sur les
cônes et les bâtonnets ne produisent pas de lacunes. En
fait, les objets nous apparaissent comme continus, et notre
espace cesse brusquement, non par le contraste avec un
autre espace, mais tout simplement par l'absence de toute
perception du même ordre. Il y a espace perçu, là où
l'organe est en présence des choses ; que l'organe ou la
chose fasse défaut, et il n'y a plus d'espace, parce que
l'action de l'organe n'est pas de projeter au dehors une
forme inexistante.

D'ailleurs la biologie entière suppose la réalité de l'étendue. Sans elle, point de milieu, point d'adaptation. Les
faits très simples du réflexe imitatif en sont un exemple
frappant. On sait le rôle important que l'imitation joue
dans le développement des organismes conscients. Or, dans
ce réflexe, le raisonnement n'intervient pas pour faire copier
une attitude étudiée, un mouvement aperçu. Une attitude
d'un corps dans l'espace est directement reproduite, dans
l'espace aussi, dès qu'elle a été perçue ; la conscience joue
le rôle d'un simple conducteur, non d'un transformateur,
tout comme dans le cas du poisson imitant les couleurs.
D'ailleurs, par quel miracle ou par quelle harmonie prééta-
blie l'idée d'espace pourrait-elle être produite dans un
monde non étendu, par des organes qui ne le seraient pas
davantage ?

Toutes ces théories ont ceci de commun qu'elles tendent à bien marquer la place de la conscience dans le monde réel qui frappe nos sens. Cette tendance se retrouve aussi forte chez des hommes qui se tiennent à l'écart des écoles et des programmes, M. Sellars et M. Singer.

Qu'il y ait un univers réel, indépendant de nos perceptions particulières, c'est la conviction spontanée de l'humanité, et cela ne fait pas de doute pour M. Sellars [1]). Mais la réflexion épistémologique, que les faits nous imposent, a tôt fait de nous montrer l'insuffisance du réalisme naïf. Il est évident que notre personne, notre point de vue, les accidents de nos organes interviennent dans nos perceptions du réel. Résoudre le problème épistémologique c'est se rendre compte de la nature et de la valeur de notre connaissance du monde ; nous ne pouvons le faire que dans les limites de l'expérience, ou plutôt de nos expériences particulières : l'Expérience en général n'est pas une fiction moins dangereuse que la Pensée absolue. La psychologie fonctionnelle nous donnera la clé du problème. Grâce à ce nouveau point de vue, on peut éliminer les problèmes métaphysiques de l'union de l'âme et du corps, ou de la manière dont deux personnes peuvent connaître le même objet. En réalité ce ne sont là que des distinctions de point de vue, qui marquent l'intervention de l'intérêt personnel dans la connaissance ; on a eu le tort de les prendre pour des différences métaphysiques. Pour comprendre l'univers, il faut tenir compte des catégories biologiques et surtout de l'évolution. Le monde n'est qu'un ensemble d'organismes qui cherchent à s'adapter pour la vie physique, morale et ·

---

1) Cf. *The Nature of Experience, Journ. Phil. Ps. Sc. M.*, IV (1907), pp. 14-18 ; *Consciousness and Conservation, ib.*, V (1908), pp. 235-238 ; *Is there a Cognitive Relation? ib.*, IX (1912), pp. 225-232 ; *The Status of Epistemology, ib.*, XIV (1917), pp. 673-680 ; *A Thing and its Properties, ib.*, XII (1915), pp. 318-328 ; *A Fourth Progression in the Relation of Mind and Body, Psychol. Rev.*, XIV (1907), pp. 315-328 ; *Critical Realism*, surtout pp. 182-253.

sociale. Il va sans dire qu'il n'est pas simplement un état du sujet.

La science a remplacé les vieilles catégories ontologiques par celles de relation, de fonction ; l'organisation prend la place des qualités secondaires, l'espace avec ses multiples relations se substitue au temps, que les idéalistes croyaient être quelque chose de purement personnel. La chose n'est ni un groupe de sensations, ni une substance inconnaissable, distincte de ses attributs : elle ne les possède pas, elle s'identifie avec eux ; elle est un objet à propos duquel nous pouvons formuler des jugements divers. Le sens commun ne dit-il pas qu'une chose est ronde, jaune, et non qu'elle a la forme ronde, la couleur jaune ? Lorsque nous disons que deux personnes connaissent le même objet, c'est encore au point de vue fonctionnel qu'il faut entendre cette expression : placés dans des circonstances analogues, des organismes similaires auront des perceptions similaires. Il ne peut être question d'identité stricte : celle-ci n'existe que dans l'état statique. L'erreur foncière de l'épistémologie ordinaire consiste à croire que la connaissance est une relation entre le sujet et l'objet. M. Sellars, plus radical qu'aucun autre réaliste, le nie tout simplement. Ce serait, dit-il, la négation même de toute indépendance. Enfin, la connaissance n'est pas la simple présence d'un objet dans l'esprit : connaître, c'est se rendre compte de la nature d'une chose, c'est comprendre ses multiples attributs.

M. Singer, comme M. Sellars, cherche à montrer que la conscience n'est pas « étrangère au monde physique ». Il la considère comme un mode de « comportement » (*behavior*) [1]. L'expérience étant la seule source de nos

1) Cf. *Mind as an Observable Object*, *Journ. Phil. Ps. Sc. M.*, VIII (1911), pp. 180-186 ; *Consciousness and Behavior, a Reply*, *ib.*, IX (1912), pp. 15-19 ; *On Mind as an Observable Object*, *ib.*, pp. 206-214 ; *The Pulse of Life*, *ib.*, XI (1914), pp. 645-655 ; *On Sensibility*, *ib.*, XIV (1917), pp. 337-350.

connaissances, c'est elle qui doit nous apprendre aussi ce qu'est la conscience. La poser *a priori* comme un monde à part, c'est faire une assertion gratuite et inintelligible. Or, pour nous, la conscience ne se manifeste que par les diverses manières dont les organismes se comportent. Nous attribuons la conscience à l'amibe parce que nous observons sa réaction à l'égard d'un rayon lumineux, par exemple. La conscience humaine nous est connue de même par les réactions individuelles et sociales des hommes ; elle n'est rien autre chose, car nous n'avons aucune raison de placer derrière ces réactions une entité inconnaissable. D'ordinaire, il est vrai, on croit que nous inférons l'existence de la conscience des autres hommes, par analogie avec notre propre vie psychique, connue par introspection ; mais une induction qui ne repose que sur un seul cas est bien faible au point de vue de la logique. Puis, est-ce bien ainsi que les choses se passent ? On suppose à tort que notre propre conscience nous est connue distinctement et immédiatement. Mais c'est une illusion de l'idéalisme de nous enfermer ainsi dans notre conscience individuelle ; notre attitude normale consiste à nous tourner vers les objets, et notre connaissance du moi se développe avec celle du monde extérieur. Il ne faut pas non plus concevoir l'expérience d'une manière trop étroite. Une pensée est bien un mouvement d'un atome de carbone dans le cerveau, mais elle n'est pas que cela ; sinon elle pourrait aussi bien se produire dans un morceau de charbon. Les explications mécaniques, sans être fausses en elles-mêmes, le deviennent quand elles sont exclusives. Le mécanisme n'exclut pas la finalité ; il ne faut pas se représenter la finalité, l'âme, la vie, comme des entités surajoutées, ainsi que font les vitalistes ; mais il faut y voir, selon l'esprit d'Aristote, une direction particulière, une orientation du mécanisme dans un sens constant, de manière à réaliser sans cesse un certain équilibre.

III

Jusqu'ici nous avons suivi la tendance empirique du néo-réalisme. Nous avons exposé des preuves qui sont des descriptions biologiques de la conscience ; elles rappellent souvent celles du pragmatisme. Mais nous avons vu dans la nouvelle école, parallèlement à l'empirisme proprement dit, ou en continuité avec lui, une autre direction plus abstraite. Elle n'a pas manqué de donner un aspect caractéristique à la preuve du réalisme, tantôt chez M. Perry lui-même, tantôt chez ses collaborateurs. La notion de relation, qui revient chez tous les néo-réalistes d'une manière plus ou moins accentuée, prend ici son plus grand développement. Elle sert aussi de trait d'union entre les diverses formes de l'argumentation réaliste.

Dans son premier ouvrage, M. Perry avait fait consister le réalisme épistémologique dans « l'indépendance de l'immanent », mais il avait surtout insisté sur l' « immanence » ou la présence immédiate de l'objet connu. Il s'agissait ensuite de mieux faire comprendre ce qu'il entendait par l'indépendance. C'est à cette tâche qu'est consacré l'essai sur « La théorie réaliste de l'indépendance » dans *The New Realism* [1]). L'indépendance en général n'est rien autre que la négation de la dépendance. M. Perry énumère les différents sens du mot dépendance pour en retenir les quatre types qui peuvent entrer en ligne de compte dans la question présente : la dépendance d'un tout par rapport à ses parties, la causalité exclusive, l'implication et le fait d'être impliqué exclusivement. Un tout dépend de ses parties, car sans elles il ne serait pas ; cela est vrai, soit que l'on considère le tout et les parties formellement, c'est-

1) Cf. pp. 99-151.

à-dire dans le concept abstrait, soit qu'on les considère
matériellement, avec leur détermination concrète. Les parties, par contre, ne dépendent pas du tout, sinon en ce sens
que pour être parties, elles doivent être dans un tout ; mais
c'est là une pure tautologie ; à proprement parler, c'est le
tout qui dépend des parties. Elles peuvent dépendre les
unes des autres de deux manières : pour être parties, elles
doivent se trouver ensemble, de façon à former le tout par
leur réunion ; nous retombons ainsi dans le cas précédent ;
elles peuvent aussi exercer les unes sur les autres une
causalité réciproque ; ainsi les systèmes respiratoire et cir-
culatoire dans un organisme ; ce cas rentre dans celui de la
causalité. Quant aux relations de chose et d'attribut, elles
se ramènent, si elles ont un sens, à celles du tout et des
parties. « La causalité est une relation matérielle entre deux
complexes, dérivée d'une relation formelle primaire entre
les variables qui les constituent » [1]). La relation formelle est
la loi, la relation matérielle, la causalité proprement dite ;
souvent on restreint celle-ci aux relations où intervient le
temps. M. Perry considère comme une théorie périmée celle
qu'il appelle « la création *ex nihilo* » par une « activité ».
De sa théorie, il résulte qu'il ne peut y avoir de causalité
que dans un système ; l'effet n'est absolument dépendant de
la cause que s'il ne peut pas exister en dehors d'un système
donné, autrement dit, si la cause est sa cause exclusive.
La dépendance causale, dans ce cas, est dite réciproque,
lorsqu'on fait abstraction de la direction du temps, et qu'on
infère les variables les unes des autres. Enfin, la dépendance
logique d'implication unit les prémisses d'un syllogisme à
sa conclusion ; si celle-ci est fausse, les prémisses prises
dans leur ensemble, dans leur fonction propre, cela va sans
dire, non isolément, ne peuvent être vraies ; mais la con-

1) *New Realism*, p. 110.

clusion ne dépend des prémisses que si elle ne peut être
établie d'une autre façon.

De tout cela il suit d'abord que les entités simples sont
nécessairement indépendantes : en raison de leur simplicité
même, elles ne peuvent être ni tout, ni cause, ni prémisses,
ni conclusion. Cela résulte des principes posés. La question
de la dépendance ne se pose que pour les composés ; ceux-ci
seront dépendants dans les cas suivants : s'ils sont un tout
renfermant, soit des éléments simples, soit un tout moins
vaste ; s'ils sont cause ou effet dans un système qui les
détermine exclusivement ; ou enfin s'ils impliquent d'autres
complexes ou sont impliqués par eux d'une manière
exclusive.

Voyons maintenant si l'un de ces cas se réalise pour
l'objet de la conscience. Quand un objet est connu ou
expérimenté, il est rapporté d'une certaine façon à un
complexus ; cela est vrai, soit que l'on considère le sujet
comme une masse aperceptive dans laquelle l'objet vient
s'insérer, ou une conscience personnelle organisée à laquelle
il est assimilé, soit qu'on le considère comme un organisme
vivant et agissant. De quelle nature est cette relation ?
Examinons les différentes espèces d'objets.

Les entités simples ne peuvent être dépendantes d'aucune
autre ; elles ne peuvent donc pas non plus l'être vis-à-vis de
la conscience. Or, les entités simples constituent, en
somme, toute la conscience. L'analyse réduit en éléments
simples les objets les plus complexes. Ce n'est d'ailleurs que
sous forme de composés qu'ils sont présents à la conscience ;
mais ils n'en sont pas moins connaissables, grâce à l'analyse ; au fond, tous les philosophes, quoi qu'ils disent,
admettent des éléments derniers et simples de la connaissance ; mais les uns les voient ici, les autres là. Un corollaire intéressant, c'est que l'analyse poussée jusqu'au bout
est le moyen infaillible d'éviter l'effet de la disposition

personnelle du sujet : ces éléments ne dépendant de rien ne peuvent être affectés par rien de ce qui tient aux dispositions subjectives. Il en résulte aussi que les composés eux-mêmes, quelle que puisse être par ailleurs leur dépendance par rapport au sujet, en sont indépendants en ce qui concerne leurs éléments : ainsi dans une construction imaginaire, produit de la conscience, les éléments tels que « bleu », « identité » et autres, ne doivent nullement leur existence à l'imagination. Les composés ne dépendent donc pas de la conscience à cause de leur nature même de composés.

Y a-t-il, pour certains d'entre eux, une raison spéciale d'affirmer cette dépendance ? Soit une proposition logique ou mathématique, par exemple : $c^2 = a^2 + b^2 - 2\,a\,b\,cos.\,\gamma$; γ est l'angle d'un triangle dont c est le côté opposé, a et b sont les côtés adjacents. Dans ce complexus, nous trouvons bien comme parties les notions d'angles, de ligne, d'égalité, mais non l'idée de relation à la connaissance. Cette proposition n'est pas un tout dont la conscience ferait partie ; elle n'en dépend donc pas à ce titre. Elle n'implique pas davantage la conscience. Reste à voir si elle n'est pas causée par celle-ci. Mais quand même elle le serait, il ne faudrait pas moins dire qu'elle n'est pas causée exclusivement par la conscience ; indépendamment de la masse aperceptive dont elle fait partie, cette proposition est suffisamment déterminée par les systèmes logiques et mathématiques auxquels elle appartient, les postulats et les théorèmes coordonnés suffisent à la déterminer. En d'autres termes, « quand même elle ne serait pas nécessaire pour des raisons tirées de la connaissance, elle le serait pour des raisons logiques et mathématiques, de sorte que sa nécessité du point de vue de la connaissance ne la rendrait pas dépendante » [1]).

On peut répéter la même démonstration pour les com-

1) *New Realism*, p. 130.

plexus physiques. Une propriété comme la vitesse moyenne
de Jupiter est indépendante de la conscience. On n'a pas
besoin de la déduire de la connaissance du sujet, mais de
ses propres relations physiques, comme de sa distance à la
masse du soleil. La tâche de la science consiste précisément
à découvrir, dans un complexus donné, des lois objectives,
indépendantes du sujet.

Mais pour être indépendants de l'esprit, les objets
logiques, mathématiques ou physiques n'en sont pas moins
connus. Lorsqu'ils le sont, ils sont en relation avec le
sujet ; et c'est d'une relation bien réelle, bien concrète,
qu'il s'agit. Pour qu'un objet, une couleur verte, par exemple,
soit connu, il doit y avoir une certaine correspondance entre
sa nature et les lois physiologiques de l'activité du sujet.
Le fait que le vert est objet de la vue et non de l'ouïe ou du
toucher n'est pas dû au hasard. Il faut même aller plus
loin. L'objet, en tant que connu, obéit à la fois à ses lois
propres et à celles du sujet connaissant. Si nous connaissions
à fond le sujet, ses lois physiologiques, psychologiques,
morales, ses rapports avec le milieu, nous pourrions en
déduire l'objet ; mais celui-ci ne serait pas encore pour cela
dépendant du sujet, puisqu'il serait déjà assez déterminé
par ses lois particulières. Avant son entrée dans la conscience, il n'obéit qu'à ses lois propres ; durant le temps
de sa présence dans la conscience, il suit également les lois
de celles-ci ; une fois qu'il en est sorti, il retombe sous
l'empire exclusif de ses lois primordiales. Quand même,
lors de son passage par la conscience, il serait partiellement
transformé, cette transformation ne serait pas d'un autre
ordre que celles qu'un corps fait subir à un autre corps ;
l'objet, en toute hypothèse, ne serait pas autrement dépendant du sujet qu'un objet physique ne l'est d'un autre objet
physique.

M. Perry a donc évité le « prédicament égo-centrique »

dans sa double argumentation : il a observé l'acte de
perception concrète pour découvrir les traces de l'influence
du sujet sur l'objet, et ne les a pas trouvées ; il a complété
la preuve par une analyse abstraite de la notion d'indépendance appliquée à l'objet. Dans les deux cas, la théorie
externe des relations a été au fond de sa pensée : l'objet est
en rapport avec le sujet, mais cette relation ne le transforme
pas ; on peut le concevoir comme un terme ou un ensemble
de termes qui supporte, sans être altéré pour cela, des
relations de nature diverse.

L'argumentation de M. Holt est plus radicalement déductive ; on se souvient de son programme. Il est vain de
rechercher entre la « conscience » et la « matière » une
diversité de « substance » ou de nature. Ce qui importe,
ce sont les relations des termes « neutres ». Au point
de départ, il ne faut ni une dichotomie irréductible, ni
un monisme qui supprime les problèmes au lieu de les
résoudre. Partons de notre monde donné ; considérons-le
comme « un monde de pure expérience. Ce terme, nous le
savons tous, inclut tous les objets, que nous les appelions
physiques ou mentaux, toutes les qualités primaires et
secondaires, toutes les idées, les sentiments et les émotions,
quelque vagues qu'elles soient, toutes les vérités et les
faussetés, les objets réels et irréels. Bref, il inclut tout ce
qu'on peut rencontrer, que ce soit pour un long ou pour un
court intervalle de temps. Cette attitude, semble-t-il, est
d'un réalisme assez naïf, et, philosophiquement, elle ne dit
presque rien ; mais, comme la philosophie le découvre, elle
pose un problème. Nous pouvons néanmoins partir de cet
agrégat assez mêlé, et nous demander s'il possède même
une unité partielle, et s'il laisse voir quelque trace de la
texture d'un système déductif » [1]).

1) *Conc. of Consc.*, p. 77, Ce qui suit est le résumé des pp. 77-184.

Si nous voulons rester fidèles au donné immédiat, nous ne pouvons faire de l'expérience, ou de la conscience, individuelle ou générale, l'équivalent du monde tout entier ; nous devons au contraire lui trouver une place dans cet ensemble plus vaste. La conscience est liée à cette partie du monde qu'on appelle le système nerveux. Mais si nous cherchons la nature de son contenu, sensations, idées, émotions, aussi bien que la nature de la matière, nous trouverons encore que ces deux catégories d'objets ne diffèrent pas d'une manière absolue et inexprimable, mais seulement comme peuvent différer des entités neutres dans des relations diverses. Tout objet, mental ou non, est ce qu'il est ; il a son essence déterminée, en quelque esprit qu'il se trouve ; il peut être comparé à d'autres objets, et former ainsi des séries indépendantes des caprices subjectifs. C'est en cela que consiste l'indépendance que le réalisme attribue aux objets de conscience ; ils ne sont pas privés de toute relation, mais, en quelque relation qu'ils se trouvent, ils restent ce qu'ils sont. Ainsi ils peuvent se trouver à la fois dans divers groupements, être simultanément dans plusieurs consciences, sans pour cela se transformer. Et cela est vrai même des qualités secondaires et des émotions : les consciences ne sont pas murées dans leur isolement ; elles peuvent se communiquer des idées et des impressions identiques, qui ne diffèrent que par leur contexte.

Si la conscience est composée d'entités neutres, il en est de même du monde physique. La science tend de plus en plus à le réduire à un ensemble de lois et de formules rigoureusement et objectivement déterminées; il n'y a plus de place pour une « matière », une « substance matérielle » inaccessible à l'observation ; mais ces entités ne sont pas davantage le produit de l'imagination créatrice ou de la volonté capricieuse. L'analyse des deux mondes, physique et mental, nous a fait reconnaître de part et d'autre les mêmes éléments, la même substance : il faut conclure à un monisme logique qui n'a rien de commun avec celui des métaphysiciens et des vulgarisateurs matérialistes ; il se borne à affirmer que la propriété fondamentale, constitutive, de tous les objets, est l'être ; et que cette notion d'être est objective et identique à elle-même. En un mot, « tous les membres de ces deux classes consistent en réalité en entités plus simples — telles que les entités logiques et mathématiques — de sorte que la substance des membres de ces deux classes (matière et esprit) est la même que la substance de ces entités. Quant à savoir ce qu'est celle-ci, cela paraît être, en dernière analyse, une recherche vaine ou sans objet : ces entités *ne possèdent pas* une substance, elles *sont* une classe » [1]).

Voulons-nous décrire ce monde, il faut le considérer franchement tel qu'il est, ne pas hésiter à accorder à toutes ses parties l'objectivité qu'elles manifestent directement. Pour cela, il faut abandonner résolument la théorie représentative de la connaissance. Rejetons cette fiction suivant laquelle ce que nous percevons seraient des idées inétendues, sans couleurs, sans sons, bref, sans aucune qualité sensible, qui représenteraient, on ne sait comment, des objets tout différents. Cette théorie supprime l'objet à exprimer, à moins que, par une étrange inconséquence, elle ne maintienne l'existence objective de certaines qualités, dites primaires. En réalité, ce que je connais, c'est l'objet lui-même. Lui seul peut se représenter ; toute représentation véritable est, pour autant, identique à l'objet représenté ; ainsi un échantillon de drap est identique en matière, en qualité, en texture à la pièce dont il doit donner une idée ; un député représente ses mandants pour autant qu'il a les mêmes convictions et les mêmes résolutions. Notre repré-

---

1) *Conc. of Consc.*, p. 135.

sentation de l'espace est spatiale, elle a la même étendue
que l'objet ; il en est de même du temps. Quant à la connaissance médiate, par exemple celle de l'histoire ancienne,
elle est inadéquate ; elle présente des lacunes, mais pour
autant, elle n'est pas du tout une connaissance ; ce qu'elle
représente véritablement, encore une fois, elle le fait voir
tel qu'il est, par identité.

Si maintenant nous examinons notre univers, nous voyons
qu'il se compose d'une hiérarchie d'entités de plus en plus
complexes. M. Holt esquisse un tableau de cette série
d'entités qui ne manque pas de grandeur. Il le compare à
celui des idées platoniciennes [1]) ; un admirateur a élaboré un
parallèle avec le système de Spinoza [2]). Au sommet trônent
les concepts. élémentaires d'identité, de différence, de
nombre et de négatif ; il serait prématuré de dire s'ils
sont absolument premiers ou au contraire réductibles à un
concept fondamental plus simple. Puis viennent les entités
mathématiques de la théorie des ensembles, ensuite les
qualités, les propriétés géométriques, mécaniques, physiques, jusqu'aux objets matériels concrets ; la complexité
s'accroît notablement avec l'apparition de la vie et de la
conscience, puis des valeurs. Nous ne pouvons suivre l'énumération des sciences que M. Holt rattache à ces différents
objets. Il ne cache pas non plus les « passages critiques »
où des entités nouvelles semblent entrer en scène ; mais il
garde la confiance qu'un jour le rêve de Fichte et de tant
d'autres sera réalisé : d'un concept unique on pourra déduire
l'universalité des connaissances.

Reste à déduire le concept de conscience, non pas des
entités les plus simples, mais, pour être bref, de celles qui

---

1) *Conc. of Consc.*, p. 154.
2) Marvin Max Lowenthal, *Comparative Study of Spinoza and Neo-Realism
as indicated in Holt's Concept of Consciousness, Journ. Phil. Ps. Sc. M.*, XII
(1915), pp. 673-682, 701-713.

le précèdent immédiatement dans l'échelle des êtres. M. Holt
y arrive en combinant deux notions assez étrangères au
sujet, à première vue, celles de « section transversale »
(*cross-section*) et de « réponse spécifique » (*specific response*).
Dans un ensemble, un objet physique, je puis pratiquer une
coupe idéale qui isole certains éléments : ainsi les molécules
d'un tronc d'arbre situées sur un plan déterminé, les filons
de métal dans une montagne, les baleines dans une étendue
de mer ; comparées à l'ensemble, ces parties sont d'un autre
ordre et ne nous apprennent rien sur la nature de l'ensemble ;
elles constituent un groupe neutre par rapport à lui. De
même, lorsque le projecteur d'un bâtiment éclaire l'espace
environnant, il découvre dans la nuit un ensemble qui est
une « section transversale » des objets voisins ; il unit en
un groupe une partie du pont et de la mâture, et un cercle
de vagues sur lesquelles est porté le navire. En tant
qu'éclairées, choisies par le projecteur, ces parties ne
prennent pas une nature commune : elles sont simplement
réunies. Examinons certains phénomènes vitaux, les tropismes des plantes par exemple. La direction de la racine
et du tronc est déterminée par la lumière solaire, ou mieux,
par son intensité et sa position et par l'attraction terrestre.
La plante choisit dans le milieu environnant un certain
nombre de propriétés auxquelles elle réagit ; elle en fait
une section transversale, elle les isole de toutes les autres.
Ces propriétés sont aussi neutres que peuvent l'être, dans
une bataille, les vitesses des projectiles. Ainsi il est possible
d'isoler dans le monde physique un ensemble d'entités
neutres. Le système nerveux ne fait-il pas continuellement
la même chose ? Son action fondamentale, que nous trouvons
déjà esquissée, au reste, dans la physiologie des plantes,
c'est l'action réflexe : réception d'une excitation, conduction
par les nerfs, et réaction effective. Cette réaction nous
apprendra ce qui a frappé l'organisme, en nous montrant à

13

quoi il répond. Il y a d'ailleurs continuité parfaite entre ces trois éléments de l'action nerveuse : ni âme-substance, ni parallélisme psycho-physiologique. Mais ne voit-on pas que nous avons ainsi l'équivalent exact de la conscience ? La section transversale du monde à laquelle réagit le système nerveux, ou la « section transversale psychique », c'est la conscience, ou l'esprit, ou l'âme ; ses éléments, en tant qu'objets de la conscience, sont des idées, des sensations, des perceptions. Pris individuellement, ils ne sont pas mentaux, faits de substance psychique, pas plus que les objets physiques ne sont faits de substance physique ou de « matière ». La conscience ne peut être qu'un ensemble, avec son arrangement spatial et temporel déterminé. Cet ensemble est celui auquel correspond la « réponse spécifique » de l'organisme ; celle-ci est très variée ; sa plus haute et sa plus sûre expression, c'est le langage : par lui, nous pouvons savoir avec certitude quel est l'objet actuellement présent à un esprit humain. En dehors de ce cas particulièrement favorable, il faut appliquer les règles de l'induction pour déterminer exactement les parties du milieu auxquelles l'organisme répond d'une manière spécifique. Mais de tout ce qui précède, découle une règle méthodique générale, c'est que la méthode objective, l'observation externe physiologique ou psycho-physiologique, est préférable dans l'étude de la conscience à l'introspection ; celle-ci ne peut atteindre qu'une partie restreinte de la conscience, celle dont nous avons la conscience réfléchie et le souvenir ; mais la conscience directe s'étend bien plus loin.

Ainsi, par une voie nettement déductive, M. Holt arrive aux mêmes conceptions que M. Perry : la conscience est présence immédiate à un organisme ; elle n'est pas une entité *sui generis*, mais une relation entre des éléments d'un milieu objectif ; ces éléments ne lui doivent ni leur existence ni la nature sous laquelle ils apparaissent.

Les auteurs étudiés jusqu'ici résolvent le « prédicament égo-centrique » par le fait : en analysant le phénomène de connaissance, ils voient apparaître l'indépendance de l'objet ; ils montrent en action qu'on peut adopter une attitude méthodique où, sans altérer le donné, on fait abstraction du fait de la connaissance. M. Spaulding n'ajoute à cette manière de faire que des développements nouveaux, une forme plus logique ; mais il place la solution du fameux « prédicament » au début de son argumentation [1]). Pour le résoudre, il faut, comme il le rappelle, faire usage d'un genre d'analyse qui respecte la situation analysée. Ce sera l' « analyse *in situ* ». Pour que cette analyse soit possible, il faut que les relations qui unissent les êtres ne soient pas toutes internes, que toutes ne modifient pas les termes qu'elles relient. Si les relations entre les choses physiques sont causales et modifient leurs termes, il n'en va pas de même de la relation consciente. Toute connaissance, pour autant qu'elle est connaissance, nous met en présence d'un état de choses (*state of affairs*) qu'elle prétend bien connaître tel qu'il est. Aucun scepticisme n'est assez radical pour renoncer à cette prétention au moins pour sa propre vérité. Mais la moindre concession implique ici la possibilité illimitée de connaître un objet tel qu'il est.

Rien en tout cas ne nous oblige à troubler notre vision par la considération du moi. Il n'y a entre lui et les choses aucune liaison nécessaire et interne ; il peut y avoir des êtres qui me soient inconnus ; dire que par le fait même que je les nomme, ils me sont connus, c'est un jeu de mots, car il y a loin de cette notion générale à la connaissance détaillée et individuelle qui, seule, mérite ce nom. Il nous est loisible de construire une philosophie entièrement objective. En s'achevant, elle rendra compte de tout l'univers, y compris

---

1) Ce qui suit est emprunté à *The New Rationalism*, pp. 364-496.

du moi et de la connaissance, qui ne sont qu'une partie du
vaste monde. Le problème épistémologique se subordonne
au problème cosmologique, et reçoit sa réponse définitive
par la solution de ce dernier ; elle est en même temps la
solution la plus décisive du prédicament. égo-centrique,
étant le dernier mot de l' « analyse *in situ* » qu'il fallait
tenter. Ainsi le réalisme, d'abord décrit comme un ensemble
cohérent d'hypothèses, pose ses principes, puis les applique
à l'univers, et ainsi se prouve lui-même. Le réalisme de
M. Spaulding ressemble beaucoup à celui de M. Holt :
même déduction spinozienne, avec moins de vigueur, un
appareil logique plus apparent, et des explications plus
abondantes, sans être toujours plus éclairantes ; même
hiérarchie des entités allant du simple au complexe ; le
monde englobe aussi bien les subsistants que les existants ;
quant aux relations qui constituent les êtres complexes, tels
les êtres physiques ou biologiques, M. Spaulding aime à les
nommer « organisantes », mais il se garde bien de les
appeler « organiques ». Dans cet univers dont il nous
détaille le plan, il trouve la place de la fonction de la conscience que nous aurons à décrire de près un peu plus loin.

IV

Pour apprécier les preuves du néo-réalisme, une question
préalable s'impose : nos auteurs ont-ils évité le « prédicament égo-centrique » ? C'est là, au fond, la question capitale. L'interprétation des autres preuves dépend de la
réponse qu'on y fait. A-t-on le droit de parler de milieu,
distinct et indépendant de l'organisme ? N'est-on pas,
malgré tout, resté enfermé dans le sujet; ne continue-t-on
pas à ignorer tout ce qui le dépasse? Et que signifient les
distinctions entre l'objet et le sujet, entre les différents

termes ou relations, si tout se passe à l'intérieur de la conscience ? L'idéalisme admet toutes ces distinctions obvies, mais il les interprète autrement : tout ce que nous pouvons dire d'intelligible et d'indubitable, au sujet du monde, c'est qu'il est avec nous dans des relations données et inexprimables. On n'a pas le droit de négliger une relation qui affecte aussi universellement les objets ; loin de la déclarer pour cela sans importance, il faut y voir la caractéristique principale de toute réalité. Le tort des réalistes est de vouloir la réduire à une relation objective, alors qu'elle doit être absolument unique en son genre [1]).

Sans doute, on aimerait de voir les néo-réalistes répondre plus explicitement à ces difficultés. Ils semblent, malgré leurs affirmations, ignorer le fameux « prédicament » plutôt que le résoudre. Ils l'ont dépassé en fait, et non sans de bonnes raisons, mais on préférerait savoir comment ces raisons rencontrent celles des adversaires. Tout compte fait, elles sont bonnes, il faut le redire. Si le « prédicament » est négligeable, ce n'est point parce qu'il est universel, mais parce qu'on se rend compte de ce qu'il est sans influence sur la connaissance du réel ; ce n'est point là une induction, mais une de ces constatations absolument générales, antérieures à l'induction comme à la déduction, qui sont à la base de toute épistémologie. On a beau examiner ce qui est présent à la conscience, on n'y trouve directement que l'objet ; la relation au sujet est le résultat d'une

---

1) Telles sont, en somme, les objections de Miss M. W. CALKINS, *The Idealist to the Realist. Journ. Phil. Ps. Sc. M.*, VIII (1911), pp. 449-458 ; *Mr. Muscio's Criticism of Miss Calkins' Reply to the Realist, ib.*, IX (1912), pp. 603-606 ; *Idealist to Realist, Once more : A Reply, ib.*, XI (1914), pp. 297-298 ; J. B. PRATTT, *Professor Perry's Proofs of Realism, ib.*, IX (1912), pp. 573-580 ; ISAAC HUSIK, *Theory of Independence, ib.*, X (1913), p. 353. M. BERNARD MUSCIO, *Miss Calkins' Reply to the Realist, ib.*, IX (1912), pp. 321-327, et M. J. E. TURNER, *Miss Calkins on Idealism and Realism, ib.*, XI (1914), pp. 46-49, ont fait d'utiles critiques.

élaboration ultérieure. Dira-t-on que, lorsqu'on considère l'objet, cette relation doit, par définition, rester ignorée et qu'elle ne peut jamais être connue pour ce qu'elle est? Mais c'est supprimer toute connaissance du moi, et en fait, l'épistémologie idéaliste se garde bien de s'engager dans cette voie. Les idéalistes croient découvrir par l'analyse du donné la notion de sujet, et ils raisonnent sur celle-ci comme sur un objet quelconque. Si le sujet et sa relation à l'objet n'était pas quelque chose de réel, si l'on ne pouvait le décrire d'une certaine façon, l'épistémologie s'enfoncerait dans le néant. Certes, nous ne savons que ce que nous pouvons connaître. Mais nous pouvons connaître de bien des manières ; des choses peuvent exister sans être connues dans le détail ; nous pouvons savoir qu'elles sont indépendantes de nous et du fait de notre connaissance. Mieux encore, la connaissance nous met toujours en présence d'autre chose, ou plutôt de quelque chose : elle s'oublie elle-même. Ce n'est pas seulement son attitude naturelle, c'est son orientation nécessaire.

Plutôt que de s'attarder sur cette relation abstraite, il faut étudier ce qui se présente à l'esprit, objet physique, logique, mathématique, ou sujet conscient, tracer les cadres généraux qui leur sont communs. C'est le mérite des néo-réalistes de l'avoir compris. Au lieu de discussions verbales, il faut aller à la réalité concrète, préciser la nature et les relations du sujet et de l'objet. Il n'est pas absolument impossible a priori que la connaissance vague du sujet dans le « je pense » nous apprenne quelque chose sur sa nature et sur celle du monde, comme le veut M. Pratt. Mais, en fait, puisqu'il faut dépasser le « prédicament égo-centrique », on voit qu'on ne peut rien en conclure. Il faut, en somme, clore la stérile discussion épistémologique de l'idéalisme et du réalisme. Le réalisme consiste à se

tourner vers l'objet [1]). En ce sens, les descriptions de
MM. Perry et Holt sont particulièrement suggestives. Elles
ont le tort, surtout celle de M. Holt, de ne s'attacher qu'à
la « forme », à la « structure » de la réalité, sans nous faire
comprendre ce qu'elle est en soi. Nous savons bien que
cette question, s'il faut les en croire, n'a pas de sens,
qu'elle révèle une indiscrétion métaphysique dont ils croient
que l'humanité s'est corrigée. Mais, ne leur en déplaise, ces
questions continuent à se poser et à réclamer une solution.
Il n'y a pas de relations sans termes rapportés, et à propos
de tous on peut se demander comment ils sont. Pas plus
que les néo-réalistes nous ne faisons de la matière et de
l'esprit deux catégories primitives dont nous aurions l'intuition complète sans aucun examen. Mais nous persistons à
croire, avec la philosophie ancienne, qu'il importe de savoir
ce qu'ils sont. Il faut, pour cela, procéder, non par intuition, mais par raisonnement. Sur ce point, Aristote et
saint Thomas seraient d'accord avec les néo-réalistes. L'intuition vague du moi, quelque certaine qu'elle soit, est
stérile. Nous connaissons d'abord les objets, puis nous
avons conscience de les connaître, et nous percevons aussi
nos sentiments. Dans cette conscience, nous saisissons le
moi. Pour le connaître véritablement, il faut se représenter
sa tendance foncière vers ses différents objets, ou ses
diverses facultés. En raison de cette proportion, on se
rendra compte qu'il doit être capable de se les assimiler

---

1) M. Schiller a reproché à M. Perry de persister à reprendre l'inutile problème
du réalisme et de l'idéalisme, sans aucune portée concrète. Cf. compte rendu de
PERRY, *Pres. Phil. Tend.*, *Mind*, N. S. XXII (1913), pp. 282-284 ; *Professor
Perry's Realism*, *ib.*, XXII (1914), pp. 386 392 ; *Realism,. Pragmatism and
William James*, *ib.*, XXIV (1915), pp. 516-521 ; et les réponses de M. PERRY,
Realism and Pragmatism, *ib.*, XXII (1913), pp. 544-546 ; *Dr. Schiller on
William James and on Realism*, *ib.*, XXIV (1915), pp. 240-243. Le réalisme est
précisément l'attitude conséquente qui consiste à prendre l'objet pour ce qu'il
est ; ce n'est pas, vu les antécédents historiques, un mérite de mince importance.

tous, étendus ou inétendus, présents ou absents, composés ou simples. Et l'on en conclura que si l'esprit est intimement lié à l'organisme, au point de ne former qu'un être avec lui, il le dépasse cependant par un autre aspect. Il possède une activité propre, quoique non isolée, qui fait conclure qu'il est un principe simple, inétendu. Ce principe, quoique uni à l'organisme, n'est pas soumis exclusivement à ses conditions d'existence. On en déduira que, après la dissolution de l'organisme auquel il a donné la vie et l'activité, il peut exister seul ; c'est la raison de l'immortalité personnelle [1]). Voilà, certes, une notion de l'esprit un peu plus complexe que celle de l'idéalisme courant. Les néo-réalistes ne sont pas près de s'y rallier pour le fond ; la divergence tient ici à des questions de principes sur la nature même de la métaphysique. Mais on peut constater avec plaisir un accord réel sur la question de méthode.

Un principe essentiel de la méthode réaliste, nous l'avons déjà vu, est celui des relations externes. M. Dewey l'a appelé « la traverse qui mène au réalisme » et il n'a pas cru pouvoir s'y engager [2]). Sans soutenir le moins du monde la doctrine théorique des relations internes, M. Dewey doute qu'on puisse appliquer, sans plus, la doctrine opposée à la connaissance. Sait-on bien si l'objet de la connaissance n'est pas modifié dans sa notion ou dans son existence, lorsqu'il devient objet de connaissance ? Cela est vrai lorsqu'on considère la connaissance à l'état achevé, mais non quand

---

1) Telle est la méthode suivie par saint Thomas et ses continuateurs. Voir, par exemple, *Summa Theologica*, I, q. 87, a. 1, et le développement dans les questions 75-89 de la même partie ; ou encore le commentaire sur le περὶ ψυχῆς d'Aristote et les exposés modernes : SERTILLANGES, *Saint Thomas d'Aquin*, II, Paris, Alcan, 1910, pp. 79 ss. ; et MERCIER, *Psychologie*, 8ᵉ éd., Louvain, 1908.

2) *The Short-Cut to Realism Examined*, *Journ. Phil. Ps. Sc. M.*, VII (1910), pp. 553-557. Voir la discussion avec M. SPAULDING à ce sujet, *ib.*, VIII (1911), pp. 63-79, 560-579.

on envisage son dynamisme. La connaissance est un mouvement, un acte de la vie consciente ; elle progresse par une
transformation continuelle de l'objet ; à la fin de l'investigation, celui-ci est devenu tout différent de ce qu'il était au
début. Puis, la connaissance n'est pas sa fin à elle-même.
Elle prépare l'action ; par celle-ci le sujet modifie la réalité
environnante. Ainsi la connaissance inerte que décrivent les
néo-réalistes est un type irréel.

Cette critique, on le voit assez, ne fait que répéter les
confusions pragmatistes entre l'intelligence et l'action ; pour
être ordonnée à celle-ci, la première ne se confond pas avec
elle. La réaction du sujet sur l'objet est un résultat de la
connaissance, mais elle ne lui est pas essentielle. Enfin rien
ne permet de douter qu'on puisse appliquer à l'épistémologie la théorie externe des relations : si elle est valable en
soi, elle pourra s'appliquer partout où il y a des termes et
des relations ; il faudra seulement examiner pour chaque
cas si une relation est interne ou externe. Aucune raison
a priori ne s'oppose à ce que la théorie externe se vérifie.
Nous ne pouvons ici que répéter avec M. Spaulding et
accentuer ce que nous avons dit il y a un instant : en
dehors de relations exprimables, on ne conçoit pas ce que
peut être le rapport qui existe entre l'objet et le sujet.

Si cette relation n'a pas pour nous un caractère particulièrement mystérieux, nous ne partagerons pas le scepticisme de M. Fite [1]) qui voudrait éviter la difficulté
métaphysique en considérant davantage le milieu social. On
peut, dit-il, douter de l'existence de son pupitre ou de son
fauteuil — les deux seules pièces du mobilier du criticiste
anglais ou américain ; — mais qui peut douter de l'existence des autres hommes ? Qui peut sérieusement se deman-

---

1) *The Theory of Independence, Once More, Journ. Phil. Ps. Sc. M.*, X (1913),
pp. 546-551.

der si nous entrons en relations avec eux ? Peut-être cette relation pourrait-elle servir de type à toute relation épistémologique. M. Fite oublie que les choses, le milieu social aussi bien que l'autre, ne nous sont connues que comme des êtres présentant d'abord et surtout des caractères fondamentaux objectifs : ce sont des choses douées de qualités, placées dans des relations déterminées. Pour justifier la connaissance que nous en avons, il faut utiliser ces notions objectives en elles-mêmes ; les soi-disant intuitions de la réalité sociale nous ramèneraient tout au plus au réalisme bâtard du pragmatisme.

Une difficulté plus sérieuse est celle de M. Husik [1]). Le procédé de M. Perry n'est-il pas un peu sommaire ? L'indépendance, bien qu'exprimée par un mot négatif, est un attribut positif ; mais de plus on peut douter si l'énumération des modes de dépendance est complète. M. Perry, par exemple, n'a parlé de causalité qu'au sens scientifique, phénoménal du mot. M. Husik, qui a lu d'anciens scolastiques, voudrait qu'on ne passe pas sous silence leur doctrine de la causalité métaphysique, de l' « activité créatrice », comme dit dédaigneusement M. Perry. N'est-ce pas elle, au fond, qui inspire les théories idéalistes, bien qu'on ne la nomme jamais ? Ce dédain nous paraît, en effet, maladroit. Si cette théorie de la causalité n'est guère à la mode, elle n'est pas tout à fait négligeable [2]). Le silence de M. Perry à ce sujet tient à un défaut capital du néo-réalisme sur lequel nous reviendrons plus tard : l'absence d'une métaphysique de l'être et de la connaissance. Seule une pareille doctrine

---

1) *Theory of Independence, Journ. Phil. Ps. Sc. M.*, X (1913), pp. 347-353.
2) Voir ce qu'en dit M. Douglas Clyde Macintosh, *Is Realistic Epistemological Monism Inadmissible ? Journ. Phil. Ps. Sc. M.*, X (1913), p. 704. Nous nous sommes expliqué un peu plus longuement sur cette notion dans nos *Remarques métaphysiques sur la causalité, Annales de l'Institut Supérieur de Philosophie*, IV, Louvain, 1920, pp. 221-267.

résoudrait les antinomies que n'osent affronter les descriptions plus ou moins biologiques des néo-réalistes.

Enfin, une dernière difficulté nous permettra de serrer le problème épistémologique de plus près. Le critique toujours averti qu'est M. Lovejoy voit dans le néo-réalisme une contradiction foncière : le monisme épistémologique serait en opposition formelle avec le réalisme [1]). Si l'objet de la connaissance est immédiatement présent à l'esprit, et si tout ce qui est connu est réel, comment l'erreur est-elle possible ? Comment expliquer la relativité des sensations dans un monde si objectif? Quelle place trouver, dans cet univers, pour des phénomènes aussi manifestement subjectifs que les sentiments personnels, les désirs, les résolutions ? En résumant, dans le chapitre suivant, les réponses des réalistes à ces questions, nous aurons achevé l'exposé de leur théorie de la connaissance, et nous pourrons l'apprécier dans son ensemble.

1) Cf. *Reflections of a Temporalist on the New Realism. Journ. Phil. Ps. Sc. M.*, VIII (1911), pp. 589-599 ; *Realism versus Epistemological Monism, ib.*, X (1913), pp. 561-572 ; *On the Existence of Ideas, The John Hopkins University Circular*, 1914, n° 3, pp. 42-99.

CHAPITRE VI

Le problème de la vérité et de l'erreur

A tort ou à raison, le problème de la vérité et de l'erreur passe pour être la pierre de touche du réalisme épistémologique. Il se peut qu'il présente à l'idéalisme lui-même d'insurmontables difficultés [1]) ; historiquement, il faut reconnaître qu'il a contribué puissamment à l'abandon du réalisme [2]) ; de toute façon, en essayant de lui donner une solution, le néo-réalisme s'achèvera et se justifiera complètement [3]). Nous pourrons alors juger l'ensemble de ses théories de la conscience. Les essais de réponse à la question présente sont variés. Après les généralités de M. Perry, il nous faudra voir comment MM. Montague, Holt, Spaulding et Pitkin tàchent de concilier le monisme épistémologique et le fait de l'erreur. Il nous faudra parfois, à cette occasion, remonter plus haut, et exposer au long l'idée qu'ils se font de la conscience elle-même. Leurs travaux n'ont point paru concluants à d'autres réalistes dont nous exposerons les idées, avant de prendre parti.

---

1) Cf. PERRY, *Some Disputed Points in Neo-Realism, Journ. Phil. Ps. Sc. M.*, X (1913), p. 462.
2) Cf. *New Realism*, pp. 2-4, 251-252, 300, 303.
3) Cf. SPAULDING, *New Rationalism*, pp. 433, 438-439, 440.

I

Le « monisme épistémologique » de M. Perry n'exclut pas toute subjectivité [1]). Il veut plutôt préciser ce qu'il faut entendre par « subjectif ». Si l'on ne peut admettre qu'il y ait un « domaine purement subjectif », qui serait une substance particulière ou un assemblage d'entités à part, il faut pourtant dire que le subjectif existe. Est subjectif, ce qui dépend de la conscience. Il est vrai qu'en l'analysant, on trouvera toujours des éléments indépendants, pareils à ceux des entités physiques ; à proprement parler, l'arrangement seul est dû à l'action de la conscience, et, en un sens, il n'y a rien de purement subjectif.

La conscience choisit ses objets dans le milieu ; par le fait même, ils acquièrent, outre leurs relations objectives, des relations nouvelles, mais ils ne deviennent pas pour cela proprement subjectifs. Cependant il y a lieu de tenir compte de l'arrangement de ces éléments objectifs, du point de vue sous lequel la conscience les saisit. La présence des éléments objectifs dans la conscience dépend des lois psycho-physiologiques de la sensibilité, du seuil, de l'attention ; en les étudiant, on pourra voir jusqu'à quel point le groupement nouveau modifie les objets, et résoudre, par exemple, le problème des qualités secondaires.

Nous verrons plus loin comment la valeur suppose la conscience, mais sans en être complètement dépendante. De même, l'œuvre d'art, l'histoire, la société, la vie, ne se font que par la conscience, mais elles ne sont pas ses créations exclusives ; elles sont surtout des produits de l'action, dirigée par la connaissance, et elles comprennent des

---

1) Voir, pour ce qui suit, *Pres. Phil. Tend.*, pp. 323-328 ; *New Realism*, pp. 136-151 ; *The Truth Problem, Journ Phil. Ps. Sc. M.*, XIII (1916), pp. 505-515, 561-573.

éléments physiques indépendants ; si ceux-ci sont modifiés,
ce n'est pas par la seule connaissance, mais bien par l'action,
et de plus, les produits de ces activités sont entièrement
indépendants de toute connaissance ultérieure, qui ne
s'accompagnera pas d'une action nouvelle. D'une manière
générale, la subjectivité ou « dépendance vis-à-vis d'une
conscience primaire » n'implique pas la « dépendance par
rapport à une conscience secondaire » ; nouvelle raison pour
justifier aussi l'introspection : un état de conscience ne
dépend pas de la connaissance ultérieure qu'on en a.

La subjectivité, sans être elle-même l'erreur, rend compte
de sa possibilité. Autre chose est d'entretenir des imagina-
tions fantaisistes, voire de battre la campagne, autre chose
est d'y croire. Il n'y a d'erreur que lorsqu'on prend une
fiction pour un fait, et il n'y a de vérité que lorsqu'on
affirme avec raison qu'un contenu de conscience est en
même temps un fait, un objet indépendant. La vérité est
caractérisée par un mélange de dépendance et d'indépendance par rapport à l'esprit. Elle intéresse à la fois l'esprit
et le milieu. Suivant la formule, de saveur pragmatique, de
M. Perry, « l'erreur et la vérité proviennent de la divergence ou de l'harmonie pratique entre des ensembles subjectifs et des ensembles d'un autre ordre » [1]). C'est bien aux
pragmatistes que M. Perry fait honneur de cette découverte.
L'accord avec le milieu qui se réalise dans la vérité est tout
pratique ; il s'impose à notre action et se constate par elle.
Une idée ne doit pas, pour être vraie, copier son objet, ou
lui ressembler, il suffit qu'elle le désigne.

Croire à un contenu de conscience, c'est l'adopter en vue
de l'action. La vérité est relative à l'intérêt qui nous guide
dans le milieu où il faut agir ; une idée peut être fausse si
je veux m'en servir pour agir sur le milieu physique, et

1) *Pres. Phil. Tend.*, p. 325.

vraie dans le domaine de la fantaisie, si je cherche simplement à collectionner des cas d'illusions. Même dans ,un
raisonnement, une idée n'est vraie ou fausse que lorsqu'elle
me conduit à agir conformément ou non aux circonstances.
La vérité et l'erreur ne dépendent donc pas seulement de
l'intérêt, du but poursuivi et des moyens employés, elles
dépendent du milieu objectivement déterminé. Quelque
désir qu'on ait d'aller à la pêche des sirènes, dit M. Perry,
il est vain de tenter de pourvoir ainsi à sa subsistance ; car
les faits ne le permettent pas. L'idée de sirène est faite
d'éléments indépendants de la conscience, mais leur union
est arbitraire. « Le fait exprimé par le jugement : Il n'y a
a pas de sirènes, est qu'une sirène est un composé subjectif
et non physique » [1]). Ainsi donc le milieu, les faits, constituent un absolu, qui, pour n'être pas un Absolu divin, éter-
nel, n'en oppose pas moins une barrière infranchissable aux
fantaisies subjectives.

Avec M. Montague, il faut préalablement aborder le problème de la conscience qu'il formule à peu près en ces
termes : Un courant nerveux, action physico-chimique parfaitement observable, se propage le long d'une fibre nerveuse ; à un moment donné, il se passe un événement d'une
nature toute différente, un fait psychique, accessible à la
conscience du seul observateur. Comment expliquer cette
différence entre l'antécédent et le conséquent ? La nature
présente bien d'autres transformations d'énergie ; mais
d'ordinaire, ces activités restent du même ordre ; ici il y a
entre les deux faits une diversité qualitative. Comment
trouver place pour la conscience dans le cycle fermé de la
nature physique ? Quelle continuité peut-il y avoir entre ces

1) *Pres. Phil. Tend.*, p. 327.

deux ordres de phénomènes [1])? Comment concevoir que la conscience soit bien une partie du monde réel et non un être fantastique et surnaturel?

Deux solutions extrêmes doivent être rejetées : le « panpsychisme » et le « panhylisme ». Le premier n'est qu'un idéalisme plus ou moins déguisé ; on connaît assez ses lacunes ; celles du « panhylisme » ne sont pas moins graves : il n'admet d'autres réalités que celles qui sont étendues dans l'espace et le temps ; il n'y a plus de conscience, mais seulement des objets et des organismes : autant dire que les objets seuls existent. Et que deviennent, dans ce monde purement objectif, les perceptions contradictoires? Faudrat-il admettre qu'il existe des cercles carrés, des silences bruyants, des contradictions réelles?

Pour résoudre la difficulté, il faut substituer aux théories statiques de l'univers, une conception dynamique : la notion de causalité ou d'énergie opérera la synthèse de la nature et de la conscience. M. Montague appelle son système « hylopsychisme » ; d'après lui, « *la potentialité du physique est l'actualité du psychique, et la potentialité du psychique est l'actualité du physique. Ou, pour exprimer la même chose sous forme de définition de la conscience : La conscience est la présence potentielle ou implicative d'une chose à un endroit ou dans un temps où cette chose n'est pas présente actuellement* » [2]).

---

1) Cf. *Consciousness a Form of Energy, Essays in Hon. of W. James,* pp. 105-106. Dans ce qui suit, nous nous inspirons du mémoire cité, pp. 105-134 du recueil en question, de l'étude : *A Realistic Theory of Truth and Error* dans *New Realism,* pp. 251-300, et des articles : *Contemporary Realism and the Problems of Perception, Journ. Phil. Ps. Sc. M.,* IV (1907), pp. 374-383; *Consciousness and Relativity, ib.,* V (1908), pp. 209-212 ; *Unreal Subsistence and Consciousness, Phil. Rev.,* XXIII (1914), pp. 48-64. Ce dernier article, réponse à des critiques de M. Lovejoy, est très important pour l'intelligence des idées de M. Montague et de la notion d'entité subsistante en général.

2) *New Realism,* p. 281.

Le monde physique est un ensemble de qualités étendues dans les trois dimensions de l'espace, auxquelles on peut ajouter comme une quatrième, le temps. Cet ensemble embrasse toute la réalité — excepté deux catégories importantes et parfaitement réelles, la causalité et la conscience. Les phénomènes du monde physique présentent un certain ordre, une régularité au moins approximative ; ils ne sont pas étrangers les uns aux autres, mais ils se compénètrent et se déterminent les uns les autres par leur activité. Cet aspect de la nature nous la montre dominée par la causalité. La causalité est donc bien une notion objective. Ici encore, nous rencontrons une double opposition : les substantialistes admettent la causalité, mais ils ne parviennent pas à en rendre raison, parce qu'ils séparent le monde en êtres isolés ; les positivistes la nient, ou en font tout au plus une simple succession de phénomènes. Mais il faut bien y voir une action réelle ; si l'on veut s'en faire une idée plus précise, c'est à la notion de force, d'énergie, de tension (stress) telle que la concevaient les anciens physiciens comme Faraday, qu'il faut recourir. Si les êtres sont des centres d'énergie, la causalité est une énergie actuellement invisible, mais non moins réelle pour cela. Le propre de la causalité est d'établir une relation, non point abstraite et statique, mais dynamique et réelle, entre les différents objets. Elle fait qu'un objet se dépasse en quelque sorte lui-même (self-transcendence) ; il est présent en d'autres temps et d'autres lieux que là où il existe. C'est, si l'on veut, un rapport de potentialité qui inclut aussi bien la « présence virtuelle rétrospective d'une cause dans son effet, que la présence virtuelle prospective d'un effet dans sa cause » [1]).

Considérons maintenant la conscience, telle qu'elle apparaît à l'introspection. Au lieu de la divisibilité du

1) *Unreal Subsistence and Consciousness, Phil. Rev.*, XXIII (1914), p. 57.

monde matériel, la conscience, « la psychose » présente une
unité qui embrasse les objets les plus divers, abstraits et
universels aussi bien que physiques et concrets. De plus,
elle s'étend au delà de l'instant présent, aussi bien dans le
passé que dans l'avenir. Le monde physique, considéré
comme statique, ne peut expliquer cette présence d'objets
distants et différents dans mon esprit. Lorsque je pense à
un objet long de trois pieds, je n'ai pas dans mon cerveau
une longueur de trois pieds ; je puis songer aux empereurs
romains, et pourtant ils ne sont pas des processus nerveux
d'une personne qui habite New-York. Nous retrouvons
ainsi l'antinomie du panhylisme et du panpsychisme, comme
nous avons rencontré pour la causalité l'antinomie du sub-
stantialisme statique et du positivisme.

Ne serait-ce point la réponse que nous cherchions ? Ne
faut-il pas résoudre de la même manière ces deux problèmes
parallèles ? Rapprochées l'une de l'autre, les deux difficultés vont se résoudre en se complétant « comme les deux
moitiés également incompréhensibles d'un *puzzle* ». « Sup-
posons que cette potentialité de cause à effet, qui, du point
de vue objectif, ne peut être décrite qu'indirectement
comme une possibilité d'autres événements, soit en elle-
même et réellement la *conscience* de ces autres faits ; alors
la potentialité causale serait actuelle ou réelle, comme le
substantialiste l'admet, et le positiviste, de son côté,
pourrait continuer à soutenir que cette potentialité n'est
pas un type d'être nouveau et inintelligible » [1]). Avec les
panhylistes, on pourra dire que la conscience n'est pas un
objet nouveau, étranger au monde matériel, mais une possibilité des objets qui constituent son champ ; avec les
panpsychistes on pourra définir les objets comme des possibilités de perception ; le sens positif de ces thèses reste

1) *New Realism*, p. 279.

debout, seul leur exclusivisme disparaît. Il y a entre la conscience et le phénomène cérébral une relation analogue à celle du mot et de sa signification : la signification est « dans » le mot, et pourtant la chose signifiée peut être tout autre que le mot.

Les organismes sont des centres particulièrement riches d'énergies variées. Cela explique que la conscience s'y manifeste avec la diversité de ses fonctions. L'énergie peut s'y concentrer et imprimer aux objets cette finalité qui est la marque propre de la conscience, sans nuire aux lois mécaniques. Si l'on peut, dans la conscience, distinguer trois aspects, la mémoire, l'expectation et la perception extérieure, on trouve aussi dans la causalité trois « directions » qui leur sont symétriques : tout événement est à la fois effet d'événements antérieurs, cause d'effets subséquents et en interaction réciproque avec des événements contemporains dans le même espace ; il regarde en même temps en arrière vers le passé, en avant vers l'avenir et à l'extérieur dans l'espace.

Cette théorie de la conscience va nous permettre de rendre compte de la nature et du fait de la vérité et de l'erreur. Mais il nous faut d'abord définir ces notions. La vérité et la fausseté ne sont pas des propriétés psychologiques de la pensée, mais des propriétés relatives du jugement pour autant qu'il se rapporte aux choses. Le vrai est la même chose que le réel, mais considéré sous un autre angle ; il y a entre ces deux aspects du même objet la même différence qu'entre George Washington et le président George Washington : une différence de relations. Qu'est-ce donc que la réalité ? M. Montague distingue d'abord, parmi les objets de pensée, les entités subsistantes, qui comprennent même les objets contradictoires et impossibles ; puis les « événements » (events), groupes de qualités occupant une place déterminée dans l'espace et le temps ; enfin les relations abstraites impliquées ou présupposées par le monde spatial et temporel, comme : l'orange ressemble plus au jaune qu'au vert, $7 + 5 = 12$; ce dernier groupe est donc une subdivision des êtres subsistants. Tous ces objets peuvent être exprimés par des propositions. La croyance, èst l'attitude que nous prenons à l'égard d'une proposition qui paraît vraie ou réelle ; elle comporte une tendance à agir conformément à cette proposition.

Les objets physiques, en émettant de l'énergie, sont causes de la connaissance ; si rien ne trouble leur action; cette connaissance est vraie. En effet, ils produisent dans le cerveau un effet qui les implique eux-mêmes ; cet effet n'est pas connu lui-même, mais il est l'intermédiaire de la connaissance ; il sert à remonter à sa cause, non par un raisonnement, une implication abstraite, mais par un rapport concret. Seulement, l'erreur est possible, d'abord parce que l'énergie n'est qu'une tendance, qui peut être contrecarrée par des accidents, puis parce que la relation d'un effet à sa cause n'est pas toujours déterminée avec évidence ; il peut y avoir équivoque, un même phénomène pouvant être le résultat de causes différentes ; ainsi l'interprétation erronée est possible : c'est le cas des illusions ; l'esprit est alors victime de la tendance à prendre pour vraie l'implication la plus simple ; il se guide d'ailleurs aussi, parfois à tort, sur son expérience antérieure ; de plus, les énergies en conflit expliquent les divergences de l'attention, sources de nombreuses erreurs.

La vérité provient parfois de ce que l'effet de l'énergie a été produit sans altération et correctement interprété. Plus souvent, il a fallu corriger les déviations partielles, soit par les tendances innées ou acquises, soit par d'autres perceptions ; à force de connaître les causes possibles d'une stimulation, on reconnaît mieux les véritables. Plusieurs photographies inexactes donnent parfois une idée plus juste d'un sujet qu'une seule qui est pourtant bonne. C'est ainsi que nous rectifions par le toucher et par la mémoire visuelle la perception du bâton courbé dans l'eau. Mais pour que cette correction soit possible, il ne faut pas que la position dans l'espace et le temps varient en même temps que les qualités, sinon il serait impossible de découvrir l'écart. Le problème des qualités secondaires ne sera résolu que lorsqu'on aura pu comparer exactement les énergies primaires de l'objet et les voies cérébrales par où elles passent. Notre connaissance du monde est, en somme, inadéquate, mais fidèle dans ses grandes lignes.

Dans la connaissance erronée, ce qui est perçu, c'est un objet purement subsistant. Celui-ci ne passe pas pour cela à l'état d'être existant : le prétendre serait retomber dans l'erreur idéaliste de l'*esse est percipi* ou du *percipi est esse*. Les sirènes n'existent pas et n'ont jamais existé, pas même dans l'imagination des poètes qui les ont rêvées ; elles n'ont d'effet que sur la conduite de ceux qui y croient. Les êtres réels au contraire, sont ceux qui produisent des effets dans le monde réel, spatial et temporel ; il ne faut pas pour cela qu'ils soient eux-mêmes dans le temps et l'espace, il suffit qu'ils y soient impliqués. M. Montague n'est pas disposé à sacrifier au relativisme, même en matière de qualités sensibles : il est faux qu'un objet objectivement soit bleu pour moi et vert pour vous, carré par rapport à telle position, rhomboïdal par rapport à telle autre ; il peut apparaître différemment à divers sujets, parce qu'il produit sur eux des effets différents ; mais il n'est pas constitué par ces effets ; il reste ce qu'il est en lui-même [1]).

---

1) Telle est l'idée à laquelle M. Montague s'arrête dans son dernier article, *Phil. Rev.*, XXXIII (1914), pp. 54-56 ; tout relativisme lui paraît dangereux pour le réalisme, et il se défie des idées de certains réalistes plus radicaux, influencés à leur insu par l'idéalisme. Mais auparavant, il ne craignait pas de dire qu'un même objet pouvait avoir des propriétés sensibles différentes et même opposées

Que devient, dira-t-on avec M. Lovejoy, le monisme épistémologique [1])? Ne revenons-nous point à la notion d'un intermédiaire de la connaissance, décalque de l'objet réel? Non, car l'effet des objets perçus n'est point aperçu pour lui-même. Quand je perçois ou que je me rappelle un objet, c'est lui-même que j'atteins, non la trace qu'il produit dans le cerveau. L'objet dans la nature est un complexus de qualités, considéré comme existant dans un contexte spatial et temporel ; l'objet perçu n'est autre que ce même complexus, mais en tant qu'il est impliqué par un phénomène cérébral.

M. Montague résume lui-même toute sa théorie en la symbolisant de la manière suivante : Appelons l'objet existant dans la nature Oe, l'état cérébral Oc, et l'objet appréhendé Op. Dans le cas le plus simple, Oe sera la cause de Oc et dans tous les cas, Op sera impliqué par Oc. Ce sont les trois sommets du « triangle épistémologique » ; leurs relations serviront à caractériser la connaissance. On peut les comparer à des images d'un objet lumineux sur un miroir : Oe sera l'objet lumineux, Oc l'effet produit sur la surface du miroir, et Op l'image virtuelle vue derrière le miroir ou à travers. Il peut se faire que l'image virtuelle coïncide en qualité et en position avec l'objet réel ; c'est le cas lorsque l'objet lumineux est placé derrière le miroir et que son image y est renvoyée à l'aide d'un premier miroir. Il est vrai que dans un triangle, deux sommets ne peuvent jamais être identiques, comme peuvent l'être la cause du phénomène cérébral et l'objet perçu ; à part cela, la comparaison de M. Montague est suggestive.

d'après les individus et les points de vue, et que l'objet réel n'était autre que la somme des points de vue possibles ; mais il ajoutait que ces points de vue devaient s'harmoniser entre eux et avec l'aspect collectif et social de l'univers. Cf. *Contemporary Realism and the Problems of Perception, Journ. Phil. Ps. Sc. M.*, IV (1907), pp. 382-383 ; *Consciousness and Relativity, ib.*, V (1908), pp. 211-212.
1) Cf. *Error and the New Realism, Phil. Rev.*, XXII (1913), pp. 416-418.

MM. Holt et Pitkin sont d'accord avec M. Montague
pour dire que la conscience sert à dépasser les bornes
étroites de l'espace et du temps où les objets individuels
sont renfermés et qu'elle est un moyen pour l'organisme de
s'adapter à des objets distants. Mais ils n'admettent pas
que la causalité soit un rapport transcendant d'un être à un
autre. La caractéristique de l'organisme n'est pas la modification d'une énergie, mais la réponse spécifique à une
excitation. M. Holt admet l'existence d'erreurs et d'illusions
objectives, et M. Pitkin cherche à substituer à la théorie
de la « coupe longitudinale » [1]) de la conscience une théorie
de la « coupe transversale ». Commençons par exposer les
idées de M. Pitkin [2]).

L'organisme est placé dans le milieu spatial et temporel,
lequel est composé d'objets qui sont autant de centres
d'énergies rayonnant en tous sens ; l'organisme doit s'y
adapter, tantôt en s'emparant de l'un de ces centres d'énergies pour se l'assimiler, tantôt en s'en rapprochant ou s'en
éloignant pour subir d'une manière convenable l'action de
ses énergies. Il doit pour cela s'adapter non seulement aux
objets présents, mais aussi à des objets situés au loin, ou qui
ont existé ou existeront à d'autres moments du temps, car
tous peuvent exercer sur lui une certaine action. Pour les
repérer, il ne lui suffit pas de connaître un point unique de
la ligne que suit l'énergie irradiée ; un seul point ne donne
ni la direction ni la distance du centre ; ces déterminations
sont fonction de plusieurs facteurs différents.

---

1) Cf. *New Realism*, pp. 482-486, où l'on trouvera encore d'autres remarques
de ces auteurs, et pp. 480-482, certaines remarques de M. Montague.

2) Cf. *Some Realistic Implications of Biology, ib.*, pp. 433-467; *Time and the
Percept, Journ. Phil. Ps. Sc. M.*, X (1913), pp. 309 319 ; *The Empirical Status
of Geometrical Entities, ib.*, pp. 393-403; *Concepts and Existence, ib.*, XI (1914),
pp. 131-134 ; *Rejoinder to Professor Bush, ib.*, pp. 383-385 ; *Time and Pure
Activity, ib.*, pp. 521-526 ; *World-Pictures, Essays in Hon. of W. James*,
pp. 195-229.

Or, M. Pitkin trouve dans cette situation une curieuse analogie avec les caractères de la géométrie projective. Celle-ci, en effet, fait abstraction de la quantité pour ne considérer que la qualité des figures ; mais du moment que les figures ne sont plus déterminées par la distance, il faut un ensemble de relations bien plus complexes pour les différencier. De plus, leurs différences qualitatives sont constantes et indépendantes de leur distance et de leur direction par rapport au centre de projection. De même, les propriétés du monde physique sont indépendantes par rapport au sujet connaissant qu'on peut comparer au centre de projection ; les relations des objets physiques entre eux sont transversales par rapport à celles qu'elles ont avec ce centre, c'est-à-dire qu'elles appartiennent à une autre « dimension », un autre ordre : ainsi se caractérise la différence entre le monde physique et le monde connu ; c'est toujours le même monde, mais dans des relations différentes. Le sujet est donc le centre de projection ou « référent projectionnel » comme dit M. Pitkin ; il est individuel, distinct des objets dont il subit l'influence et auxquels il réagit. La conscience n'est pas l'adaptation, mais le moyen de la préparer. Elle me met en rapport avec des objets très divers, qui ont entre eux des relations variées. Les objets m'apparaissent à travers la conscience comme à travers un plan de projection interposé ; mais le plan de projection n'est pas du même ordre que les objets projetés ; de là vient que les relations entre les objets spatio-temporels perçus ne sont pas nécessairement des relations spatio-temporelles : elles peuvent être, par exemple, des relations d'implication. Grâce à la conscience, je puis me mettre en rapport avec les objets de l'univers entier, et même avec des objets imaginaires ; je puis m'intéresser à ceux-ci par curiosité ou par jeu, je puis aussi les prendre au sérieux, y conformer ma conduite, comme s'ils étaient des objets physiques, et dans ce cas, je suis dupe de ma propre conscience.

L'erreur s'explique facilement. Une foule d'entités contenues dans le monde sont projectivement indiscernables ; elles ont des valeurs multiples, parce qu'elles ne sont pas déterminées au point de vue métrique. Pour les déterminer adéquatement, il faut des comparaisons nombreuses et des opérations multiples. Ainsi une ligne peut avoir des directions diverses et des longueurs différentes d'après la perspective ; on ne se rend compte de son identité véritable que par le contexte. Ainsi les mêmes concepts peuvent s'appliquer à des objets multiples et à des situations variées. Rien n'est plus facile que de les interpréter à tort ; l'erreur n'est pas une pure construction subjective, elle-résulte de la nature même du monde. Par des contrôles répétés on parvient à l'éliminer en précisant les objets auxquels on doit réagir. Le système nerveux, loin d'être la cause de l'erreur, est au contraire un moyen de s'adapter plus sûrement à ce monde dont l'erreur et l'illusion sont une caractéristique. Ainsi les erreurs et illusions des sens sont dus tout simplement aux multiples relations d'un objet ; une colline peut aussi bien avoir différentes couleurs d'après les points de vue qu'elle a des distances différentes par rapport à plusieurs points ; le spectroscope montre d'ailleurs qu'il s'agit de couleurs physiques. Croire que les objets ne peuvent avoir qu'une seule relation, c'est revenir à la théorie interne, à laquelle le néo-réalisme a renoncé définitivement. Par conséquent, il faut se faire à l'idée d'objets caractérisés par des relations différentes, qu'on ne peut pas toujours discerner. Nos perceptions retardent généralement sur leur excitant ; elles vont jusqu'à nous le faire percevoir après qu'il a cessé d'exister. On a fait grand état contre le réalisme de cette erreur de temps inhérente à la perception. Mais les objections viennent de ce que l'on ne veut pas croire à la réalité du passé : on croit que l'actuel, l'existant seul est réel ; or, l'existant se caractérise par sa position dans le temps. Comment donc le temps ne serait-il pas réel ? A moins de dire que l'existant n'est pas réel non plus ! Le temps et la succession sont des éléments qui composent le monde tel qu'il est ; le passé agit sur le présent, c'est un fait universel, et non une particularité de la perception. Pourquoi dès lors y voir une difficulté propre à celle-ci ?

M. Pitkin ne souscrirait sans doute plus aujourd'hui à toutes les affirmations de son étude parue en 1908 sous le titre de *World Pictures* dans les *Essays* offerts à William James. Il y assimilait les idées à des images du monde extérieur, bien imparfaites, d'ailleurs ; ce seraient plutôt des traces, des vestiges, que des images au sens ordinaire du mot ; M. Pitkin ne les compare-t-il pas à la trace que laissent sur une toile les pinceaux du peintre ? Cette trace, dit-il, est aussi une image des pinceaux ! M. Pitkin semble bien éloigné maintenant de ces thèses phénoménistes. Sa théorie de la conscience est déjà d'un tout autre ordre. De plus, il accorde aux entités géométriques une existence même physique. Il faut, dit-il, supprimer le vieil antagonisme des sens et de l'intelligence. Celle-ci n'est pas seule à connaître les objets géométriques. Rien n'empêche une ligne droite, par exemple, d'être un objet perceptible aussi bien qu'intelligible. De fait, nous croyons spontanément que les lignes qui terminent les objets physiques, le faîte d'un toit vu de loin, par exemple, répondent adéquatement aux définitions mathématiques. Sans doute, vue de près, cette ligne se montre brisée ou ondulée ; c'est que l'objet physique n'est pas parfaitement droit ; mais il n'en est pas moins exact qu'à un moment donné j'ai perçu avec mes yeux une ligne droite. Les qualités sensibles ne s'évanouissent-elles pas aussi lorsqu'on emploie des instruments plus précis ? Et cependant, peut-on nier que nous les percevons de fait ? Les propositions mathématiques sont impliquées dans l'espace physique et peuvent servir à le définir. La logique et les mathématiques n'en sont pas moins des sciences abstraites, dont les objets sont purement subsistants, parce que ces objets sont des parties des objets physiques qui ne peuvent exister seuls ; l'existence leur appartient en tant que, unis à d'autres éléments, ils constituent les objets de la nature ; mis en relation avec d'autres éléments, ils forment les complexus subsistants, objets des sciences abstraites.

M. Holt n'accorde pas beaucoup de valeur à l'introspection, dans l'étude de la conscience [1]). A tort y a-t-on vu le seul moyen de connaître vraiment la conscience ; elle n'en atteint qu'une faible partie, la conscience réfléchie ou personnelle (self-consciousness), conscience du second ordre, pour ainsi dire. C'est à cause de cette confusion entre la conscience réfléchie et la conscience en général qu'on en est venu à parler de sensations inconscientes ou subconscientes ; autant vaudrait dire conscience inconsciente. Il suffit, d'ailleurs, de songer aux conditions de l'introspection pour voir combien elle est limitée et faillible : ne faut-il pas d'abord que l'objet soit explicitement remarqué, puis qu'il soit retenu ? Or, la mémoire est si faible, si intermittente ! Un peu de temps suffit à l'effacer, une excitation différente en fait disparaître, au moins momentanément, toute trace. La conscience est plus étendue que cela ; elle est la réponse spécifique, le mode de comportement de l'organisme vis-à-vis du milieu ; non du milieu tout entier, mais de la partie choisie par le sujet, que ce soient des objets physiques ou des éléments abstraits, tels que l'accélération, la rapidité

1) Les idées de M. Holt sont exprimées dans *Conc. of Consc.*, surtout à partir de la p. 166 ; *The Place of Illusory Experience in a Realistic World, New Realism*, pp. 303-373; *Response and Cognition, Journ. Phil. Ps. Sc. M.*, XII (1915), pp. 365-373, 393-409.

d'un mouvement. De ce point de vue, elle se confond avec l'arc réflexe, non pas l'arc réflexe tronqué comme on se l'imagine souvent, consistant en une réception et une réponse, avec entre les deux un succédané de l'âme pour les transformer et les unir, mais la réaction effective de l'organisme à une situation. L'objet, c'est ce à quoi l'organisme s'adapte ; le sujet, c'est l'organisme ou le système nerveux qui répond à l'objet ; le sentiment est l'état interne de l'organisme : s'il est unifié, il y a plaisir ; s'il est dispersé, il y a déplaisir ; de l'unité plus ou moins grande et forte découle la personnalité, qui est essentiellement un caractère synthétique des qualités. C'est donc par la fonction ou le comportement que M. Holt remplace l'âme et la finalité.

En somme, la conscience est loin d'être quelque chose de simple. Il faut voir comment elle se comporte vis-à-vis du reste du monde et quels sont ses principaux éléments. La conscience permet d'entrer en rapport avec les parties les plus diverses de l'univers de l'être, et d'une manière toujours variable. M. Holt la compare quelque part à une feuille de papier percée d'un trou qu'on promènerait sur une carte géographique, de manière à en laisser apparaître tantôt une partie, tantôt une autre ; pour rendre l'analogie complète, il faut supposer que la fenêtre est susceptible de changer de forme, de se dilater et de se rétrécir à différents moments. Les sensations sont des éléments simplement présents à la conscience, sans qu'aucune signification s'y attache ; les perceptions sont des éléments organisés de manière à présenter une valeur logique ; la mémoire se rapporte aux objets passés, comme la pensée peut se rapporter au futur pour y adapter l'organisme. Mais la conscience n'est pas du tout étrangère au monde réel ; les sensations et les perceptions, par exemple, ne sont nullement en dehors du temps et de l'espace ; elles y sont aussi bien que les objets physiques ; elles sont, tout comme ceux-ci, des entités neutres ; rien ne peut être fait que d'être ; et ce sont identiquement les mêmes objets qui sont dans le monde physique et dans la conscience ; ces deux mondes sont tout simplement des systèmes d'éléments qui se coupent en un ou plusieurs endroits ; aux points d'intersection, il y a identité entre eux. Plus les points d'intersection sont nombreux, plus l'identité est parfaite.

Mais ne peut-on analyser davantage les sensations ? M. Holt semble avoir cru d'abord que les qualités secondaires sont irréductibles et strictement objectives, au moins pour l'introspection ; mais il ne manque pas d'indices, dès son premier ouvrage, pour montrer qu'il cherchait dès lors une « chimie mentale » qui ferait assimiler les qualités à des composés synthétiques, comme la molécule chimique est une synthèse d'atomes [1]).

Dans *The New Realism*, M. Holt s'efforce longuement d'établir un « atomisme psychologique » inspiré de Franz Brentano et qui rejoint une suggestion bien oubliée de Herbert Spencer. Singulière façon, à la vérité, de prouver l'objectivité des qualités sensibles, que M. Holt veut y défendre contre les critiques des physiologistes qui s'appuient sur la doctrine des énergies spécifiques de Jean Müller ! On connaît cette doctrine classique : les stimulations ne produiraient dans la conscience des sensations différentes que par suite de la diversité des énergies nerveuses des sens. Mais, dit M. Holt, le seul fait bien établi expérimentalement sur lequel elle puisse s'appuyer, c'est la production de sensations gustatives par les excitations mécaniques, chimiques ou électriques de la corde du tympan ; c'est une base bien étroite pour une théorie géné-

---

1) Cf. *Conc. of Consc.*, pp. 132-133, 137-142, 161-162, 213. Rappelons que cet ouvrage, bien que publié en 1914, était écrit dès 1908, donc avant l'essai du *New Realism*.

rale. Puis, une fois le principe admis, il n'y a aucune raison
pour ne pas admettre autant d'énergies spécifiques qu'il y a
de sensations distinctes dans chaque sens, et même de
nuances particulières de sensations ; mais une telle diversité
doit aussi faire supposer qu'il y a dans la structure des
nerfs et la nature du courant nerveux des différences nombreuses correspondantes ; or, l'observation la plus minu-
tieuse n'a rien révélé de semblable. Par contre, on a
constaté, entre le courant nerveux et les ondes physiques,
une plus exacte correspondance qu'on ne l'avait d'abord
admise ; des méthodes plus précises, telles que l'emploi du
galvanomètre, ont fait conclure à des physiologistes comme
M. Sherrington, que la fréquence du courant nerveux est
assez élevée pour égaler celle des excitants physiques.

Si maintenant nous examinons les sensations telles
qu'elles nous apparaissent, nous constatons d'abord qu'elles
présentent un ordre objectif aussi déterminé que celui des
nombres : il n'y est pas plus possible de situer l'orange
entre deux nuances de pourpre que de placer le nombre 4
entre 528 et 529. Les sensations ne sont donc pas
quelque chose de capricieux, de « purement subjectif ».
Mais il faut chercher à expliquer cet ordre d'une manière
quantitative, comme on l'a fait pour les énergies physiques.
On admet assez facilement que certaines couleurs, telles
que l'orange ou le pourpre, sont composées. Stumpf et
d'autres ont montré que les sons et les bruits peuvent être
considérés comme des combinaisons de qualités élémentaires très simples. On a reconnu dernièrement que des
sensations de différentes espèces peuvent être comparées au
point de vue de l'intensité et de la saturation, par exemple.
Tout cela invite à considérer les sensations comme formées
d'éléments homogènes, synthétisés et spécifiés par des
« qualités formelles » différentes. Une expérience récente
met ce fait en lumière : si l'on donne une série d'excitations

tactiles à une allure assez lente, les sensations sont perçues isolément ; si on augmente la fréquence, elles se fondent pour donner une impression de rugosité. Le papillotement, dans le domaine visuel, est un phénomène analogue. Cet ensemble de faits amène M. Holt à conclure que c'est une opinion amplement justifiée au point de vue expérimental que celle qui considère les qualités sensibles comme un rapport entre le nombre d'excitations et le temps dans lequel elles se produisent. La sensation élémentaire serait une impression neutre, homogène, la « densité temporelle » donnerait le caractère spécifique.

Où donc se trouvent les qualités sensibles ? Point dans le cerveau, pas plus que les autres objets. Elles sont là où elles sont perçues. La conscience est là où sont les objets auxquels réagit l'organisme ; cela est aussi vrai pour le temps que pour l'espace ; quand je perçois un événement du passé, ce n'est pas en moi que je le perçois, mais là où il s'est produit ; quand je prévois un fait à venir, c'est à son ordre dans la série temporelle. Même les objets imaginaires sont perçus en dehors du cerveau, puisque l'on réagit à un objet bien distinct du système nerveux. Il est même plus exact de dire qu'ils n'ont pas de place par eux-mêmes, mais uniquement lorsqu'ils sont rapportés à un ensemble. D'une manière générale, nous l'avons déjà dit, il y a entre ma connaissance et la réalité, identité partielle. Notre connaissance est souvent inadéquate, mais il n'y a d'autre connaissance que l'identité ; M. Holt rappelle ici l'aphorisme d'Aristote : Le connaissant en acte et le connu en acte sont identiques. Les lacunes de la connaissance symbolique sont des points où l'identité s'arrête. Pour qu'une théorie soit vraie, il faut qu'elle « corresponde » à la réalité, au système physique qu'elle doit décrire. Il n'y a pas pour cela représentation, dualisme, car un objet ne peut être représenté que par lui-même, en tout ou en partie ; la correspondance entre deux systèmes ne peut être que leur identité logique, au moins partielle. Dans le monde universel de l'être, il n'y a pas de place pour une « copie » qui serait étrangère à l'être.

Qu'est-ce donc que l'erreur et l'illusion ? Nous remarquons d'abord qu'une connaissance peut en corriger une autre ; plus on multiplie les points de rencontre entre la conscience et la réalité, plus la connaissance devient adéquate. Mais s'il y a correction, c'est qu'il y a eu conflit, contradiction. En quoi la contradiction et l'erreur peuvent-elles bien consister ? Sont-elles « purement subjectives » ? L'affirmer, ce n'est pas expliquer le fait de l'erreur, c'est l'escamoter. L'erreur n'est pas purement mentale ; elle se produit dans la connaissance, mais elle la dépasse ; elle consiste à se trouver en présence d'un cas de contrariété ou de contradiction ; mais la contradiction, sous toutes ses formes, ne peut être qu'une propriété du monde objectif. Loin d'en être bannie, la contradiction est très fréquente dans le monde. Quand une masse de fer est attirée par la terre et retenue en l'air par un aimant, il y a contradiction entre ces deux actions, ou, si l'on veut, entre les propositions qui en expriment les lois, ce qui revient au même, car, nous l'avons vu, une théorie vraie est identique à son objet. La contradiction n'est jamais le fait des images ou des simples notions, elle ne peut se produire qu'entre propositions ; parmi celles-ci elle est fréquente aussi, mais elle n'est pas toujours explicite. Et ceci va nous permettre d'expliquer plus exactement en quoi elle consiste. Le monde de l'être comprend les objets existants et ceux qui sont purement subsistants. Aucun réaliste ne dira que la contradiction existe ou qu'elle est réelle ; elle n'est même pas plus susceptible d'être pensée que d'exister. Mais elle peut se produire dans les entités subsistantes. Comment cela ? Rappelons-nous la distinction entre les termes et les propositions d'un système. Les termes doivent être compatibles entre eux, sinon ils ne peuvent exister ; or, puisqu'ils sont l'élément premier du système, ils doivent exister. Mais les propositions peuvent être opposées sans qu'on s'aperçoive d'abord de cette contradiction. De même, deux mouvements physiques opposés ne se détruisent qu'au moment de leur rencontre. Seulement, tout comme l'univers physique, les propositions sont actives, elles produisent des conséquences qui, à un moment donné, sont en contradiction. Le monde réel, existant, peut donc être assimilé à un système très compréhensif de termes en relations, et l'objet contradictoire à un ensemble de propositions stériles parce que opposées dans certaines de leurs conséquences. Cette conception dynamique de la logique explique aussi pourquoi une erreur ou une contradiction partielle peut être sans influence sur le reste du système : l'activité peut être limitée, et se produire tant que la contradiction n'éclate pas. En somme, le problème de l'erreur n'est pas un problème de la connaissance, mais un problème de l'être. Il ne sert qu'à faire ressortir l'infinie complexité de l'univers.

Nous ne nous arrêterons pas à M. Marvin qui ne s'est pas occupé du problème de la vérité et de l'erreur, mais a esquissé une théorie de la conscience fort semblable à celle de M. Holt, sinon inspirée par lui [1]). La conscience n'est autre que l'organisme réagissant à une partie du milieu, et « un champ de conscience est une certaine section transversale, une certaine collection d'entités appartenant à l'univers des entités subsistantes, et définissable comme groupe par une relation spéciale à certaines réactions corporelles » [2]).

1) Cf. *First Book in Metaphysics*, pp. 256-267.
2) *L. c.*, p. 263.

15

La conscience n'est donc qu'une relation, non une substance ;
ainsi tout dualisme est radicalement supprimé.

M. Spaulding se rapproche beaucoup aussi de M. Holt,
comme nous l'avons déjà dit. Sa théorie de la vérité et de
l'erreur s'inspire manifestement de certains principes identiques, mais appliqués avec moins de rigueur. Le point de
départ est d'ailleurs un peu différent. La connaissance ou
conscience simple, qu'il faut bien distinguer de la conscience
réfléchie ou personnelle, est une relation spécifique entre
un objet ou une situation (*state of affairs*) et un sujet ; le
sujet comporte, entre autres conditions, un système nerveux ;
le raisonnement, l'imagination, la mémoire, la perception,
sont des espèces particulières de connaissance, qui peuvent
être aperçues elles-mêmes, mais ne le sont pas nécessairement. La relation de connaissance est externe, elle ne
transforme pas l'objet.

La vérité consiste en ce qu'il y a une relation spécifique
entre le processus de connaissance et l'entité connue. S'il
n'y avait pas de connaissance, il n'y aurait pas de vérité ni
d'erreur. Mais, de plus, cette relation spécifique subsiste
lorsque, dans l'apperception, l'entité est révélée comme elle
est. Dans cet état de choses, la connaissance et l'entité
connue sont en une relation extrinsèque du type de la
relation fonctionnelle, c'est-à-dire qu'elles sont en correspondance - [1]). La vérité est d'ailleurs distincte des preuves
qui l'établissent et du sentiment subjectif de la certitude.
La notion de la vérité que nous avons décrite s'établit par
elle-même, en vertu de sa cohérence, même si l'on ne
pouvait prouver qu'on possède jamais une pareille connaissance. Et comme dans les preuves, il faut bien un point de
départ fixe, il y a des faits et des principes qui n'ont pas

---

1) *New Rationalism*, p. 423. La théorie de la conscience, de la vérité et de
l'erreur est exposée dans cet ouvrage, à partir de la p. 364, passim.

besoin d'être démontrés, mais qui s'imposent par eux-
mêmes ; les preuves de détail, par contre, sont souvent plus
ou moins sujettes au doute et à l'erreur.

Parmi les entités connues il n'y pas seulement les êtres
existants, mais aussi les entités subsistantes, telles que les
principes, les relations abstraites, parmi lesquelles se trouve
celle de la vérité elle-même. Ceci va nous permettre d'expliquer le fait de l'erreur. « L'erreur est un fait indéniable,
mais elle peut être expliquée, et les moyens de l'éviter
peuvent, dans une large mesure, être obtenus par l'acquisi-
tion d'une technique scientifique tant analytique que synthétique. « Prendre » une entité pour une autre qu'elle n'est
pas, et la localiser dans un temps ou un endroit, — ou les
deux à la fois — ou dans un univers de discours, auxquels
elle n'appartient pas, tels sont les types essentiels d'erreurs.
Mais toutes les entités, telles que les processus physiques et
mentaux, le rêve, les objets illusoires ou imaginés normalement, et tous les objets possibles, peuvent se trouver dans
un système cohérent unique, de manière à éviter toutes les
contradictions internes. Certaines entités sont existantes,
tandis que d'autres sont seulement subsistantes, mais toutes
les entités peuvent être en rapport fonctionnel et efficient,
quoique non causal, avec le processus conscient dont elles
sont le « contenu » » [1]).

Toutes ces considérations visent à faire rentrer l'étude de
la conscience et de l'erreur dans celle du monde. La conscience n'est pas un talisman qui supprime toutes les difficultés : on n'a pas expliqué l'erreur ou l'illusion quand on
a dit qu'elles sont de nature subjective. Qu'est-ce donc que
ce subjectif où l'on peut loger commodément tous les faits
gênants pour les théories philosophiques ? Le réalisme, par
sa notion des termes en relation, nous a délivrés du monisme

---

1) *New Rationalism*, p. 429.

métaphysique ; il nous a fait concevoir la conscience comme
distincte de son objet et nous a montré l'indépendance de
celui-ci. Reste à savoir quelle est, dans cet univers pluraliste, la place de la conscience et son rôle ; pour répondre
à la question épistémologique, il faut donc résoudre le
problème cosmologique, celui de la nature du monde.

L'univers est l'ensemble de tous les êtres, non seulement
des choses physiques ou organiques, qui sont des synthèses
de termes, mais des entités purement subsistantes, et des
éléments. Tous les êtres existants sont aussi subsistants,
mais la réciproque n'est pas vraie. Dans ce monde, la
contradiction est possible, en ce sens qu'il peut y avoir
opposition entre diverses entités, entre différentes choses
physiques ou des entités subsistantes, ou encore entre une
chose physique et une entité subsistante, car dans tous ces
cas il n'y a pas d'opposition absolue et inconditionnelle : la
contradiction affecte des systèmes différents, des éléments
placés dans des contextes qui ne sont pas identiques. La
contradiction interne, formelle, n'est pas réalisable, pas
plus qu'elle n'est pensable ; on peut essayer de combiner des
mots, on n'arrivera pas à former une entité contradictoire
en soi.

Une habitude persistante de pensée porte à donner, malgré tout, aux entités subsistantes une sorte d'existence
mentale. C'est encore le résultat de cette conception classique d'après laquelle la conscience ou l'âme est une substance, un milieu où habitent des idées. Cette représentation
naïve peut trouver un prétexte dans les faits d'illusion et
d'hallucination des sens. Comment, dit-on, les rails d'un
chemin de fer peuvent-ils être à la fois convergents et
parallèles ? Comment une couleur peut-elle en même temps
être différente d'elle-même ? Ou encore : Où faut-il placer
dans l'espace déjà plein le fantôme qu'on y voit apparaître ?
Comment localiser les objets hallucinatoires ? Encore une

fois, on ne prétend pas que les rails puissent être convergents et parallèles sous le même aspect, vus du même point ;
mais ils le sont lorsqu'on les rapporte à des ensembles
différents, à d'autres points de repère. La preuve qu'il en est
bien ainsi, c'est que la photographie nous montre les mêmes
contrastes que l'œil ; ces oppositions ne sont pas dues à la
conscience, mais à l'action de lois physiques. De même,
l'objet hallucinatoire n'est nullement dans la conscience : il
est là où il est perçu, mais il n'est pas existant, il ne peut
donc occuper un lieu de la même façon qu'un objet physique. L'erreur commune à tous ces raisonnements, c'est de
ne concevoir qu'un seul mode d'efficience, la causalité des
choses physiques. Mais du moment qu'on a compris qu'un
objet peut être fonction d'un autre, on ne s'étonne plus à
l'idée qu'un objet non existant puisse avoir une influence
sur une connaissance actuelle. Il en est de même des événements du passé : point n'est besoin d'imaginer qu'ils existent
dans la conscience actuellement ; ils ont existé, ils sont une
partie réelle, quoique actuellement seulement subsistante,
de l'univers ; la conformation des êtres physiques actuels
en dépend, pourquoi ne pourraient-ils pas exercer leur
action sur la conscience et être connus tels qu'ils sont ?

Que peut donc être la conscience, si elle n'est pas une
substance ? Le mot conscience en général désigne la propriété d'être connu. Mais les éléments particuliers appelés
conscients, les images, les sensations par exemple, par quoi
se caractérisent-ils ? C'est, selon M. Spaulding, en ce qu'ils
constituent une nouvelle « dimension ». En effet, ils forment
une série ou des séries comme les différentes sensations
visuelles, auditives et autres ; ils sont « organisés » par des
relations qui réduisent à l'unité les éléments séparés ; c'est
ainsi que les sensations sont fonction de l'organisme, du
milieu, des lois physiques, physiologiques, psychologiques ;
elles sont en rapport avec la série du temps et celle de

l'espace; elles-mêmes constituent une série causale. En somme, c'est le concept de dimension qui répond le mieux aux faits qui constituent la conscience ; et , comme il s'agit d'une dimension d'un ordre tout particulier, on peut dire que la conscience est une qualité à part dans le monde. Il ne semble point, par contre, qu'on puisse l'identifier à une ou plusieurs relations; elle suppose des relations entre les éléments qui contribuent à la produire ; elle peut être l'origine de nouvelles relations ; mais elle n'en est pas une, purement et simplement. Malgré ses efforts, M. Spaulding finit par déclarer les deux hypothèses inconciliables.

De tous les réalistes indépendants, M. Mc Gilvary est celui qui se rapproche le plus des signataires du programme. Il a cherché, comme . eux, à concilier le réalisme et le monisme épistémologique [1]). La conscience peut se définir, en gros, « une relation unique, qu'on ne peut analyser davantage, de « réunion » (togetherness) qui existe entre tous les objets donnés dans le champ momentané, individuel et limité de toute perception particulière » [2]). Cette relation a ceci de particulier qu'elle unit une foule d'objets en les rapportant à un centre unique, strictement individuel. Il ne suffit pas d'insister, comme l'ont fait James et Woodbridge, sur le fait que la conscience est une relation, il faut encore reconnaître que cette relation est individuelle ; sinon, on ne voit plus comment peuvent se distinguer, par exemple, deux consciences qui ont le même objet. Or, c'est le corps, déterminé dans le temps et l'espace, qui sert à reconnaître le centre conscient. Si elle n'y était rattachée, la conscience n'aurait aucune relation à un point particulier du temps ou de l'espace ; seul le corps peut fixer ses limites et sa

1) Cf. *The Relation of Consciousness and Object in Sense-Perception, Phil. Rev.*, XXI (1912), pp. 152-173.
2) *Art. cité*, p. 153.

perspective. M. Mc Gilvary nie d'ailleurs énergiquement que la conscience ne puisse pas se percevoir elle-même ; il y a une aperception directe du moi, lorsque le sujet y concentre son attention [1]).

Rien n'empêche un objet d'être, tel qu'il est, immédiatement présent à une et même à plusieurs consciences : il peut avoir plusieurs relations. Rien ne s'oppose non plus à ce qu'il présente différents aspects, d'après le point de vue. Un pupitre peut être à la fois un meuble, une masse de fibres ligneuses, une collection d'atomes. Peut-il être en en même temps une surface brune continue au toucher et à la vue, et une masse discontinue de fibres et d'atomes ? Pourquoi pas ? La philosophie réaliste ne doit pas supprimer une difficulté que la science elle-même trouve dans la nature, le problème du continu et du discontinu. Il faut accepter l'objet tel qu'il est, avec ses ambiguïtés, voire ses contradictions.

Nous voilà aux prises avec le problème de la vérité et de l'erreur. Comment une chose peut-elle être et ne pas être, un espace être à la fois vide et rempli, comme dans le cas de l'hallucination ? Il n'y a contradiction que si les termes opposés sont pris dans le même sens. Or, l'espace peut être rempli d'un objet et vide d'un autre, comme un vase peut être rempli d'eau et laisser vide l'espace nécessaire au sucre qu'on y fera fondre. M. Mc Gilvary ne divise pas les objets en réels et apparents, mais en réels et irréels, ou en matériels et immatériels, le réel ou le matériel étant ce qui est étendu dans l'espace, et l'irréel ou l'immatériel ce qui ne l'est pas, sans être pour cela inexistant. Ainsi l'éther des physiciens est un être immatériel. Dans ces conditions, rien ne s'oppose à ce que le même espace contienne à la fois un corps

---

1) Cf. *art. cité*, pp. 171-173, et *The Stream of Consciousness, Journ. Phil. Ps. Sc. M.*, IV (1907), pp. 225-235 ; *Experience as Pure and Consciousness as Meaning, ib.*, VIII (1911), pp. 511-525.

matériel et un être immatériel ; c'est le cas pour l'éther ; il en va de même pour l'espace qui se trouve derrière un miroir : il est à la fois occupé par le corps qu'il reflète, et par le mur que ma main y sent. L'impénétrabilité n'est donc pas une propriété universelle des corps ; elle ne s'exerce que par rapport aux êtres matériels. Il est superflu de distinguer l'espace visuel et l'espace tactile : cette distinction, d'origine idéaliste, ne répond pas à la réalité des choses, où il n'y a qu'un seul espace.

Le monde n'est pas seulement dans l'espace, il est dans le temps ; il y a nouveauté réelle, développement véritable. Mais alors, comment pouvons-nous percevoir les êtres tels qu'ils sont, alors que notre perception retarde sur son objet, au point de n'avoir lieu, parfois, que longtemps après l'existence de l'objet ? Et pourtant notre perception nous affirme que nous en sommes « contemporains ». Mais qu'est-ce qu'être contemporain ? C'est se trouver ensemble dans la même unité de temps ; mais une unité de temps est autre chose qu'un instant. Deux événements qui se passent dans le même moment sont simultanés. « La contemporanéité est un synchronisme longitudinal, la simultanéité est un synchronisme transversal » [1]). Ainsi l'objet est contemporain de notre conscience, ou plutôt de notre corps, qui détermine la position temporelle de la conscience, mais il n'existe pas simultanément avec lui. L'erreur consiste à prendre pour simultané ce qui n'est que contemporain.

II

Nous venons d'exposer une série d'essais de conciliation entre le monisme épistémologique du néo-realisme et le fait de l'erreur dont on ne pourrait contester ni l'originalité, ni

1) *The Relation of Consc. and Object*, *Phil. Rev.*, **XXI** (1912), p. **170**.

la variété. Ils n'ont guère rallié de suffrages jusqu'ici.
M. Lovejoy persiste à leur opposer des arguments classiques : du moment qu'on admet une dépendance quelconque
entre la perception et le sujet, on renonce au pan-objectivisme strict ; or, tout réaliste, comme tout philosophe de
quelque école qu'il soit, admet dans la sensation une certaine différence entre l'objet non perçu et l'objet perçu ;
cette différence tient, dit-on, à des lois du milieu et du
sujet ; soit, mais ces lois expriment précisément l'intervention de la conscience dans la perception ; la science n'a-t-elle
pas définitivement consacré la distinction entre les qualités
primaires, qui appartiennent aux objets, et les secondaires,
qui relèvent du sujet ? Qu'on ne dise pas que c'est là une
différence de relation : la conscience de la qualité n'est pas
du tout celle d'une relation quelconque ; on ne peut réduire
la chose et ses qualités à un ensemble de relations [1]). Seul,
M. Morris Raphael Cohen a maintenu, en les accentuant,
les affirmations les plus osées des réalistes, en particulier
de M. Holt [2]). Il n'est pas exact de dire que la distinction
entre l'objectif et le subjectif soit consacrée par la science ;
nulle part elle ne fait usage de ces catégories ; si, dans
l'exposition des théories scientifiques, on rencontre ces
mots, c'est à cause des préjugés philosophiques des auteurs,
non pour des raisons strictement scientifiques. Il est grand
temps d'en débarrasser la science et la philosophie ; ces
termes, comme ceux de réel et d'irréel, gagneraient à être

---

1) Cf. *On some Novelties of the New Realism, Journ. Phil. Ps. Sc. M.*, X
(1913), pp. 29-43 ; *Secondary Qualities and Subjectivity, ib.*, pp. 214-218 ; *Realism versus Epistomological Monism, ib.*, pp. 561-572 ; *Relativity, Reality and
Contradiction, ib.*, XI (1914), pp. 421-430.
2) Cf. Lettre au sujet de *Pres. Phil. Tend., Journ. Phil. Ps. Sc. M.*, X (1913),
pp. 27-28 ; *The supposed Contradiction in the Diversity of Secondary Qualities,
A Reply, ib.*, pp. 510-512 ; *Qualities, Relations and Things, ib.*, XI (1914),
pp. 617-627 ; *The Use of the Words Real and Unreal, ib.*, XIII (1916), pp. 635-638 ;
The Distinction between the Mental and the Physical, ib., XIV (1917), pp. 261-267.

définis d'une manière plus précise ; c'est à cela que s'emploie
le néo-réalisme, et c'est par là qu'il éveille de légitimes
espérances ; au fond, une attitude radicalement subjective
équivaudrait logiquement à l'attitude strictement objective
du réalisme ; mais d'abord, la première n'a guère donné
d'heureux résultats jusqu'ici ; de plus, la seconde favorise,
au moins psychologiquement, une recherche plus conscien-
cieuse. Il vaut la peine de l'adopter, pour voir si elle ne
sera pas plus féconde en résultats positifs. Quant à la distinction entre la chose ou les qualités, et les relations, elle
paraît bien périmée à M. Cohen, pour qui la science et la
philosophie ont consacré la relativité universelle.

Chez d'autres philosophes, le radicalisme des néo-réalistes
a provoqué une réaction en faveur d'un dualisme moins
effarouchant. On peut se demander, dit M. Pratt, si la philosophie actuelle considère les conceptions du sens commun
comme un objet de reproches ou comme un idéal à imiter [1]).
D'une part, on en appelle à son témoignage, de l'autre, on
considère son dualisme comme vieilli. Et cependant, il faudrait être logique ; du reste, les préjugés à cet égard ne
proviennent-ils pas d'une incompréhension ? Pour le dualisme, l'opposition entre le mental et le physique est la plus
absolue qu'il y ait dans le domaine de l'être ; on ne peut
nullement l'éliminer. Mais il est difficile d'expliquer en quoi
consistent les termes de cette antithèse : peut-on définir les
concepts primitifs ? On objecte que la sensation est quelque
chose d'inintelligible : ni l'objet, ni la sensation ne possé-
deraient la qualité qu'on attribue au premier ; elle resterait
en l'air, pour ainsi dire. Mais il n'en est rien : les sensations ne sont pas des objets, mais des moyens de percevoir

---

1) Cf. *The Confessions of an Old Realist, Journ. Phil. Ps. Sc. M.*, XIII (1916),
pp. 687-693 ; *A Defence of Dualistic Realism, ib.*, XIV (1917), pp. 253-261.

les qualités ; « nous ne *regardons* pas nos percepts ; nous ne voyons pas nos percepts, mais nous voyons au moyen d'eux. Avoir des percepts visuels, *c'est* voir ; avoir des percepts verts, *c'est* voir du vert » [1]). De même, nos perceptions des objets physiques, étendus, sont spatiales, elles ne sont pas dans l'espace. Elles ne font pas partie de ce monde commun à tous où sont les objets. Le cerveau et ses processus sont dans l'espace, la conscience n'y est « pas plus qu'un logarithme ne peut se trouver dans un litre de lait » [2]). Et qu'on ne dise pas que mes perceptions m'enferment dans le moi : il n'en est rien, puisqu'elles sont précisément le moyen de connaître l'objet, et de le percevoir directement. Quand j'ai une perception, je perçois l'objet, tout comme lorsque je pense à un ami, je pense à lui, et non à la pensée que j'en ai ; le nier serait aussi absurde que de prétendre que je ne puis pas prononcer un mot parce que, pour le faire, je dois employer les organes de la parole.

Le dualisme est en somme, la manière la plus simple et la plus naturelle de rendre compte de l'univers et de la connaissance. Il implique, certes, une espèce de transcendance ; mais quel est le philosophe, autre que le solipsiste, qui nie que la pensée se dépasse en quelque sorte elle-même? En tout cas le réalisme dualiste est plus loin de l'idéalisme que les inquiétantes « entités neutres » du néo-réalisme.

M. Rogers [3]) prend aussi pour point de départ le sens commun : discuter la réalité du milieu où elle se meut, c'est une opération que la philosophie ne peut tenter sans se suicider. Notre connaissance est vraie quand l'objet possède réellement le caractère ou le contenu que lui attri-

---

1) *The Confessions of an Old Realist, Journ. Phil. Ps. Sc. M.*, XIII (1916). p. 690.
2) *Art. cité*, p. 691.
3) Cf. *A Statement of Epistemological Dualism, Journ. Phil. Ps. Sc. M.*, XIII (1916), pp. 169-181 ; *Belief and the Criterion of Truth, ib.*, pp. 393-410.

bue le jugement. Nos idées nous servent bien d'intermédiaires pour connaître l'objet ; cela ne veut pas dire qu'elles sont connues elles-mêmes comme des objets ; ceci explique aussi pourquoi le réalisme naïf croit atteindre la réalité en elle-même ; de fait, le sens commun est dualiste, mais de la manière que nous venons d'expliquer. Dira-t-on que cette connaissance est un mystère ? Comment la pensée peut-elle se dépasser elle-même ? Mystère, soit ; la philosophie ne doit pas supprimer les mystères que nous impose la nature elle-même. Et d'ailleurs, la mémoire, dont tout le monde admet la valeur, ne suppose-t-elle pas une transcendance analogue à celle que nous attribuons à la pensée ?

Mais, dira-t-on, la notion de la vérité-copie ne nous donne aucun moyen de distinguer le vrai du faux. Soit encore ; une définition de la vérité n'est pas un critère. Mais l'expérience nous le fournit : en fait, nous distinguons les certitudes justifiées des autres ; quelque scrupule spéculatif qu'on puisse avoir — et on ne peut jamais les éliminer tous, — nous croyons aux vérités évidentes, nous croyons à ce qui est d'accord avec l'ensemble de l'expérience, et nous croyons surtout fermement à ce qui est confirmé par une foule d'indices, d'expériences particulières et de sentiments affectifs. M. Rogers finit par nous entraîner loin des ambitieuses déductions néo-réalistes vers un probabilisme qu'il compare lui-même aux idées de la *Grammaire de l'Assentiment* du Cardinal Newman.

A l'extrême opposé, M. Drake se rallie à un réalisme dualiste ou « critique », comme il s'exprime, par crainte d'adopter les vues trop naïves du « réalisme naturel » [1]).

1) Cf. *The Inadequacy of « Natural Realism »*, *Journ. Phil. Ps. Sc. M.*, VIII (1911), pp. 365-372; *What Kind of Realism?*, *ib.*, IX (1912), pp. 149-154; *A Cul-de-Sac for Realism*, *ib.*, XIV (1917), pp. 365-373; *Where do Perceived Objects exist?* *Mind*, N. S. XXIV (1915), pp. 29-36.

Avec M. Dickinson S. Miller [1]), il pense que le réalisme du sens commun n'est pas une théorie qui mérite une considération quelconque. Le réaliste naïf, le « plain man » ne se pose pas les questions qui préoccupent les philosophes ; dès qu'il est serré d'un peu près, il admettra sans sourciller des idées contradictoires : connaissance immédiate et dualisme de l'objet et de l'idée. Inutile de répéter ici les arguments sur lesquels M. Miller et M. Drake se basent pour nier la possibilité de connaître les objets directement, tels qu'ils sont : ce sont les faits de relativité des sensations d'où l'on infère qu'il y a contradiction logique inévitable à dire que les objets possèdent de multiples apparences également réelles.

Il est plus intéressant de noter la conception étrange que M. Drake se fait de la perception. Les objets perçus sont littéralement dans l'organisme qui les perçoit ; quand une partie de l'organisme est perçue, c'est encore par un substitut organique qui ne lui est pas identique. Ce que nous percevons, c'est une représentation de l'objet ; cette représentation n'est pas une copie ; elle est avec la chose dans le même rapport qu'un député avec ses électeurs, qu'une colonne de mercure avec la température, que les mouvements des aiguilles d'une montre avec le mouvement de la terre d'où résulte le temps ; elle tient lieu de la chose en subissant des variations correspondantes à celles de la réalité et la remplace pour nous. L'idée et le monde sont de même nature, font partie du même ordre ; mais nous ne pouvons qu'inférer l'existence du monde, sans jamais sortir autrement du cercle de nos idées.

A ces excès d'un dualisme intransigeant, on peut heureu-

---

1) *Naive Realism, What is it ? Essays in Hon. of W. James*, pp. 233-261.

sement opposer les opinions plus mesurées de M. Sellars [1]).
Le réalisme naïf a dû céder sous la pression des faits : les
théories scientifiques en particulier ont montré l'intervention de l'élément personnel dans la connaissance ; ainsi l'on
a passé à un réalisme médiat ou critique, qui était d'ailleurs
déjà préformé dans le sens commun. Tout ce qui immédiatement est présent à la conscience est bien mental ; mais on
peut, grâce à ces perceptions, connaître le réel. Ce n'est
pas que la perception ou l'idée soit une copie du réel, une
représentation ; mais elle « signifie » (mean), désigne
l'objet ; elle lui correspond et nous permet de nous adapter
à lui, de vivre dans notre milieu. Qu'est-ce que la vérité ou
la connaissance vraie ? C'est celle qui nous met en présence
d'un objet. A première vue, il semblerait que « connaissance
vraie » est un pléonasme, car une connaissance est essentiellement ce qui nous met en rapport avec autre chose.
Mais il y a des cas où la connaissance est démentie par
l'expérience : elle prétendait nous donner un objet, et le
conflit avec l'expérience ultérieure montre qu'il n'en est
rien. La connaissance vraie est donc définie par contraste
avec la connaissance fausse. « La connaissance est une
œuvre et une possession des esprits, tels que ceux-ci se sont
développés sous l'influence du milieu. Comme signification,
la connaissance précède la vérité, qui consiste à approfondir,
par la réflexion, le sens de la connaissance, à la lumière
d'un doute. Les critères de la vérité sont donc les mêmes
que ceux de la connaissance. La vérité est une connaissance
acceptée et éprouvée. Dire qu'une idée est vraie, c'est dire
qu'elle est réellement un cas de connaissance comme elle
prétend l'être » [2]). Quant aux critères, ils se réduisent, en

---

1) Développées lentement dans tout son livre, *Critical Realism*, elles arrivent
à leur conclusion et sont résumées à partir de la p. 254.
2) *Op. cit.*, pp. 282-283.

somme, à l'expérience et à la cohérence, cette dernière dominée, il est vrai, par l'expérience.

III

Il est temps d'embrasser d'un coup d'œil les multiples doctrines que nous venons de parcourir. Nous l'avons déjà dit : la preuve du réalisme est faite, dès qu'on a dépassé le fameux prédicament égo-centrique [1]). Car dès lors il devient possible de rechercher ce qu'est l'objet de la connaissance, quels sont les rapports qui existent entre le sujet connaissant et la réalité ; connaître ces rapports, c'est déjà connaître l'objet ; si on ne le connaît pas intégralement, on se rend compte du moins des limites de ce que l'on en sait ; connaître ces limitations, c'est ne pas en être dupe ; c'est pouvoir comparer ce qu'on sait de fait avec la science idéale. Bien exigeant serait celui qui en demanderait davantage ! Aucun réaliste ne se pique d'être omniscient ; il se contente de connaissances partielles, mais suffisantes dans leur ordre.

Il importe assez peu, dès lors, que le réalisme soit conforme au sens commun ; cette preuve supplémentaire ne peut guère ajouter un poids nouveau à l'argument décisif que' nous venons de rappeler. Puisque l'idéalisme ne tient pas, tournons-nous décidément vers l'objet, analysons nos rapports avec le monde ; ce sera la meilleure justification du réalisme : il n'est rien de tel que l'application consé-quente de ses principes pour faire ressortir toute sa valeur ; en nous donnant une doctrine complète de la réalité et de la connaissance, il montrera sa fécondité et sa consistance.

Les essais de synthèse que nous avons passés en revue se

1) Voir plus haut, pp. 196-200.

caractérisent d'abord par une méthode commune : l'observation externe, par laquelle on étudie la conscience en
fonction du milieu et de l'organisme. Elle aboutit à des
théories de la connaissance, de la vérité et de l'erreur, qui
cherchent généralement à affirmer le monisme épistémologique et à donner à l'erreur une place dans le monde
réel aussi bien que dans la conscience.

Commençons par la méthode. Qu'il ne faille pas seulement
user de l'introspection, mais faire appel à l'observation
extérieure sous toutes ses formes, cela nous paraît incontestable. Considérer le sujet dans le milieu où il vit, c'est-
à-dire avec lequel il est en relations, dont il subit l'action,
auquel il réagit, c'est rester dans la meilleure tradition
réaliste ; ou plutôt, c'est y revenir ; c'est retrouver Aristote
par delà Reid et Locke. Trop souvent les réalistes modernes
se placent à un point de vue restreint ; ils ne s'attachent
qu'à l'affirmation générale de la réalité. Pour connaître
vraiment le sujet, il faut le placer dans son milieu ; en
même temps, se rendre compte qu'il n'est pas étranger dans
le monde physique, mais qu'il s'y insère naturellement,
parce qu'il est lui-même une réalité, c'est donner une raison
profonde qui implique qu'il lui soit possible de connaître ce
monde. L'âme est pour nous véritablement un principe
d'être et d'activité intimement mêlé à la matière organisée ;
elle n'en est point séparée, normalement ; c'est à peine si
l'on peut dire de l'âme seule qu'elle est : à proprement
parler, ce qui est, dans l'état présent, c'est l'homme, composé d'âme et de corps ; le corps ne subsiste comme tel que
par l'organisation qu'il reçoit de l'âme ; l'âme ne sent, ne
perçoit, n'agit dans le monde que par le corps ; même dans
ses opérations les plus élevées, elle a besoin de son
concours. Ce qui est donc connu directement, c'est l'homme,
composé d'âme et de corps ; l'âme ne se manifeste exté-
rieurement que par les opérations corporelles, ou plutôt elle

est dans ces opérations, elle agit dans et avec le corps. En sorte qu'on peut dire que l'âme est perçue dans la manière d'agir de l'homme ; encore qu'elle ne s'identifie pas totalement avec ses actions organiques. Il y a là de quoi satisfaire jusqu'aux plus fervents partisans de la psychologie du « comportement ». M. Singer et M. Sellars ne peuvent rien trouver à redire à cette notion, puisqu'il est entendu que pour eux, le « comportement » suppose l'opération intellectuelle et morale aussi bien que l'activité organique. A plus forte raison des auteurs moins radicaux comme MM. Perry, Montague, Holt, Pitkin, Mc Gilvary, auront-ils lieu d'être satisfaits, puisque, pour eux, la conscience, toute liée qu'elle est à un organisme, ne s'identifie pas avec sa seule action apparente.

Il faut dire cependant que l'âme ou la conscience n'est pas perçue directement ; même on conclut son existence à la vue des opérations extérieures, plutôt qu'on ne la voit. Pourquoi, en effet, attribuons-nous à un corps une âme, c'est-à-dire un principe d'organisation vitale et consciente, sinon parce que nous remarquons dans ses opérations des caractéristiques particulières ? A les prendre isolément, les phénomènes physico-chimiques dont le corps est le siège et qui constituent la vie ne sont pas d'une espèce différente de ceux qu'on peut étudier au laboratoire sur la matière inerte ou morte. Mais ils ont en propre leur convergence qui fait qu'ils se reproduisent à travers des circonstances diverses et même opposées, que le même organisme persiste, toujours un, toujours actif, toujours croissant, toujours renouvelé. M. Holt et M. Spaulding l'ont noté en signalant « l'organisation », les « relations organisantes » propres aux êtres vivants. Or, certains mouvements sont manifestement faits en vue d'une adaptation à une fin ou à un être éloigné dans l'espace ou le temps. Ils présentent même un caractère de spontanéité ; ce sont des réactions qui ne sont évidemment

16

pas déterminées par les simples effets mécaniques du milieu;
ils sont fort différents des tropismes élémentaires : il faut
admettre pour les expliquer la présence d'une connaissance
et d'une tendance provoquée par cette connaissance. On
peut les comparer à des mouvements réflexes, mais non les
identifier avec eux, à moins de supposer que dans ce
mouvement intervient la connaissance, ce qui n'est pas
précisément la définition classique. Il est vrai que cette
définition est étriquée, ou plutôt qu'elle isole trop les
éléments inférieurs, organiques, et les éléments supérieurs,
connaissances et tendances, surtout connaissance non sensible. Il n'en reste pas moins, comme résultat de cette
enquête, que le mode d'action de certains organismes
manifeste la présence d'une conscience plus ou moins semblable à celles que nous constatons en nous-mêmes ; pour
simplifier, il suffit ici de considérer les autres hommes, sans
ajouter le cas des animaux, dont la vie consciente doit être,
d'après tous les indices, assez différente de la nôtre.

Il est donc bien exact de dire que la conscience d'autrui
nous est connue par analogie. Cette analogie ne se base
pas, comme on l'a dit, sur un seul cas, mais sur de nombreuses observations de cas de connaissance et de volonté
chez nous et chez les autres. Nous nous rendons compte
que chez nous, les états de conscience sont suivis d'actions,
produisent des phénomènes corporels, contraction des
muscles, modifications de la circulation et de la respiration
et autres ; puis, constatant des phénomènes analogues dans
d'autres organismes, nous jugeons qu'ils sont aussi accom-
pagnés de phénomènes conscients, ou que dans ces organismes il doit se passer quelque chose de semblable à ce
qui, dans des cas analogues se passe en nous ; mieux encore,
si nous étions l'organisme que nous voyons, nous éprou-
verions en même temps ce que nous appelons connaissance
ou tendance consciente. Ce raisonnement n'a rien d'idéa-

liste. Il suppose au contraire sans cesse la réalité des faits qui lui servent de point de départ. Mais il suppose aussi ce fait d'expérience que la connaissance que j'ai de la pensée et des sentiments d'autrui, tout en étant véridique, n'est pas une intuition. Les néo-réalistes semblent parfois, bien à tort, croire que l'on peut mettre sur le même pied ces deux espèces de connaissances ; braver ainsi le sens commun, c'est bien se mettre en opposition avec leur programme.

Ainsi donc la méthode d'observation extérieure, quelque nécessaire qu'elle soit, ne suffit pas à étudier la conscience. Il faut, de toute nécessité, la compléter par l'introspection. M. Holt et M. Spaulding appellent souvent cette méthode « déductive » ; mais, sans l'introspection, leurs « déductions » n'auraient pas de sens ; en fait, ils la supposent constamment, sans le dire ; sinon, comment pourraient-ils parler de connaissance et de tendance ? Ces mots n'ont de sens que si l'on a éprouvé les phénomènes qu'ils désignent. A vrai dire, les déductions de ces auteurs ne méritent pas proprement ce nom. Ce sont des tableaux d'ensemble de l'univers, où l'on établit, non sans ingéniosité ni sans exactitude, la hiérarchie des êtres et des sciences, mais ils supposent un inventaire préalable qui n'est nullement dû à la déduction pure. Pour nous, le mérite de ces « déductions » consiste surtout à rendre au concept objectif d'être la place fondamentale qui lui revient dans toute philosophie ; nous l'avons déjà dit, l'objectif et le subjectif, la matière et l'esprit, le conscient et l'inconscient ne sont pas des catégories primitives ; ces concepts ne s'expliquent que par celui d'être, d'être étendu, composé, périssable, et d'être inétendu, simple, subsistant ou immortel. Il nous faut signaler ici une des nombreuses équivoques du terme « conscience » : tantôt il désigne un simple fait ou acte de connaissance, et particulièrement de connaissance réfléchie, aperçue, ou d'activité guidée par une connaissance ; tantôt il désigne une série de ces actes, série plus ou moins continue et en tout cas liée de manière à former un tout, un centre d'activités psychiques. C'est ce dernier sens, semble-t-il, que M. Holt a surtout en vue lorsqu'il « déduit » la conscience : elle est un principe d'organisation et de vie. Elle correspond à ce que nous appelons l'âme. Nous aurons à indiquer plus loin d'autres équivoques à propos de ce mot si peu défini. Complétons maintenant notre analyse de la conscience par l'introspection.

Prenons pour point de départ une expérience quelconque. En ce moment, levant les yeux et les promenant autour de moi, j'aperçois différentes choses qui me sont familières : la table où j'écris, les livres et les papiers qui la couvrent, les murs de la chambre et les gravures qui les garnissent ; par les fenêtres entr'ouvertes se dessinent quelques pignons au-dessus desquels émerge le toit svelte d'une chapelle. De la rue montent les voix des passants, le bruit du charroi. D'ordinaire, j'aperçois ces choses et leur ensemble sans songer à la manière dont elles me sont présentes. Elles sont là ; j'agis sur elles ; mais elles ne « me » sont pas présentes consciemment « à moi ». Je ne me rends compte de leur présence « à moi » que si je m'arrête à y réfléchir, soit dans le but d'analyser ce qui se passe, soit, ce qui vaut mieux pour l'exactitude de l'analyse elle-même, simplement parce que je suis pris au dépourvu et que je veux mieux examiner un objet. Outre leur qualité d'être, de chose, et le lien d'unité spatiale produit par leur coexistence, ils m'apparaissent comme présents « devant moi », unis par une relation particulière à un certain centre que j'appelle « moi ». La succession dans le temps fait apparaître plus nettement le rôle de ce centre de l'expérience.

D'autres unités objectives que j'ai vues antérieurement se présentent à nouveau ; je me rappelle la rue où j'ai passé tout à l'heure, les passants que j'ai rencontrés. Plus loin encore, j'évoque le souvenir de la promenade d'hier, dans le bois voisin de la ville ; je revois, plus ou moins précises, les silhouettes des arbres, je suis de nouveau les sentiers que j'ai foulés. Dans toutes ces expériences passées et présentes, il y a des éléments objectifs, les rues, les maisons, les arbres ; il y a aussi, persistant et mobile, le centre auquel elles sont rapportées, qui fait qu'il est possible de voir, de se souvenir. Si je veux mieux me rendre compte de ce qu'est le sujet, je l'examinerai dans une attitude active. Que fais-je ? Pourquoi ces réflexions ? Je relie en une unité continue mes efforts d'autrefois, mes débuts dans l'investigation philosophique, et ceux que je prévois ; je vois ma tâche actuelle commencée depuis longtemps, et destinée à se prolonger ; je la vois subordonnée à d'autres devoirs, entraînant aussi de son côté d'autres actions ; et ma vie m'apparaît continue, chaîne souple et vivante faite de sentiments et de volontés qui se tiennent et se déroulent dans un monde d'objets, tantôt large, tantôt étroit, où j'occupe ma place, où j'ai ma tâche à remplir.

Ainsi donc l'expérience totale se partage sans cesse en deux parties : les objets et le sujet. Ces deux parties sont distinctes, même opposées, mais en étroits rapports. La plus difficile à saisir, c'est le moi ; pour le décrire, il semble qu'on doive allier des mots contradictoires : identité changeante, persistance mobile. Puis, la perception en est subordonnée à celle des choses ou du moins des sentiments, et ceux-ci supposent toujours en même temps un objet auquel ils se rapportent. On peut percevoir des objets sans percevoir le moi ; c'est même l'attitude première de l'esprit. Mais on ne peut percevoir le moi sans inclure une référence à un objet de connaissance ou de tendance. En même temps, on le sent bien différent des choses, et on ne peut l'exprimer que par des images et des concepts qui leur sont empruntés et qu'on corrige tant bien que mal. On ne le perçoit même qu'imparfaitement ; il ne se manifeste bien qu'à certains moments, et pourtant une intime conviction nous dit qu'il est toujours là, même lorsqu'il s'éclipse ; car, à travers ces lacunes, le passé conscient reparaît et s'unit toujours au présent, sans interruption véritable. Quelque présent qu'il soit à lui-même, le moi ne se perçoit et ne s'exprime qu'en fonction d'un acte objectif. Si l'on veut expliquer sa nature, il faut se servir, non certes du concept brut de chose matérielle, mais de l'idée d'être vivant, simple, impérissable. C'est ce que la philosophie traditionnelle veut dire lorsqu'elle voit dans le moi une « substance spirituelle » qui n'en est pas moins, nous l'avons déjà dit, unie intimement à un organisme.

Nous avons décrit des actes de conscience, nous avons montré que leur série forme une unité continue qui est l'âme. Dans cette description de la conscience, nous avons rencontré deux aspects, au moins, de l'expérience, et par suite, deux sens du mot conscience : tantôt il désigne la simple perception, ou la simple présence d'un objet, ou encore le simple fait d'éprouver une sensation ; tantôt il désigne cette réflexion par laquelle nous percevons, parallèlement avec les objets, le sujet que nous sommes. De l'un à l'autre sens, le passage est facile, et l'idéalisme lui a dû une grande partie de son prestige. M. Holt a eu raison d'insister sur la différence entre l'acte direct par lequel je perçois une chose, et la réflexion par laquelle je sais que je la perçois [1]). Peut-être serait-il préférable de réserver à ce second acte le nom de conscience, et d'appeler le premier « perception » tout court ; cela permettrait de distinguer, plus simplement que ne le fait M. Holt, les perceptions

---

1) Cf. SAINT THOMAS D'AQUIN, *Summa Theol.*, I, q. 87, a. 3, c. et ad 1um et ad 2um.

inconscientes ou subconscientes de celles qui sont con-
scientes, c'est-à-dire perçues comme appartenant au moi.

Nous pourrons comprendre maintenant en quel sens la
conscience est une relation. L'acte de connaissance suppose
évidemment des relations entre le sujet connaissant et
l'objet connu : la présence même est déjà une relation.
Mais il est exact aussi que la connaissance directe n'est pas
la connaissance d'une relation. Seule la conscience réfléchie
implique la présence dans la conscience d'une relation
entre le sujet et l'objet.

Que dire enfin, de la « théorie relationnelle » de la conscience ? Peut-on, comme on l'a fait, nier brutalement
l'existence même de toute conscience ? Nous venons de voir
comment la conscience personnelle se trouve dans l'expérience. Et nous avons peine à croire que des philosophes
souvent si subtils aient voulu exclure un fait aussi évident.
Nous persistons à penser que ce qu'ils rejettent, c'est la
fiction idéaliste d'une conscience parfaitement connue, plus
claire que les objets de la perception, et d'une nature ineffable, irréductible à tout objet et à tout être.

En quel sens encore peut-on dire que la conscience
n'ajoute aux choses qu'une relation nouvelle ? On l'a affirmé,
en ce sens que la conscience ne serait que le groupement
des éléments présents à un organisme ; il va de soi que
l'on prend alors la conscience dans un sens tout différent de
ceux que nous avons énumérés jusqu'ici ; il s'agit du sens
objectif ; on identifie la conscience avec le *champ* de la
conscience ou de la perception. Dans le même ordre d'idées,
on appellera conscient l'objet connu. C'est une nouvelle équivoque. Une ·fois ce vocabulaire adopté, — et il faut noter
qu'il était en vogue avant l'apparition du néo-réalisme, —
la thèse énonce une constatation exacte. Mais il reste à se
demander ce qui opère cette union d'éléments variés ; c'est
évidemment la conscience au sens d'acte de connaissance.

Notre remarque se justifie encore mieux si nous l'appliquons
à la théorie de M. Woodbridge, pour qui les objets sont
conscients lorsqu'ils sont en relation logique. Il est clair
que les relations logiques ne peuvent subsister qu'entre des
objets. De plus, la véritable connaissance, c'est celle où les
objets sont compris, où ils forment un système cohérent, et
non une agglomération fortuite. Même, il n'y a de connaissance proprement dite que lorsqu'un objet est conçu comme
tel par l'intelligence, et non simplement perçu par les sens.

Nous arrivons ainsi à l'étude de la connaissance au point
de vue de son objet, et nous rencontrons ici les questions
vitales pour le réalisme : comment connaissons-nous la
réalité ? N'y a-t-il pas de contradiction dans cette thèse ?
Qu'est-ce que la vérité et l'erreur ? La plupart des théories
que nous avons décrites affirment le monisme épistémologique, du moins en principe. Mais nous avons vu qu'en fait
elles y font des restrictions plus ou moins sérieuses. Aucun
auteur n'affirme purement et simplement qu'il n'y a que des
choses ; ce serait du plus puéril matérialisme. Tous recon-
naissent une part d'intervéntion du sujet. M. Lovejoy
triomphe de ce qu'il croit être une contradiction entre le
principe fondamental des néo-réalistes et les applications
qu'ils en font. « Chez aucun néo-réaliste, dit-il, on ne trouve
un monisme épistémologique strictement conséquent avec
lui-même » [1]).

Nous nous féliciterons plutôt de découvrir les théories
néo-réalistes plus conformes aux faits qu'il n'aurait d'abord
semblé, à lire l'énoncé du principe général. M. Lovejoy,
dans plusieurs de ses articles, nous paraît avoir employé
une méthode de critique trop littérale. Nous aimons mieux

---

1) *Realism versus Epistemological Monism, Journ. Phil. Ps. Sc. M.*, X (1913),
p. 565, note 6 ; réflexions analogues dans ses autres articles, surtout *Error and
the New Realism, Phil. Rev.*, XXII (1913), pp. 410-423.

considérer l'ensemble d'une doctrine, interpréter, s'il le faut, un principe trop rigide, formulé d'une manière agressive au début de l'exposé, et ne pas exiger que les auteurs sacrifient à cette première formule les observations justes qu'ils présentent plus tard. M. Pratt a mieux pénétré que M. Lovejoy les véritables tendances des néo-réalistes, et il s'est félicité de les voir se rapprocher des anciens [1]). De son côté, M. Montague avait déjà fait remarquer que le monisme épistémologique, s'il s'oppose au dualisme, n'exclut point toute dualité [2]).

Que signifie donc cette doctrine ? Pour nous, malgré les exagérations de langage et la forme parfois paradoxale, elle veut simplement dire que, quand nous percevons quelque chose, nous percevons cette chose même, et non un substitut mental qui nous permettrait seulement de conclure par voie de raisonnement à l'existence de la chose. Il nous semble qu'à parler ainsi, on ne fait que tenir compte de faits irrécusables. C'est dire que nous nous séparons absolument de M. Drake, dont les théories nous paraissent une régression vers le dualisme inacceptable de Locke. Les autres théories réalistes sont des essais plus ou moins heureux, mais en somme, convergents, malgré l'apparence contraire, pour décrire ce qui se passe de fait dans la connaissance ; seulement les points de vue différents font que les uns insistent davantage sur l'objet et sur tel aspect de l'objet, les autres sur l'intervention du sujet.

Si le monisme épistémologique était bien la doctrine extrême qu'on croit, il conduirait logiquement, au sujet des qualités secondaires, à des conséquences assez différentes de ce qu'on nous expose. Il est possible, nous dit-on, quant au

---

1) Cf. *A Defence of Dualistic Realism, Journ. Phil. Ps. Sc. M.*, XIV (1917), pp. 256-258 ; *Professor Spaulding's Non-Existent Illusions, ib.*, XV (1918), pp. 688-695.
2) Cf. *Unreal Subsistence and Consciousness, Phil. Rev.*, XXIII (1914), pp. 60-62.

fond, de corriger l'erreur qui provient de certaines sensations, par une connaissance plus exacte des lois physiques du milieu et de la psycho-physiologie de l'organisme. Il y a erreur seulement lorsqu'on affirme qu'une chose est uniquement telle qu'elle apparaît à un sens ou sous un aspect. C'est, en somme, la réponse classique : les sens, par eux-mêmes, n'affirment rien, mais l'intelligence, jugeant les objets qu'ils lui présentent, peut errer, soit parce qu'elle demande à un sens des informations sur des objets autres que ceux auxquels il est proprement adapté, soit parce qu'un défaut de l'organisme ou une perturbation du milieu empêche le bon fonctionnement du sens lui-même [1]). Cette réponse implique une distinction entre l'objet et le sujet, entre la réalité et le mécanisme psychologique qui nous la fait apparaître.

On ajoute, il est vrai, que le même être peut avoir des propriétés différentes, voire opposées. Certes, bien des qualités sensibles sont différentes d'après les relations des objets ; ainsi les couleurs et les sens dépendent évidemment de conditions variables du milieu, et du sujet ; comme plusieurs néo-réalistes le font remarquer, les méthodes d'observation physiques montrent qu'il y a des diversités objectives qui ne s'opposent pas à l'unité de l'être. Mais nous n'irons pas jusqu'à placer toutes les oppositions dans la réalité, et pour cela à absorber les qualités dans les relations. Les qualités peuvent être le fondement de relations ; de plus, elles en supposent souvent ; on ne peut, sans vider le concept de relation de tout contenu, l'étendre jusqu'à lui faire signifier une propriété quelconque.

Nous apprécions moins encore la curieuse tentative de M. Holt, pour réduire toutes les qualités à des sensations

---

1) Cf. Saint Thomas d'Aquin, *Summa Theol.*, I, q. 17, a. 2; *Quaest. disputatae de Veritate*, q. 1, a. 10.

élémentaires homogènes. Cette analyse a le tort de supprimer
son objet. Quoi qu'on puisse penser de sa valeur expérimentale — et elle paraît bien contestable — une chose est
certaine : ces séries de qualités psychiques simples ne
répondent pas à ce que l'on trouve dans la conscience. Au
point de vue psychologique, les qualités formelles contribuent à former de véritables qualités irréductibles aux
éléments que peut découvrir un psychologue subtil. Qu'on
ne dise pas que c'est là une simplicité apparente, due à
l'absence d'analyse : il s'agit de qualités propres et spécifiques ; si l'analyse les dissout en éléments tout à fait
dissemblables, organisés par des synthèses qui n'ont rien
de qualitatif, c'est que cette analyse est une déformation.
Aucun néo-réaliste ne devrait l'admettre, après avoir posé
ce principe fondamental qu'il faut prendre chaque chose
précisément pour ce qu'elle est.

La valeur du réalisme ne dépend pas non plus de la
critique qu'il fait de la doctrine des énergies spécifiques.
L'étendue et la certitude de cette doctrine ont été indûment
généralisées, c'est vrai [1]). On en a abusé en faveur de
l'idéalisme. A-t-on vraiment cru, comme le pense M. Holt,
y trouver la preuve expérimentale que l'esprit crée ou
transforme ses objets ? Il est ici question d'organes et de
système nerveux, non d'esprit. On y a vu sans doute —
comme dans la doctrine des qualités secondaires — un
exemple frappant de la contradiction interne qui dissoudrait
le réalisme : on prétend connaître l'objet tel qu'il est et on
ne connaît que sa propre réaction. Mais en fait, telle n'est
pas la portée de la fameuse loi de Müller. Elle se concilie
fort bien avec le réalisme classique. Si les organes des sens
sont adaptés à un excitant spécifique, il n'est pas surprenant

---

1) Cf. J. W. BRIDGES, *The Doctrine of Specific Nerve Energies, Journ. Phil.
Ps. Sc. M.*, IX (1912), pp. 57-65.

qu'ils réagissent de la même manière à des excitants anor-
maux ; ici encore l'intelligence peut démêler la cause de
l'erreur. Du moment que nous ne sommes pas dupes de nos
réactions, le réalisme est sauf.

La question de la perception sensible conduit à celle de
la connaissance en général. Mais avant de nous demander
comment les réalistes l'expliquent, il faut nous arrêter à
leur notion de la vérité et de l'erreur. Dans l'ensemble, ils
ont bien vu que ces termes impliquent un rapport du sujet
à une réalité indépendante. Du coup, on se trouve très loin
de l'idéalisme, pour lequel la vérité consiste dans l'accord
des idées entre elles ou avec une croyance. Certaines formules de M. Montague rappellant d'une manière frappante
les notions des anciens. « Le vrai, dit saint Thomas, s'identifie avec l'être ; il n'en diffère que par le point de vue ; ce
qu'il lui ajoute, c'est un rapport à l'intelligence » [1]). La
vérité, pour l'intelligence, consiste dans l'affirmation conforme à l'état objectif des choses ; l'intelligence connaît le
vrai quand elle voit et prononce que ce qui est est, quand
la propriété qu'elle attribue aux choses leur convient réellement [2]). Ici les néo-réalistes se ressentent parfois trop de
l'influence pragmatiste, lorsqu'ils essaient de caractériser
cette intervention nécessaire du jugement comme un accord
« pratique » avec la réalité. Sans doute, pour vérifier la
conformité de l'affirmation avec la réalité, un moyen très
simple est l'action ; mais l'accord lui-même entre cette
action et le milieu est un fait, non une action, et pour s'en
rendre compte, donc, pour juger de la valeur de l'affirmation, il faut le percevoir.

---

1) Cf. *Quaest. disputatae de Veritate*, q. 1, a. 1, c.
2) Cf. Saint Thomas d'Aquin, *ib.*, q. 1, a. 2, et *Summa Theol.*, I, q. 16, a. 2.

Comment se fait la rencontre du sujet et de l'objet ? Que valent les théories néo-réalistes qui nous décrivent la conscience sous cet aspect ? Un caractère commun à toutes, c'est d'insister sur la valeur vitale de la connaissance. Elle est un instrument d'adaptation au milieu, elle sert les besoins de l'organisme, sans pour cela perdre son caractère objectif. Pour cela, elle est étroitement liée à une action physique de l'organisme ; de plus son activité est élective. Elle choisit dans le milieu les éléments qui l'intéressent. Autant de principes excellents sur lesquels il est bon d'insister. Le réalisme passe trop souvent pour une philosophie rationaliste qui isole la pensée du reste du monde. Nous venons de rappeler quelle étroite unité la philosophie traditionnelle met entre l'âme et le corps ; du même point de vue on ne pourra qu'approuver l'importance donnée à l'étude de la psycho-physiologie des sens ; mais nous préférerions voir délaisser certaines formules rebutantes auxquelles leur apparence matérialiste donne une couleur désagréable.

Comme solutions positives du problème de la connaissance et de la conscience, les essais des néo-réalistes ne nous paraissent pas heureux. Ce sont d'ingénieuses descriptions, des rapprochements inattendus, des comparaisons suggestives. A force de considérations originales, ils font réfléchir aux faits de connaissance ; ils les présentent sous un jour nouveau ; ils déshabituent des théories vulgaires et des préjugés que cachent souvent les manières communes de parler de ce phénomène unique ; mais on ne peut dire que leurs explications soient vraiment éclairantes. Elles sont empruntés à des domaines trop différents et trop éloignés pour avoir chance de s'adapter vraiment à ce sujet. Les essais de MM. Holt et Montague promettaient davantage, parce qu'ils mettent en œuvre des concepts plus généraux, celui de l'être, et celui de la causalité qui lui est connexe.

Mais M. Holt reste trop dans la pure logique et ne s'élève pas au-dessus d'un concept d'être tout abstrait et relatif ; il ignore la notion d'un sujet, substance spirituelle, qui peut entrer en rapports avec le monde par son activité, en vertu d'une parenté intime. Les descriptions de M. Montague sont plus fouillées, et l'on a relevé de frappantes coïncidences entre la « présence virtuelle » de l'objet dans le cerveau et la « species » des scolastiques [1]). Mais M. Montague, tout en rejetant la notion positiviste, conçoit encore trop la causalité au moyen d'une image matérielle, dont la valeur scientifique peut être fort contestée, tandis qu'en métaphysique elle n'est qu'un rapprochement significatif, mais insuffisant.

Tous les néo-réalistes sont préoccupés d'éviter la théorie de la « représentation » ou de la « copie ». Mais ils ne savent trop par quoi la remplacer. Même dans la connaissance médiate, ils ne parviennent pas à préciser la nature de l'intermédiaire qu'ils admettent. Nous croyons qu'ils se font de la représentation une idée très étroite. Ils ne considèrent comme telle qu'une image qui serait strictement du même ordre que l'objet perçu ; il va de soi qu'une telle théorie serait inadmissible. De même, dans la connaissance médiate, raisonnement ou souvenir, ce n'est pas une image matérielle qui est l'intermédiaire de la connaissance, ce sont des concepts immatériels ; on peut, si l'on veut, dire avec James que ce sont des « fonctions » de l'esprit, pour indiquer que l'esprit ne s'y arrête pas, mais tend, à travers eux vers l'objet qu'il connaît. Nous espérons montrer à l'instant comment on peut, dans une théorie plus complète, éviter ces inconvénients de la notion de représentation.

---

1) Cf. M. D. ROLAND-GOSSELIN, *Bulletin de Philosophie, Rev. des Sc. Phil. et Théol.*, VIII (1914), p. 314.

Enfin, la théorie de l'erreur est, à première vue, la plus déconcertante des doctrines néo-réalistes. Remarquons toutefois que, à propos des qualités secondaires et des illusions sensibles, nous l'avons déjà notablement réduite. Mais peut-on soutenir sérieusement que les contradictions ont une existence objective ? Ici encore, pensons-nous, l'expression des néo-réalistes dépasse leur pensée. M. Holt ne nie-t-il pas énergiquement que la contradiction *logique* puisse jamais exister ou même être pensée ? Ce qu'il veut dire, croyons-nous, c'est que, comme la vérité, dont elle est la contre-partie, l'erreur n'est pas une simple propriété psychologique de l'esprit; elle suppose un rapport à quelque chose d'objectif : physique ou « idéal », « abstrait ». La contradiction, dont le monde serait plein, n'est la plupart du temps que le contraste ou l'opposition ; les exemples cités par M. Holt en témoignant. D'autres fois, il appelle monde l'ensemble de tout ce qui est présent à la conscience, propositions et idées aussi bien que réalités physiques et psychiques. Faut il s'étonner alors qu'il parle de l'objectivité des abstractions et même des erreurs ? Répétons pourtant qu'il n'admet pas que, même dans le « monde » aussi largement entendu, une contradiction logique puisse jamais être réalisée.

Le plus grand défaut de la théorie néo-réaliste nous paraît être qu'elle explique bien comment l'erreur est possible, mais non comment, de fait, elle se produit. Les descriptions qu'on nous donne de la conscience redisent, sous une forme métaphorique, ce que nul n'ignore : à savoir que l'erreur est due à l'interprétation équivoque dont sont susceptibles de nombreux phénomènes. Mais pourquoi les interprétons-nous ainsi ? Comment se fait-il que nous corrigeons parfois nos erreurs ? C'est à cause de l'activité consciente par excellence, de l'affirmation ; or, les néo-réalistes

ne disent jamais rien de cette caractéristique de la vie
raisonnable et de la spontanéité dont elle est l'effet.

Que nous percevions immédiatement les objets, et non
des modifications subjectives, voilà un fait que la philosophie thomiste a toujours fermement maintenu. L'objet n'est
vraiment connu que par la collaboration des sens et de
l'intelligence. Les données sensibles, comme telles, n'ont
pas de signification, elles sont unifiées en fait, soit, elles
ne sont ni systématisées ni comprises. Il nous est d'ailleurs
bien difficile, sinon impossible, de nous faire une idée de ce
que peut être une connaissance purement sensible, car chez
nous, l'intelligence accompagne et « informe » toutes les
impressions sensibles. Grâce à elle les objets sont vraiment
connus, posés comme des êtres. Mais le travail d'interprétation de l'intelligence ne se borne pas à cet effort élémentaire. Elle décompose l'objet, considère ses propriétés
isolées, les relations des choses entre elles; elle peut même
considérer isolément la notion d'être et celles qui s'y
rattachent; mais toutes ces démarches se terminent toujours
par une affirmation ou une négation ; ainsi l'intelligence
refait et complète la synthèse provisoirement dissoute.
L'erreur et la vérité sont les résultats de cette activité
exercée sur l'objet. Elles supposent une certaine dualité
présente à l'esprit, celle de sujet et de prédicat.

Mais ne faut-il pas supposer aussi une dualité de sujet et
d'objet, ou d'objet connu et d'objet réel ? Le sujet n'est-il
pas une substance, distincte de son objet ? Comment donc
peut-il le connaître directement ? Quelles que puissent être
ici les difficultés métaphysiques, il faudrait encore redire que
de fait, nous avons conscience d'avoir devant nous, non un
décalque, mais l'être lui-même. Le thomisme possède, pour
résoudre les problèmes qui se dressent ici, une doctrine
profonde que nous ne pouvons malheureusement qu'esquis-

ser en quelques mots. Les êtres agissent sur nous, et produisent en nous une impression qui éveille la connaissance. Cette impression est une détermination de la faculté, elle n'est nullement le terme de la connaissance, car elle n'est jamais présente à l'esprit ; mais elle provoque cette réaction de la faculté qui est la connaissance. Elle n'est pas, suivant l'expression consacrée un « *medium quod* cognoscitur », un intermédiaire conscient, mais un « *medium quo* cognoscitur res », un moyen de connaître l'objet [1]). Dans la connaissance intellectuelle, l'esprit se forme des idées, les énonce en concepts, mais ce qu'il connaît, c'est toujours l'objet ; le concept, quelle que soit l'importance de son rôle dans la connaissance discursive, n'est jamais que le miroir où transparaît la chose, « *medium in quo* » ; ce qu'on regarde, c'est l'objet et non pas le miroir.

L'objet présent à l'esprit est la norme sur laquelle l'intelligence devra se régler pour affirmer ou nier. Mais sa complexité rend l'erreur possible : il n'est pas toujours aisé de voir ce qui est donné, comment les idées s'enchaînent, quels éléments intègrent l'objet. L'erreur n'est pas possible dans le cas d'une synthèse très simple où les éléments s'identifient à peu près complètement. Mais pourquoi affirmer à tort, pourquoi nier à l'encontre des faits ? C'est que l'intelligence est une faculté active, elle est une tendance vers son objet ; toujours prête à son acte propre, elle le pose parfois à contre-temps. Et elle n'est pas isolée ; elle est une des tendances d'un être complexe, doué, pour la

1) Sur ce point, gros de conséquences, voir par exemple, saint Thomas d'Aquin, *Summa Theol.*, I, q. 85, a. 2. Il ne peut être question de donner des références dans un sujet si vaste et que nous ne faisons qu'indiquer. Outre le beau livre du P. Sertillanges, *Saint Thomas d'Aquin*, Paris, 1910, nous recommanderons particulièrement deux articles du R. P. Paul Gény, S. J., où la question est abordée à peu près du même point de vue qu'ici : *Critique de la connaissance et psychologie*, Revue de Philosophie, XX (1912), pp. 555-591, et *Comment présenter la définition de la vérité*, *ib.*, XXII (1913), pp. 157-170.

17

vie, de multiples facultés. L'équilibre n'est pas toujours parfait dans cet ensemble ; l'intelligence est tantôt entraînée, tantôt retardée par les autres activités. Seule une intelligence idéale, parfaite, peut être totalement unifiée ; son objet, absolument simple, est si riche d'être qu'il ne présente aucune multiplicité ; elle n'est point distincte de son sujet ni des autres facultés ; étant elle-même être pur, elle ne se distingue pas de son objet ; elle le possède et se possède par identité totale. Cette intelligence absolue, idéal lointain, norme souveraine des intelligences imparfaites, ne peut être que celle de Dieu.

CHAPITRE VII

La théorie des valeurs

Des faits particuliers nous nous sommes élevés finalement vers un idéal de vérité absolue. C'est une tendance constante de l'esprit humain. Il ne lui suffit pas de constater dans le monde un ensemble de faits, ni même un enchaînement de lois ; il en cherche le sens. A côté du vrai, il y a le bien, il y a le beau. On ne peut guère douter qu'ils fassent réellement partie de l'univers ; mais on peut se demander quelle est leur place exacte dans l'ensemble, et quelles sont leurs relations réciproques. Le bien n'est-il qu'un accident fortuit, ou est-il la raison d'être de tout ? Est-il notre œuvre et dans quelle mesure ? Se concilie-t-il avec le vrai, le domine-t-il ou doit-il lui être subordonné ? Existe-t-il un Être qui réalise concrètement cet idéal ou n'est-ce là qu'une pure conception de l'esprit humain, illusion où il retrouve son image agrandie ? Telles sont à peu près les questions qui font l'objet de ce qu'on appelle souvent, depuis quelque temps, la théorie des valeurs. En examinant les réponses que leur donnent les néo-réalistes, nous aurons l'occasion de compléter en certains points l'exposé de leurs doctrines épistémologiques et de faire connaître leur métaphysique, jusqu'ici assez sommaire.

I

Y a-t-il place, dans le néo-réalisme, pour une doctrine des valeurs ? Cet univers qu'on nous décrit, uniquement constitué de faits qu'il faut prendre tels qu'ils sont, souffre-t-il une interprétation morale ? N'est-il pas indifférent à nos désirs [1]) ? Mais la valeur est elle-même un fait. Il ne faut nullement supposer, sous le monde phénoménal, une réalité plus profonde et plus intime, qui se laisserait émouvoir par nos sentiments. C'est dans le monde réel, ouvert à tous, qu'il faut vivre ; des signes non équivoques montrent que l'homme peut, en s'adaptant à ce milieu, assurer la conservation de ses valeurs les plus chères [2]).

Mais, avant de discuter l'interprétation du monde et l'attitude qu'il faut prendre vis-à-vis de lui, on doit déjà constater qu'en fait nous avons des désirs. On peut discuter de la hiérarchie des valeurs, de l'opposition qu'il y a entre elles, du sens qu'il faut leur donner ; nul ne peut contester qu'il y a des choses que nous désirons et que pour cette raison, nous considérons comme douées de valeur. Aussi les philosophes sont-ils d'accord sur ce point, malgré leurs divergences sur la nature de la valeur et sur la détermination des valeurs en particulier [3]).

Quelle est, d'abord, la notion de la valeur en général ? Une solution simple, trop simple, consiste à nier toute possibilité de la définir. Elle serait éprouvée d'une manière mystérieuse plutôt que connue et appréciée ; toute com-

---

1) C'est la difficulté de M. George P. Adams, « *Everybody's World* » and the *Will to Believe, Journ. Phil. Ps. Sc. M.*, X (1913), pp. 186-188.

2) Ainsi répond M. G. S. Fullerton, « *Everybody's World* » and the *Will to Believe, ib.*, pp. 438-441.

3) Cf. Spaulding, *New Rationalism*, pp. 66-69, 497.

paraison entre les valeurs serait impossible. Mais c'est abuser outre mesure du sophisme de « pseudo-simplicité ». En fait, nous comparons le bien et le mal ; nous savons donc, au moins dans une certaine mesure, ce qu'ils sont. Dans une acception assez usuelle, la valeur implique une relation d'adaptation à autre chose ; on dit qu'une chose est bonne pour telle ou telle fin. Cette relation doit être précisée. Est-elle fondée sur l'harmonie entre l'universel et le particulier, entre l'objet isolé et l'univers ? Mais encore, pourquoi cette harmonie est-elle bonne ? En réalité, à moins de souscrire au matérialisme absolu, il faut admettre que la relation qui fait qu'une chose a de la valeur, est une relation à la conscience. Seul un organisme doué de conscience a de véritables intérêts, susceptibles d'être satisfaits. Ces désirs se rapportent à un objet ; suivant la nature de l'intérêt à satisfaire, l'objet est existant ou simplement imaginé ; souvent aussi, et ce n'est pas un des cas les moins intéressants, une valeur est « fondée », comme dit l'école de Meinong : une chose est objet d'intérêt en raison d'une propriété particulière, d'une circonstance préalable : ainsi un tableau peut être apprécié, outre sa beauté, parce qu'il est d'un maître.

La conscience doit donc nécessairement intervenir pour qu'il y ait valeur ; ainsi l'on peut dire que la valeur dépend de la conscience ; elle est créée par elle, en ce sens que l'objet reçoit sa valeur de sa relation à la conscience, non en ce sens qu'il serait lui-même, dans son être propre, produit par elle. Il ne paraît pas sûr à M. Perry que la conscience qui crée les valeurs doive toujours s'appuyer sur une connaissance préalable, en dehors du cas de « valeur fondée » ; mais il tient à bien affirmer que la valeur n'est nullement l'effet du jugement ultérieur qui en constate la présence. Des termes comme ceux de « jugement, sentiment de valeur », « évaluation », (Wertung, etc.) ont

obscurci cette question pourtant bien simple. Il est clair,
que prendre une chose comme objet d'intérêt n'est pas
encore constater qu'on le fait, et que cette constatation,
lorsqu'elle a lieu, n'ajoute rien à la valeur comme telle.
Dans le cas de la « valeur fondée », la vérité du jugement
qui conditionne le désir sera cause de l'objectivité de la
valeur. Mais dans les autres cas aussi, la valeur n'est pas
livrée à l'arbitraire ; il y a des objets qui satisfont l'intérêt,
d'autres qui ne le font pas ; c'est une relation objective et
indépendante. Et cela fait qu'on peut établir une échelle
des valeurs : selon qu'un plus grand nombre d'intérêts d'un
ou de plusieurs individus est satisfait, la valeur sera plus
élevée [1]).

La valeur morale est la valeur suprême. Si nous appelons
juste, adapté, ce qui constitue une valeur quelconque, nous
devrons dire que la moralité est ce qui, dans un conflit
d'intérêts ou de valeurs, est le plus satisfaisant. Un même
acte peut être à la fois bon et mauvais sous différents
aspects. « Or, tout comme un acte peut être à la fois bon et
mauvais en ce qu'il aboutit à la satisfaction d'un intérêt au
détriment d'un autre, il peut aussi être doublement bon en
ce qu'il aboutit à la satisfaction de deux intérêts. De là la
conception de la bonté comparative. Si la satisfaction d'un
intérêt est bonne, celle de deux intérêts est meilleure, et
celle de *tous* les intérêts est la meilleure. De même, si l'acte
qui aboutit au bien est juste *(right)*, celui qui aboutit à plus
de bonté est plus juste et celui qui aboutit au plus grand
bien est le plus juste. La moralité, par suite, consiste à
*accomplir ce qui, dans les circonstances données, et en vue
des intérêts qui sont en jeu, aboutit au plus grand bien.* En

---

1) Pour ces idées de M. Perry, cf. *The Definition of Value, Journ. Phil. Ps.
Sc. M.*, XI (1914), pp. 141-162 ; *Dewey and Urban on Value Judgments, ib.*,
XIV (1917), pp. 169-181 ; *New Realism*, pp. 140-141, 148-149 ; *Pres. Phil. Tend.*,
pp. 331-340.

d'autres termes, est moralement juste l'acte qui est *le plus juste*. Il suit de là que, au sens moral, un acte ne peut être à la fois bon et mauvais. Il est parfaitement possible que la bonté maximum puisse être également obtenue par plusieurs actes, et dans ce cas, tous ces actes seraient moralement bons. Mais aucun d'eux ne pourrait être moralement mauvais, parce que cela demanderait qu'il aboutît à moins de bonté qu'un autre acte, ce qui par définition n'est pas le cas » [1]). Si la valeur en général est relative à la conscience, aux intérêts et aux circonstances, « la valeur morale dépasse cette relativité parce qu'elle l'inclut. Il y a une valeur maximum, un *summum bonum*, qui n'est pas entièrement relative à un intérêt particulier, parce qu'elle est relative à tous les intérêts. Ce n'est pas une bonté ou perfection pure, libre de toutes les conditions accidentelles de la vie, mais *la meilleure pour les intérêts donnés dans les circonstances données*. Un optimum de cette nature doit pourtant être dit absolu en ce sens qu'il est le meilleur, sans équivoque ; il est impossible qu'en même temps il ne soit pas le meilleur » [2]). Ce fait est aussi indépendant de mon jugement à son sujet ; quoi que j'en pense, il y a des moyens bien adaptés.

Peut-on dire aussi que la valeur est absolue au sens métaphysique? A-t-on le droit de dire, avec nombre d'idéalistes, qu'elle est la caractéristique fondamentale ou universelle de toutes choses ? Se réalise-t-elle toujours dans l'univers? C'est la question de la suprématie des valeurs, à laquelle la religion doit donner une réponse ; nous verrons tantôt quelle est cette réponse, d'après les réalistes.

M. Montague a esquissé une classification des valeurs qui repose sur le même principe : la valeur est déterminée par

---

1) *Pres. Phil. Tend.*, pp. 334-335.
2) *Ib.*, p. 335.

l'intérêt de l'être conscient ; il nous suffit de constater cet accord fondamental avec M. Perry [1]). Nous retrouvons la même doctrine chez M. Spaulding, qui l'a développée en fonction de ses théories générales [2]). Que la valeur consiste dans une relation spéciale entre la conscience et les objets, cela est certain. Que, dans certains genres de valeurs, comme dans les sentiments esthétiques, les dispositions personnelles aient un rôle important, ce n'est pas moins indubitable. Mais pas plus ici que dans son épistémologie générale, le réalisme n'est disposé à admettre que l'existence de la valeur se confond avec le fait qu'elle est perçue et jugée telle ; de même, pas plus ici que dans sa cosmologie, il n'admettra que tout évolue sans aucune restriction.

Il est certain, au contraire, que les valeurs idéales comme la justice sont indépendantes de toutes les vicissitudes des faits particuliers. Qu'on juge bien ou mal telle situation concrète, qu'on agisse conformément à cette norme reconnue de tous, ou qu'on la transgresse, l'idéal de justice vers lequel tend toute l'humanité n'en continue pas moins de briller du même éclat ; il n'est pas plus atteint par ces accidents que le cercle géométrique ne devient irréel du fait qu'il n'existe aucun corps qui le réalise parfaitement. De même que le cercle idéal est impliqué comme limite par les figures imparfaites existantes, ainsi la justice idéale est impliquée dans les actes même déficients. En un mot, elle est une entité subsistante, exactement comme les entités mathématiques et logiques ; entre les valeurs absolues et parfaites et les valeurs relatives et imparfaites on retrouve la distinction qu'il y a entre les entités subsistantes et existantes.

1) Conférence à l'American Philosophical Association, 1913 ; voir le résumé dans *Phil. Rev.*, XXIII (1914), pp. 185-187, et la courte étude critique de M. JARED S. MOORE, *Montague's Classification of Values, Journ. Phil. Ps. Sc. M.*, XI (1914), pp. 352-355.

2) Cf. *New Rationalism*, pp. 66-71, 496-507.

L'intervention du sujet dans la formation de certaines valeurs, par exemple, dans les jugements esthétiques, est indéniable ; mais cela ne prouve pas encore que la valeur soit identique au fait qu'elle est perçue ; dépendre de la conscience n'est pas être identique à la conscience. Puis, si l'on tient à une explication strictement objective de la valeur, on peut dire que le nombre des objets esthétiques est si grand, que nous sommes obligés de faire un choix parmi eux, ne pouvant être adaptés à tous ; ce choix nécessaire dépend évidemment de notre disposition subjective. Mais, quand même on n'adopterait pas une théorie aussi radicale, il faut remarquer que la valeur ne doit pas son origine à la seule intervention du sujet conscient comme tel. Les valeurs forment un domaine à part, où la conscience entre, mais non comme facteur unique. Elle doit entrer dans une synthèse supérieure et indépendante, pour qu'il y ait valeur. Les domaines des différentes sciences se diversifient de la même façon ; la biologie, par exemple, suppose la physique, mais y ajoute des rapports nouveaux ; la vie dépend de l'organisme, mais elle suppose une organisation qui n'est pas le simple mouvement ni la structure physique. Ainsi la valeur suppose la conscience et en dépend comme d'une partie de l'ensemble qui la constitue elle-même.

Les valeurs supposent donc un nouvel ensemble de relations, ajoutées aux relations physiques des êtres. La moralité ne se présente que dans une société où l'homme est partie, en rapport avec d'autres personnalités, dont il doit respecter les droits. L'existence de la société est la condition nécessaire pour qu'aux lois physiques, biologiques et psychologiques de l'individu s'ajoutent de nouvelles lois douées d'un caractère propre. « La situation morale ne se présente que lorsque, dans cette relation plus ample, apparaît une conscience cognitive tout à fait *spécifique*, la connaissance de la *personnalité* comme telle. Mais, dès que cette connaissance est réalisée, d'autres éléments apparaissent qui en sont les constitutifs : la conscience cognitive du *respect*, de la *révérence*, des *droits* et du *devoir* (« *ought* »). Telle est la conscience morale — de la société — conditionnée par l'existence de la société qui s'impose à elle-même ses lois et est libre ; cette conscience n'existe dans aucun individu isolé, mais elle le lie comme membre du complexe, et, une fois qu'elle s'est développée, elle fait partie de son champ de conscience cognitive » [1]).

II

Mais l'existence des valeurs a beau être un fait. Est-elle compatible avec la description d'un univers strictement objectif que nous ont tracée les néo-réalistes ? N'ont-ils pas eu soin d'éliminer par avance tout ce qui pourrait être objet de libre choix et d'appréciation morale ? S'il en était ainsi, ce serait, de leur propre aveu, leur théorie générale qu'il faudrait modifier, puisqu'elle doit tenir compte de tous les faits.

Pour M. Spaulding, la difficulté est facile à résoudre [2]). Chaque fois que nous nous élevons à un niveau supérieur de l'univers, cette ascension est marquée d'un triple caractère : il se produit une synthèse créatrice, d'où résultent des qualités nouvelles irréductibles aux précédentes ; ces qualités, en vertu du « principe de liberté », sont soumises à des lois nouvelles qui résultent de leur propre nature et non des autres qualités ; enfin, comme une même entité peut avoir des relations multiples, et que ces relations ne sont pas constitutives les unes des autres, la même qualité peut, tout en étant elle-même constituée par différentes

1) *New Rationalism*, p. 506.
2) Cf. *New Rationalism*, pp. 496-507.

entités, former à son tour, avec d'autres éléments, de nouveaux complexes.

C'est ainsi que la conscience humaine, tout en étant conditionnée par des lois physiques et biologiques, peut, sous un autre aspect, donner naissance aux relations morales, et sous ce rapport, être soumise à des lois de nature particulière. Il n'y a pas d'incompatibilité entre les différents niveaux (levels) de la réalité ; en vertu même de la structure du monde, ils peuvent exister parallèlement, et se conditionner mutuellement par des relations fonctionnelles.

M. Perry a longuement étudié le conflit entre la science et la religion [1]). Il regrette que l'accord d'autrefois ne soit plus possible. La religion a en vue la pratique, la foi est essentiellement une connaissance qui conduit à l'action ; elle a besoin de fixité, tandis que la science, désintéressée par nature, vit de scepticisme pour découvrir de nouvelles vérités. On ne peut plus comme autrefois subordonner la science à la religion. Il faut leur reconnaître à toutes deux leur indépendance réciproque. Mais, surtout dans la crise morale présente, il faut se garder aussi de vulgariser hâtivement, comme des vérités définitives, des conclusions de la recherche scientifique mal comprises et souvent mal établies. Il faut surtout se garder de subordonner la religion à la science. C'est l'erreur que M. Perry appelle « le naturalisme ». « Le naturalisme n'est pas la science, il est une affirmation au sujet de la science ; il consiste à dire que la connaissance scientifique est définitive et ne laisse aucune place pour la connaissance extra-scientifique ou philosophique » [2]). Qu'il soit naïf ou critique, c'est-à-dire métaphysique ou positiviste, le naturalisme entend bien ne

1) Cf. *Pres. Phil. Tend.*, pp. 3-109. Voir aussi SPAULDING, *New Rationalism*, pp. VI-VII.
2) *Pres. Phil. Tend.*, p. 63.

laisser à la religion aucune valeur objective. Il a pris une
forme bien peu respectable dans le naturalisme naïf, celui
des vulgarisations matérialistes du siècle dernier ; mauvaise
philosophie qui s'ignore, mélange de préjugés, de pseudo-
simplicité et de dogmatisme. Mais le meilleur moyen de le
combattre n'est pas, à la suite des philosophes idéalistes et
de nombre d'apologistes, de discréditer la science en con-
testant la valeur de ses méthodes ou en lui déniant le pouvoir
d'atteindre « la réalité » des choses pour la confiner dans
le domaine des « apparences ». Il faut reconnaître qu'elle a,
dans son ordre, une valeur absolue. Il suffit de remarquer
que son objet est limité. La nature physique ne définit pas
tout l'être et la science n'est pas l'unique vérité. La nature
est une réalité, elle n'est pas partiellement réelle, et la
science est une vérité et n'est pas partiellement vraie. Mais
la nature est une partie de la réalité, et la science une
partie de la vérité. Pour le montrer, il suffit de considérer
les faits. Dans la nature physique, l'analyse trouve les
entités abstraites, objets des mathématiques et de la logique ;
l'observation montre, dans les corps mêmes, des phénomènes conscients et des actes moraux, aussi réels que
l'objet de la physique.

S'il faut respecter la science, l'absolutisme idéaliste
est déjà condamné du seul point de vue méthodique.
La métaphysique néo-réaliste ne lui est pas moins
opposée. Par la doctrine des relations externes et par la
critique de l'idéalisme, on a montré que le monisme ne
s'impose pas *a priori*. L'expérience et l'analyse tendent
plutôt, jusqu'à présent du moins, à favoriser le pluralisme
métaphysique [1]). L'être n'est pas unique ni formé d'une
qualité, d'une substance ou d'une étoffe commune. La

---

1) Cf. *New Realism*, pp. 33, 205, 220-221 ; PERRY, *Pres. Phil. Tend.*, p. 272.

variété des objets, physiques et abstraits, des consciences, le fait de l'erreur montrent au contraire que, quoique en rapports mutuels, les êtres sont ontologiquement distincts [1]). Quelle est donc la valeur et le rôle de la morale, ou plutôt de la religion, dans l'univers ? On pourrait croire que rien n'empêche les néo-réalistes d'adopter à ce sujet des vues, sinon tout à fait conformes à la tradition, au moins très rapprochées. Mais des raisonnements où nous pouvons reconnaître l'influence du préjugé agnostique les retiennent. Leur état d'esprit ne s'exprime guère par des raisons positives, mais par une certaine manière de poser les problèmes et d'affirmer les solutions.

Pour M. Perry, nous l'avons vu, l'idée d'une théologie ou d'une théodicée rationnelle, telle qu'on la concevait autrefois, n'est même plus possible, tant il lui semble évident que la théologie ne peut être qu'une discipline pratique. M. Spaulding expose, tant bien que mal, les preuves classiques de l'existence de Dieu et il montre, par le fait même qu'il s'abstient d'en faire une critique approfondie, le peu d'importance qu'il leur accorde [2]). La logique moderne, apparemment, permet de s'en dispenser. L'ordre du monde a été allégué en faveur de l'existence de Dieu. Mais M. Spaulding remarque avec complaisance qu'il est sans efficacité pour les penseurs qui n'admettent point que l'ordre ou la valeur puisse avoir une cause extérieure ; au lieu d'être due à un Législateur qui impose ses conceptions, l'existence d'un domaine de valeurs serait un simple fait aussi irréductible que l'existence des propriétés physiques ; pas plus que celles-ci, les valeurs n'auraient besoin d'être régies par des lois imposées du dehors. En tout état de cause, l'argument en question ne ferait encore voir en Dieu

1) Cf. SPAULDING, *New Rationalism*, pp. 430-437, 358-359.
2) Cf. *New Rationalism*, pp. 57-65.

que l'architecte du monde, non le Créateur de la matière et de la substance.

Mais le monde n'a-t-il pas eu besoin d'une cause du changement, de l'évolution, du mouvement qui s'y manifestent ? N'y a-t-il pas, par delà la série des causes immédiates, une Cause Première qui les précède dans le temps et qui est leur raison d'être métaphysique ? Et comment montrer que cette Cause Première est l'Etre infini et parfait ? C'est, pense M. Spaulding, par l'argument ontologique qu'on croit y parvenir. Cet argument encore serait à la base de ce qu'il croit être la preuve la plus répandue, celle de la tradition. Si la science ne peut prouver Dieu, la tradition montrerait la vérité de son existence. Adoptant l'attitude pragmatique, on insiste simplement sur le fait que l'humanité y a cru et que cette foi a été efficace ; ou bien — et ce serait l'attitude des Eglises tant catholique que protestantes — on déduirait l'existence de Dieu de la véracité de la tradition ; cette véracité serait à son tour garantie par l'autorité divine elle-même, soit contenue dans l'Ecriture, soit manifestée par l'infaillibilité de l'Eglise.

L'existence de Dieu et sa nature peuvent ne pas constituer un problème pour le fidèle, qui peut toujours alléguer que ceux qui restent « à l'extérieur » sont mauvais juges ; et il peut même avoir raison, puisque la vérité est indépendante de sa preuve. Mais pour le philosophe indépendant, c'est une question à examiner objectivement.

Comment donc faut-il s'y prendre pour justifier rationnellement les valeurs ? Car la raison seule peut répondre d'une manière satisfaisante aux questions qu'elle a soulevées [1]). Y a-t-il place dans le monde pour la liberté ? Oui, répond M. Perry, car liberté et lois physiques ne s'opposent pas.

1) Cf. *ib.*, pp. VI-VII.

Sans doute, nous n'avons pas le droit d'introduire l'indéterminisme dans la science. Mais nous remarquons qu'en
fait nous ne sommes pas seulement des corps soumis à des
lois mécaniques comme l'attraction, mais des organismes
conscients agissant en vue d'une fin. Nos motifs nous font
réellement agir. Et cette action ne va pas à l'encontre des
lois de la nature : c'est en nous y soumettant, en les utilisant que nous atteignons nos fins. Nier la compatibilité de la
liberté et des lois naturelles, c'est tomber une fois de plus
dans le « sophisme de particularité exclusive ». Le pluralisme de l'univers se manifeste aussi dans mes actions ;
je ne suis pas seulement déterminé par les lois physiques
ou même les conventions du milieu social, je me détermine
aussi parce que je veux [1]).

Quant à la destinée de l'âme, la logique de leurs doctrines sur la substance et la conscience ne semble pas
permettre aux néo-réalistes d'admettre l'immortalité personnelle. De fait, lorsqu'ils s'expriment à ce sujet, c'est avec
scepticisme, sinon avec dédain [2]).

Que sera donc la religion pour les néo-réalistes ? Car ils
y croient comme à la force qui doit assurer le triomphe des
valeurs dans l'univers. Il ne peut être question de s'en
passer. Elle est « la plus profonde sollicitude dont nous
soyons capables, teintée de la confiance qu'inspire une tendance optimiste à l'égard de la vie tout entière. La religion
signifie le plus grand bien que nous puissions espérer dans
ce monde où nous sommes » [3]). C'est donc bien d'une reli-

---

1) Cf. *Pres. Phil. Tend.*, pp. 341-344.

2) Cf. MARVIN, *First Book in Metaph.*, pp. 263-267 ; E. A. SINGER Jr, *On Mind as an Observable Object, Journ. Phil. Ps. Sc. M.*, IX (1912), p. 207 ; R. W. SELLARS, *Critical Realism and the Time Problem, Journ. Phil. Ps. Sc. M.*, V (1908), p. 544.

3) PERRY, *Religious Values, The American Journal of Theology*, XIX (1915), p. 1. Voir cet article *l. c.*, pp. 1-16 ; *Contemporary Philosophies of Religion, Harvard Theological Review*, VII (1914), pp. 378-395 ; *Pres. Phil. Tend.*, pp. 85-109, 339-347.

gion du « monde présent » qu'il s'agit. Cette religion
n'ajourne pas la réalisation du bien suprême à une autre
vie. Elle ne se repose pas dans la pensée qu'il y a un bien
nécessaire. Elle sait que dans le monde il y a place pour
le bien, pour le progrès, mais à condition qu'on lutte.
A nous de prendre part à ce combat pour le progrès.
L'aspect du monde, tel que le décrit le réalisme, justifie
cet espoir. Sans doute, nous n'avons pas fait le monde ;
nous y sommes apparus à un moment tardif de son existence ; nous n'en occupons qu'un point. Mais, au lieu de
nous abimer dans des méditations mélancoliques, prenons
conscience de l'efficacité de notre action. Il y a du risque
à courir, soit ; mais l'espoir est justifié par les victoires
passées ; les décourageantes perspectives du déterminisme
ne sont pas prouvées ; donc, osons prendre nos respon-
sabilités et agissons pour le bien.

M. Spaulding parle à peu près le même langage [1]). Les
valeurs sont une partie réelle de l'univers. Quelque vaste
que soit le domaine de l'évolution, il en est qui, idéales,
absolues, défient ses vicissitudes. Mais dans les valeurs concrètes, y a-t-il progrès et dans quel sens ? Il y a, sinon progrès, du moins changement, et par suite direction. Car les
faits montrent que l'univers va vers un état de repos ; une
bonne part de l'énergie se dépense inutilement ; les changements constatés sont irréversibles. Jusqu'ici nous n'avons
pas encore de tendance vers un but meilleur, et il faudrait
désespérer du monde, s'il n'avait pas d'autre finalité. Mais
heureusement, à côté des changements quantitatifs, il y a
des changements qualitatifs, et ceux-ci manifestent un progrès évident. Il y a, dans le passage d'un ordre à l'autre,
synthèse créatrice, production de propriétés nouvelles et
plus hautes. En jetant un regard en arrière sur le chemin

1) *New Rationalism*, pp. 507-521.

parcouru par l'évolution — car M. Spaulding, comme tous
les néo-réalistes, croit à l'évolution comme à une conquête
définitive de la science, — on peut voir sa marche ascen-
dante ; la vie, même dans les plus humbles protozoaires,
dépasse les énergies physico-chimiques de la matière inorganique ; et l'on chercherait en vain chez les protozoaires les
multiples réactions des formes supérieures de la vie. Enfin,
la conscience morale s'est certainement développée depuis
les sentiments rudimentaires de l'homme primitif ; et même,
s'il faut en croire M. Spaulding, elle apparaît à un moment
donné comme une nouveauté, dans la descendance des
singes anthropoïdes d'où l'humanité serait sortie. Parallèlement au monde physique, se développe donc le monde des
valeurs ; ou plutôt celles-ci apparaissent normalement dans
la continuité de l'évolution. Parmi les valeurs, la plus
importante est la valeur morale. Mais si elle est produite,
il faut conclure que : « il y a un agent, un pouvoir efficace,
qui produit toutes les valeurs. En d'autres termes, il y a
un pouvoir qui « favorise » (« makes for ») les valeurs, qui
dirige vers elles ou qui les produit... Puisqu'il y a des
valeurs et que ces valeurs sont produites dans le grand
processus de l'évolution, ce qui les produit, ou ce qui dirige
le monde dans ce sens, doit être soi-même, ne fût-ce que
pour cette seule raison, une valeur » [1]).

M. Spaulding se rencontre ici avec M. Woodbridge [2]),
qui essaie de se rassurer au milieu du désarroi moral qu'il
constate, en remarquant que l'évolution, quoique physique,
sert, en dernière analyse, les besoins humains : si l'homme
n'est plus conçu comme le centre de l'univers, vers qui tout
convergerait, il n'en est pas moins, dans une large mesure,
maître d'utiliser, non sans effort, vers des fins idéales, le

1) *New Rationalism*, p. 514.
2) Cf. *Naturalism and Humanism, Hibbert Journal*, VI (1908), pp. 1-17.

progrès matériel. L'évolution, au fond, est dirigée par un pouvoir qui favorise le progrès de l'humanité.

La téléologie que M. Spaulding reconnaît dans l'univers, est à la fois immanente et transcendante ; immanente en ce que les valeurs plus hautes sont présentes dans leurs réalisations déficientes, comme les degrés supérieurs de l'évolution sont continus avec les inférieurs, et par suite présents, en quelque sorte, dans ceux-ci. Mais cette téléologie est transcendante parce que ces valeurs dépassent les autres, et que les valeurs idéales, subsistantes, les dépassent toutes.

Peut-on douter de l'efficacité de ces valeurs, quand on réfléchit à leur action dans le monde ? Certes, elles ne sont pas causes efficientes, au sens physique. Mais elles dirigent l'action humaine, elles inspirent les individus et les sociétés. Elles « font une différence » (*make a difference*) dans le monde : grâce à elles celui-ci prend une physionomie toute particulière.

Dieu n'est donc pas seulement un « schème pratique » de notre esprit, un concept héréditaire, ni un Inconnaissable, ni un Moi absolu, une Réalité profonde qui unit les parties de l'univers. « Dieu est la totalité des valeurs aussi bien subsistantes qu'existantes, et de ces activités efficaces qui sont identiques à ces valeurs. Il est ainsi à la fois la multiplicité de ces entités et l'unité de leur organisation *en tant* qu'elles sont en rapports. Cela veut dire que Dieu *est* justice et vérité et beauté, à la fois pour autant que ces attributs sont « au-dessus » de notre monde et pour autant qu'ils sont en lui ; il est donc à la fois transcendant et immanent. Par suite, si Dieu est une personnalité, Il est aussi plus qu'une personnalité, de même que les relations morales (*the moral situation*) entre les hommes dépassent leur personnalité. Il est amour et affection et bonté, respect et révérence, pour autant que ces sentiments *existent* parmi les hommes, mais Il est aussi ces mêmes sentiments, en tant qu'ils subsistent en eux-mêmes, et *agissent efficacement* sur les hommes. Bref, Dieu est Valeur, le principe actif, « vivant » de la conservation des valeurs et de leur efficacité » [1]).

Mais Dieu, la Valeur n'est pas tout. Il y a la non-valeur, le mal, l'ignorance, la laideur. Il ne peut être question de faire disparaître ces réalités dans un Absolu, ni de les transformer en bien à cause du rôle nécessaire qu'elles auraient dans l'évolution tendant à la survivance des meilleurs. La lutte contre le mal n'est pas bonne parce qu'elle est lutte, elle ne l'est que parce qu'elle tend au bien. Il faut bien admettre que le mal est une réalité irréductible. Cela nous mène à une notion théiste, non panthéiste de Dieu. Dieu est une partie de l'univers, non tout l'univers. Mais il est plus grand que les réalisations particulières du bien ; il est non seulement transcendant mais « surnaturel », car il dépasse la nature concrète. La conscience religieuse est satisfaite par cette description du monde, car elle y trouve place pour ses deux sentiments essentiels, également nécessaires : respect, révérence, amour pour les valeurs et pour ce qui les favorise ; haine, détestation, combat contre tout ce qui est mal. La religion réaliste sera donc active, militante. « Un pareil plan de vie, dit en terminant M. Spaulding, n'est ni d'un optimisme resplendissant ni d'un pessimisme énervant. Le mal est une réalité et ne mérite que d'être combattu. Mais les moyens pour le faire nous sont donnés. Car il y a un Pouvoir pour le bien qui ne travaille pas seulement côte à côte avec l'homme, mais qui agit aussi en lui et par lui ; il s'épanouit dans cette liberté qui est donnée à sa raison pour arriver à la vérité, à ses émotions pour aimer le beau, le bien, le vrai, pour

1) *New Rationalism*, p. 517.

détester le laid, le mal et l'erreur, à sa volonté et à son courage pour s'engager dans la lutte » [1]).

III

Il faut sans doute se féliciter de voir les néo-réalistes aborder les problèmes de la religion et de la morale. Leur intellectualisme outrancier pouvait faire croire qu'ils les négligeraient. Ils auraient pu se contenter de disséquer le monde en purs savants, sans se préoccuper de l'attitude personnelle qu'il faut y prendre. Et pourtant, que serait une philosophie qui se bornerait à analyser des objets de sensations et des abstractions·mathématiques, sans s'interroger sur la destinée humaine ? N'est-ce pas de celle-là qu'il faudrait dire avec Pascal qu'elle ne vaut pas une heure de peine ? Mais on a beau vouloir rester spectateur impassible dans le drame du monde, malgré soi on prend conscience du rôle qu'on y joue. Si d'inoubliables événements extérieurs ont réveillé l'attention de certains philosophes [2]), leur âme les préoccupait depuis longtemps : à preuve, le soin même qu'ils mettent, dans la discussion de l'idéalisme, à séparer ce système de ses thèses spiritualistes et morales [3]). Ils ne seraient point de leur race, si leur philosophie ne se préoccupait du « salut du monde ». Au surplus, l'empirisme bien entendu devait les rendre attentifs à la réalité tout entière, dans ses aspects moraux aussi bien que dans son être physique.

Reconnaissons même le louable effort de sympathie qu'ils ont fait pour aborder l'étude de ces phénomènes. On trouve, chez MM. Spaulding et Perry un souci de respecter le

1) *New Rationalism*, p. 521.
2) Cf. SPAULDING, *New Rationalism*, pp. VI-VII.
3) Voir plus haut, pp. 24-26.

sentiment religieux qui ne paraît pas toujours chez leurs alliés. On sent mieux ici l'esprit tolérant de James. Mais on retrouve aussi les défauts de la philosophie religieuse et morale de l'auteur de l'*Expérience religieuse*. Le vice fondamental, c'est précisément celui qui apparaît dès le titre : on ne veut étudier de la religion que ses manifestations subjectives. On n'accorde aucune valeur aux vérités sur lesquelles elles prétendent s'appuyer.

MM. Perry et Spaulding ont pourtant mieux démêlé que James le caractère objectif des valeurs. Ils ont bien vu qu'elles ne se réduisent pas à une pure réaction personnelle. Si la réaction affective intervient pour les réaliser, elle n'en suppose pas moins un objet qui la guide. Le bien, disaient les anciens, est l'objet d'un désir. Mais pour cela il doit être ou du moins il faut qu'il soit pris comme être. Le bien réel coïncide avec l'être réel ; plus un être est parfait, plus il est bon [1]).

Mais, comme James, les néo-réalistes ont fait bon marché du caractère dogmatique de la foi. Le Dieu qu'ils révèrent est une réalité, soit, mais combien vague ! Se différencie-t-il vraiment du Dieu panthéiste ? Il n'est point tout, c'est vrai, mais il est tant de choses ! Il est un amalgame de biens concrets et d'abstractions, et dès qu'on veut le décrire, on sent revenir la phraséologie, tant honnie, de l'Idéalisme absolu. Qu' est-ce que cette Force qui travaille pour le bien ? On a beau dire qu'elle est plus grande que nous, qu'elle nous pénètre et nous aide, qu'elle est plus que

---

1) Voir les admirables considérations de saint Thomas d'Aquin, *Sum. Theol.*, I, q. 5. Comme nous ne nous plaçons, dans cette critique sommaire comme dans le reste de notre livre, qu'au point de vue de la philosophie générale, surtout de l'épistémologie, nous ne nous arrêterons pas à relever les obscurités et les lacunes de la notion de moralité chez MM. Perry et Spaulding ; il peut y avoir des degrés dans le bien, même moral ; celui-ci consiste dans le respect de la nature raisonnable de l'homme et de ses relations. Aussi n'est-il pas limité à l'existence sociale.

personnelle, nous ne reconnaissons pas dans ce fantôme le
Dieu vivant qu'adorent les fidèles. Et c'est Lui pourtant
qu'on veut nous représenter. On se vante de ne pas
s'attarder à l'abstraction panthéiste, au Dieu inactif des
absolutistes, et l'on cherche de bon cœur un Dieu agissant,
secourable, à qui l'on peut s'adresser dans la prière, le
« Dieu d'Abraham, d'Isaac et de Jacob, non des philosophes
et des savants ». Mais les croyants ne le reconnaîtront pas.
Il lui manque d'être infini, au sens strict et vrai du mot,
de posséder toute perfection, et d'être distinct réellement
du monde, sans en être éloigné ni séparé. Il lui manque
d'être, au sens absolu, le créateur de toutes choses. Ce n'est
qu'alors que l'âme pourra éprouver à son égard ce sentiment
fondamental de tout culte, l'adoration [1]).

Et il faut pour cela que l'âme elle-même soit une réalité,
spirituelle, persistante, et non une relation, une manière
d'être de la matière organisée. Sans doute, les néo-réalistes
ne sont pas des matérialistes, nous les en croyons volontiers.
Mais, ils s'expriment souvent si mal ! Nous aussi, nous
admettons que l'âme est étroitement unie au corps, que
normalement elle agit par lui. Au fond, c'est ce que veulent
dire nos auteurs, en s'opposant à un spiritualisme excessif.
Le néo-matérialisme de M. Sellars, malgré son nom équivoque, est de fait un retour à l'animisme d'Aristote [2]).
Mais pour que la paternité de Dieu soit autre chose qu'un
vain mot, pour que la persistance des valeurs soit effective,
il faut que l'âme aussi soit une réalité. Nous avons vu
comment elle est une substance vivante [3]). Ajoutons que

---

1) C'est aussi une forme de panthéisme qui se dégage de l'article assez confus
de M. MONTAGUE, *The Evidence of Design in the Elements and Structure of the
Cosmos, Hibbert Journ.*, II (1903), pp. 280-297, où la preuve classique et la terminologie traditionnelle sont étrangement déformées.
2) Cf. *Critical Realism*, pp. 7, 204-253.
3) Voir plus haut, pp. 243-246.

certaines opérations de cette substance dépassent la matière. Les concepts abstraits de la logique, les notions de relation, d'implication, par exemple, n'ont rien de commun avec l'étendu et le divisible. Il faut donc que, par un côté au moins, l'âme échappe au sensible et au périssable. Ce qu'il y a en elle de proprement intellectuel, ce qui a la conscience parfaite de soi ne peut être qu'immortel.

Réalité d'un Dieu infini, parfait, distinct du monde, réalité de l'âme spirituelle et immortelle, voilà deux vérités dont les âmes religieuses sont profondément et spontanément convaincues. Si l'on veut sincèrement appliquer la méthode empirique à la psychologie religieuse, il faut décrire cet état d'âme dans son intégrité. On verra alors qu'il comporte une large part de convictions intellectuelles. La religion est certes une attitude de l'âme vis-à-vis du monde, elle comporte des sentiments, des actes volontaires ; sans eux, elle ne serait pas. Mais les sentiments supposent un objet ; l'adoration, la confiance, la prière, l'amour, s'adressent à une personne, à l'existence réelle de qui on croit fermement. La religion purement sentimentale que décrivent la plupart des théoriciens contemporains, n'est pas la religion de la masse des croyants. Si l'on veut vraiment pratiquer la méthode expérimentale, c'est celle-ci qu'il faut interroger. Or, l'enquête typique de James manque précisément d'ampleur sous ce rapport : elle se restreint à des écrits plus ou moins mystiques ; elle ne considère que la religiosité vague de quelques raffinés chez qui la critique idéaliste a détruit le sens du réel, ou encore l'exaltation qui se déploie dans les conventicules de quelques sectes ; quand elle tient compte des états d'âme des saints catholiques, elle les déforme en les interprétant ; elle néglige à peu près entièrement la société religieuse la plus vaste qui soit, celle qui constitue l'Eglise catholique ; et cependant son magistère est le plus complet ; elle est la plus féconde en vies vraiment religieuses.

On se débarrasse des convictions intellectuelles des croyants en les traitant de superfétations, d'interprétations arbitraires du sentiment, qui, seul, constituerait la pure essence de la religion. Ce dédain pour les dogmes et la religion positive [1]) s'inspire, au fond, d'un agnosticisme assez peu compatible avec la hardiesse intellectuelle des néo-réalistes. Comment se fait-il qu'ils soient si timides lorsqu'il s'agit de l'âme et de Dieu ? L'éducation protestante libérale les aura préparés à insister principalement sur le sentiment, en fait de religion, et à faire bon marché des dogmes. Mais la défiance de la raison en théodicée est surtout un reste de kantisme insuffisamment éliminé [2]). Les néo-réalistes ont trop affirmé la légitimité des principes de la logique, l'objectivité de l'être, pour qu'ils puissent rester enfermés dans le relativisme et l'agnosticisme. Mais ils auraient pour cela quelques préjugés à perdre : la notion de substance n'est

1) Les néo-réalistes parlent assez souvent des croyances religieuses positives et de l'Eglise avec un dédain voisin de l'hostilité et même avec une certaine âpreté. Toutefois M. Perry a un peu mieux rendu justice — encore que d'une manière bien singulière et incomplète — à l'Eglise ou plutôt aux anciens théologiens, à propos de l'affaire de Galilée. Cf. *Pres. Phil. Tend.*, pp. 12-20.

2) L'Eglise reste la gardienne de la raison théorique en même temps que de l'ordre moral. Nous n'avons pas le loisir de développer ici les preuves de l'existence de Dieu et de faire valoir leur force probante contre les objections agnostiques. Il y faudrait un traité — et il a été fait plus d'une fois par les philosophes et les apologistes catholiques. Nous ne pouvons mieux faire que de renvoyer à l'ouvrage admirable et complet du R. P. GARRIGOU-LAGRANGE, O. P., *Dieu, son Existence et sa Nature*, Paris, Beauchesne, 3ᵉ édit., 1920. Les mêmes principes montreront que la religion, si elle est une vertu, c'est-à-dire une disposition personnelle, suppose des vérités théoriques absolument certaines ; ni le dogme, ni le miracle n'ont d'ailleurs rien de contraire à la science. L'Eglise n'a jamais dit non plus que l'existence de Dieu est un pur objet de foi ou de tradition, et l'apologétique catholique connaît parfaitement et évite fort bien le cercle vicieux que lui attribue M. Spaulding. On trouvera des éclaircissements à ce sujet dans MERCIER, *Logique*, 5ᵉ édit., Louvain, 1909, pp. 31-37 ; *Critériologie générale*, 6ᵉ éd., Louvain, 1911, pp. 117-153.

pas le concept périmé qu'ils croient ; la causalité ontologique dépasse l'ordre physique ; une fois ces principes admis, il faut reconnaître le Dieu infini, l'Acte Pur d'Aristote, le Créateur. Si les néo-réalistes se décidaient à le faire, ils prendraient simplement conscience de leurs principes et des conséquences qu'ils entraînent nécessairement.

CHAPITRE VIII

L'originalité du néo-réalisme

La philosophie que nous achevons d'exposer nous apparaît maintenant avec ses traits généraux, assez hardie, riche en détours inattendus, malgré la rigidité de ses principes. Avant de la considérer une dernière fois dans son ensemble, et de résumer notre appréciation à son sujet, il nous faut rechercher ce qu'elle doit au passé. La nouveauté absolue n'existe pas dans l'histoire de la philosophie. Nous ne nions certes pas les initiatives du génie. Mais les plus fortes personnalités se rattachent à des antécédents ; leurs intuitions sont souvent l'effet indirect des pensées contre lesquelles ils réagissent ; leurs plus belles créations sont parfois des transformations d'idées préexistantes ; elles ne cessent pas, pour cela, d'être des créations ; mais elles ne sont entièrement comprises que replacées dans leur milieu. Cela est encore beaucoup plus vrai lorsqu'il s'agit, non d'une puissante individualité, mais d'un mouvement collectif, d'où n'émerge, jusqu'à présent, aucune personnalité dominatrice. Il est plus nécessaire de rechercher les antécédents d'un pareil mouvement, car il leur doit probablement beaucoup. Même ici, cela va de soi, il faut faire la part de la spontanéité de l'esprit, et ne pas croire que les systèmes existent, préformés, les uns dans les autres. Mais cette analyse dégagera ce qui fait l'originalité du néo-réalisme, et nous le jugerons plus facilement.

I

C'est un fait digne de remarque, que les auteurs auxquels les néo-réalistes eux-mêmes prétendent se rattacher ne sont pas de ceux que l'on classe d'ordinaire parmi les réalistes : Hume, Avenarius et Mach, tels sont les patrons dont on se réclame le plus ouvertement.

Une intéressante suggestion de Hume a été le point de départ de la construction épistémologique de M. Montague [1]), et M. Perry la reprend pour son compte [2]). On sait que pour Hume le moi n'est pas une substance. Il est « un amas ou une collection de différentes perceptions, unies ensemble par certaines relations, et que l'on suppose, quoique à tort, douées d'unité et de simplicité parfaites. Or, chaque perception est distincte des autres, et peut donc être considérée comme existant séparément ; il suit évidemment de là qu'il n'y a pas d'absurdité à séparer une perception particulière de l'esprit, c'est-à-dire à rompre toutes ses relations avec cette masse de perceptions réunies qui constitue un être pensant... Si le nom de *perception* ne rend pas absurde et contradictoire la séparation d'avec un esprit, le nom d'*objet,* employé pour désigner la même chose ne peut pas non plus rendre leur réunion impossible. Les objets extérieurs sont vus et sentis, et deviennent présents à l'esprit ; c'est-à-dire qu'ils acquièrent, avec cet amas réuni de perceptions, une relation telle qu'elle les influence d'une manière très considérable en augmentant leur nombre par des réflexions et passions présentes et en fournissant d'idées la mémoire. Le même être continu et

---

1) Cf. *A Neglected Point in Hume's Philosophy*, Phil. Rev., XV (1905), pp. 30-39.

2) Cf. *Pres. Phil. Tend.*, pp. 137-138, 306-308. Voir aussi SPAULDING, *New Rationalism*, pp. 108, note, 181.

ininterrompu peut, par conséquent, être tantôt présent à l'esprit, tantôt absent, sans changer essentiellement lui-même pour cela » ¹). Hume admet donc qu'il n'y a pas de contradiction à ce qu'un objet puisse être à la fois « dans l'esprit » et indépendant de lui, même persistant. Il explique ainsi comment peut s'être formée, sans absurdité, la croyance vulgaire à l'existence d'objets sensibles extérieurs. Il est vrai qu'aussitôt il dévie et cherche à montrer, conformément à son atomisme psychologique, que ces éléments n'ont qu'une existence actuelle, et sont de nature, non physique, mais psychique. Il n'en a pas moins posé un principe qui pourrait servir à interpréter tout autrement ses raisonnements et les faits sur lesquels il s'appuie. Si l'objet n'est qu' « une grappe de sensations » et le sujet ou la conscience « un assemblage de perceptions ou de sensations », il n'y a plus lieu de les opposer et de parler de transformation de l'un par l'autre. On arrive tout naturellement à concevoir le monde comme formé d' « entités neutres », unies par des relations diverses ; ces relations en font tantôt des objets physiques, tantôt des objets de conscience. Le principe du « monisme épistémologique » est posé, et aussi celui de l' « indépendance ». Le fond du néo-réalisme, la notion de l'entité neutre et de la relation externe est également entrevu.

C'est le même principe que MM. Perry, Holt et Bush ont trouvé chez Richard Avenarius. C'est une philosophie complexe que la sienne : on y trouve des idées qui annoncent le pragmatisme et la théorie de l'économie de la pensée, aussi bien que les bases d'un réalisme étrange. M. Bush lui a consacré une monographie ²) ; M. Perry lui emprunte

---

1) *Treatise of Human Nature*, Book I, p. IV, s. II, éd. LINDSAY, I, Londres, s. d., p. 200.

2) *Avenarius and the Standpoint of Pure Experience*, New-York, The Science Press.

en grande partie sa notion de la conscience ; M. Holt ne
cesse de se réclamer de lui comme d'un initiateur de
grand mérite [1]). On connaît les détours de l'analyse
laborieuse qui fait retrouver au théoricien de l'empirio-criticisme le réalisme naïf ; il commence par le prendre comme
point de départ, puis il l'abandonne provisoirement, en
essayant de réaliser l'état d'esprit auquel doivent mener les
objections idéalistes ; il essaie de se figurer un monde où lui
seul serait doué de conscience ; mais il s'aperçoit, en
confrontant à leur tour les critiques idéalistes avec l' « expérience pure », que la conscience suppose un système nerveux, un milieu, des réactions ; il finit par s'apercevoir que
l'idée d'une conscience qui serait un milieu dans lequel
serait situé l'univers, est une imagination grossière ; enfin
il formule sa théorie du monde en termes d'éléments
rapportés les uns aux autres par des relations physiques et
biologiques. La conscience a sa place dans ce monde, mais
ne le constitue pas. Elle est conçue à la manière biologique,
comme une activité élective, subordonnée à un organisme.
De là la théorie biologique de la connaissance, ou plutôt
l'idée nominaliste d'une connaissance qui ne serait qu'un
système d'abréviations commodes pour s'orienter dans le
monde. M. Perry et M. Holt n'ont rien retenu de cette
dernière théorie, mais M. Bush en subit visiblement l'influence lorsqu'il nous confine strictement dans le monde de
l'expérience, et lorsqu'il trouve la source de la logique dans
le besoin d'interpréter commodément les éléments de celle-ci.
Dans cet agnosticisme qui refuse de poser la question de la
réalité du monde et de son indépendance par rapport à
l'expérience, M. Bush est aussi le fidèle disciple d'Avenarius :
le réalisme de celui-ci, en effet, ne se dégage jamais entière-

---

1) Cf. *Pres. Phil. Tend.*, pp. 299-300 ; *Conc. of Consc.*, pp. 2, 23, 77-79, 85,
257, 307, 318.

ment de ce concept trouble qu'est l'expérience, auquel s'associent toujours des restes de psychologisme. Il ne semble pas que la philosophie de l'immanence, de Schuppe et d'autres auteurs allemands, quoiqu'elle doive beaucoup à Avenarius, ait exercé une réelle influence sur les néo-réalistes américains ; M. Perry la mentionne en passant, mais sans s'y attarder. L'idéalisme allemand n'a guère inspiré directement M. Perry et ses amis ; de l'idéalisme anglo-saxon ils ont au contraire retenu le « monisme épistémologique ».

Les doctrines d'Avenarius ont pénétré chez M. Perry surtout sous la forme plus radicale que leur a donnée Ernest Mach [1]). Il approuve sans réserves son analyse de la conscience : les éléments en soi ne sont ni physiques, ni psychiques ; ils sont dits physiques, quand ils sont rapportés les uns aux autres, par exemple ABC ; ils sont dits sensations lorsqu'ils entrent en relation fonctionnelle avec d'autres éléments, également indifférents, qui constituent le système nerveux et qu'on peut symboliser par KLM ; même les images représentées par $\alpha\beta\gamma$ ne doivent leur caractère psychique qu'à leur arrangement. M. Perry va jusqu'à appeler l'ouvrage de Mach sur l'analyse des sensations « l'un des classiques du réalisme moderne » [2]). Nous savons déjà combien M. Perry est éloigné de tout nominalisme ; fait curieux, on ne trouve même pas d'allusion chez lui à la théorie de l'économie de la pensée [3]). Et son réalisme lui-même est bien plus net que celui de Mach ; celui-ci — le titre de son livre le dit — a voulu étudier les relations du

---

1) Cf. *Pres. Phil. Tend.*, pp. 78-79, 298, 310. Voir aussi HOLT, *op. cit.*, p. 307.

2) *Die Analyse der Empfindungen und das Verhältniss des Physischen zum Psychischen*, 3e éd., Iena, G. Fischer, 1903. Cf. *Pres. Phil. Tend.*, p. 310.

3) Il parle, il est vrai, de la critique pragmatiste de la science d'Henri Poincaré et de M. Edouard Le Roy ; mais c'est à propos de philosophie religieuse plutôt que d'épistémologie proprement dite. Cf. *Pres. Phil. Tend.*, pp. 79-83.

corps et de l'esprit, et non pas faire une théorie de la
connaissance ; M. Perry, au contraire, est préoccupé avant
tout de la question de l'idéalisme.

M. Spaulding reconnaît aussi dans la théorie des sensations de Mach une des idées qui ont préparé la voie au
néo-réalisme ; comme les positivistes en général, Mach a
attiré l'attention sur les faits concrets. Mais M. Spaulding
lui reproche avec plus d'insistance le phénoménisme dont
il n'est pas assez éloigné [1]).

Une influence plus sensible encore, c'est celle de William
James et du pragmatisme en général. Nous avons déjà dit
en quel sens elle s'est exercée. Rappelons d'abord que, sur
un point particulier, la philosophie religieuse, M. Perry
n'a guère fait que reprendre les idées de son maître. Mais
l'influence du fondateur du pragmatisme déborde de beaucoup cette question particulière. Les réalistes, s'ils ne lui
doivent pas tous personnellement le souci du concret, du
précis, doivent reconnaître en lui le précurseur qui leur
a préparé un milieu intellectuel favorable, en détruisant
bien des préjugés idéalistes. Son affirmation du réalisme
du sens commun, la sympathie avec laquelle il traitait les
conceptions du sens commun, enfin et surtout l'esprit largement empirique avec lequel il abordait tous les problèmes,
tout cela ouvrait les voies aux néo-réalistes. Bien plus, leur
théorie biologique de la conscience dépend évidemment du
pragmatisme ; eux-mêmes ne se font pas faute de le
rappeler. Mais même la thèse capitale de l'indépendance
de l'objet a été en grande partie inspirée par la « théorie
relationnelle » de James. M. Montague a utilisé cette
théorie dès son apparition, M. Perry avait été loué par
James pour l'avoir exposée [2]) ; James ne l'avait pas précisé-

1) Cf. *New Rationalism*, pp. 241-256.
2) Cf. *Essays in Radical Empirism*, p. 24, note 2.

ment découverte ; nous venons de voir comment d'autres, avant lui, l'avaient formulée en Allemagne. Mais il a plus que tout autre contribué à la répandre ; il l'a notablement clarifiée. Et peut-être la différence de clarté chez certains réalistes a-t-elle pour raison, au moins en partie, des origines intellectuelles différentes : M. Perry est sorti de l'entourage immédiat de James ; son exposition claire, son style généralement élégant se ressentent sans nul doute de l'influence d'un maître si brillant et d'une culture si largement humaine ; rien d'étonnant à ce que M. Perry ait dédié son ouvrage principal « à sa mémoire chère et vénérée ». Chez MM. Spaulding et Pitkin, au contraire, la fréquentation des universités allemandes et le contact avec leurs philosophes semblent bien avoir engendré cette obscurité de langage et de conception que William James regrettait chez les hommes de la nouvelle génération [1]).

Les ascendances proprement réalistes du mouvement actuel sont plus rares. On pourrait croire que le réalisme écossais qui n'a jamais complètement disparu des collèges américains, a inspiré les lointains successeurs de Mc Cosh. Ne trouve-t-on pas de part et d'autre une même confiance dans le sens commun, une même défense des convictions spontanées sur l'indépendance de l'objet de la connaissance ? Mais il y a de notables différences : Reid et ses disciples étaient de timides philosophes, qui n'osaient point dépasser le niveau de ce sens commun, règle de toutes leurs certitudes ; c'étaient des moralistes, effrayés des conséquences du scepticisme de Hume et plus tard du criticisme kantien. Au lieu d'aborder la discussion de ces systèmes, ils leur opposent une fin de non-recevoir. Le sens commun n'est

---

1) Pour les relations du réalisme et du pragmatisme, voir plus haut pp. 5-8, 10-11, 21, 103-114; M. Holt reconnaît aussi sa dépendance par rapport à James ; Cf. *Conc. of Consc.*, p. XIII, par exemple.

pas pour eux, comme pour la plupart des néo-réalistes, un point de départ provisoire, c'est une norme définitive ; ils renouvellent sans cesse les actes de confiance en son infaillibilité. Puis, le réalisme écossais est dualiste, tant au point de vue épistémologique qu'au point de vue métaphysique : idées et réalité sont acceptées sans contrôle ; pour sauvegarder tant bien que mal le sens commun, on ajoute, par un acte de foi, que les idées représentent la réalité comme elle est ; un instinct naturel, infaillible, nous pousse à l'affirmer. Aussi les signataires du programme ne parlent-ils qu'avec dédain de ces lointains ancêtres [1]).

Les études d'épistémologie de M. Külpe sont trop récentes pour avoir influencé les philosophes américains. Son réalisme est d'ailleurs plus empirique — au sens usuel du mot — que celui d'outre-Atlantique. Il lui manque la tendance dialectique qui caractérise ce dernier ; on n'y voit apparaître ni la théorie des relations, ni celle de l'indépendance. Aussi M. Perry, tout en exprimant sa vive approbation pour ses idées, ne peut s'empêcher de trouver la base de la construction un peu étroite [2]).

A cet égard, deux philosophes qui écrivent la même langue que M. Külpe sont plus rapprochés que lui du groupe américain, bien qu'on ne puisse pas les qualifier proprement de réalistes. La *Gegenstandstheorie* de M. Meinong et la *Reine Logik* de M. Husserl ont une affinité évidente avec la logique objectiviste et l'analyse de MM. Perry [3]),

---

1) Cf. PERRY, *Pres. Phil. Tend.*, pp. 307-308, *New Realism*, pp. 100-103 ; SPAULDING, *New Ration.*, p. 408. Peut-être en retrouverait-on quelques traces chez M. Montague, qui se défie un peu des audaces de certains de ses alliés.

2) Cf. Compte rendu de *Die Realisierung*, I, dans *Phil. Rev.*, XXII (1913), pp. 550-553.

3) M. Perry cite, parmi les auteurs qui ont préparé l'état d'esprit objectiviste actuel, Renouvier, Husserl, Meinong et Russell. Cf. Compte rendu des *Essais de critique générale* dans *Journ. Phil. Ps. Sc. M.*, XI (1914), p. 388.

19

Marvin, Holt, Spaulding. Celui-ci, qui cite M. Husserl [1]),
doit s'en être inspiré particulièrement dans sa notion du
State of affairs, qui est l'objet du jugement : c'est la traduction littérale du *Sachverhalt* de la Logique pure et de
la Phénoménologie. De même, le passage où M. Holt rappelle, contre les logiciens psychologistes, que la contradiction, non seulement ne peut exister, mais ne peut même
être pensée [2]), nous fait songer à M. Husserl qui nous dit
qu'un objet contradictoire peut bien être « intendé » par
l'esprit, mais non « réalisé » (*erfüllt*) par lui ; ce n'est qu'un
essai de pensée, non une conception achevée. A part ce
point, il n'y a sans doute nulle dépendance directe par rapport à M. Husserl.

Il est enfin une autre philosophie, très éloignée du réalisme, en apparence, mais qui n'est pas sans analogie avec
le logicisme qui est un des caractères distinctifs du néo-
réalisme de M. Spaulding et de M. Holt : c'est l'idéalisme
logique de l'école de Marbourg ; M. Perry professe pour
cet idéalisme un certain respect. La négation de la substance, l'insistance sur la notion de relation sont des traits
communs à cette école et à la « logique moderne » de nos
philosophes, mais nous ne sommes pas en présence d'une
influence immédiate.

Il n'en est pas de même en ce qui concerne les néo-
réalistes anglais, et particulièrement leur représentant le
plus en vue, M. Bertrand Russell. Les réalistes américains
se réclament assez souvent de leurs « confrères » anglais.
On se douterait d'ailleurs de la ressemblance : même doc-

---

1) Cf. *New Ration.*, pp. 12, 103, 107. Voir aussi le compte rendu par PERRY,
de MEINONG, *Abhandlungen zur Erkenntnistheorie und Gegenstandstheorie,*
Journ. Phil. Ps. Sc. M., XII (1915), pp. 301-305, et PITKIN, *Time and the Percept,*
Journ. Phil. Ps. Sc. M., X (1913), p. 311.

2) Cf. *New Realism*, pp. 361-362.

trine fondamentale de l'indépendance de l'objet par rapport
au sujet ; accord sur l'objectivité des qualités secondaires,
où MM. Percy Nunn et S. Alexander ont eu la priorité, du
moins en ce qui concerne l'établissement d'une théorie
développée [1]) ; enfin et, surtout, importance égale accordée
à l'analyse intellectuelle, à la logique objective et à la pensée mathématique, en particulier à la théorie des relations
externes. L'autorité de M. Bertrand Russell est même si
souvent invoquée par ses admirateurs américains qu'on
pourrait croire que certains d'entre eux abdiquent devant
lui toute personnalité. M. Russell lui-même, lors de la
publication du « programme » de 1910, s'est déclaré
d'accord avec eux sur le principe fondamental : la doctrine
« externe » de la relation. Elle conduit, dit-il, à un pluralisme logique, plutôt qu'à la doctrine appelée du nom
de réalisme ; cela veut dire qu'il faut se mettre à l'étude
inductive des objets, sans tenir compte des arguments *a
priori* des philosophies courantes. M. Russell ajoutait sa
critique du « prédicament égo-centrique » : c'est, disait-il,
une pure pétition de principe; nous pouvons parfaitement
savoir qu'il existe des êtres que nous ne connaissons pas,
bien que nous ne soyons pas en mesure d'en donner un
exemple particulier. Ainsi « tous les produits de multiplication auxquels aucun être humain n'a jamais pensé et ne
pensera jamais concernent des nombres au-dessus de 1000 »
est une proposition vraie, quoique l'on ne puisse jamais
donner d'exemple d'un pareil produit [2]).

Mais les divergences ne manquent pas. La « réfutation
de l'idéalisme » par M. Moore, point de départ du réalisme
anglais, paraît simpliste à M. Perry, parce qu'elle s'appuie
uniquement sur l'analyse de l'aperception consciente [3]).

---

1) M. Holt reconnaît cette priorité, *New Realism*, p. 303.
2) Cf. *The Basis of Realism*, *Journ. Phil. Ps. Sc. M.*, VIII (1911), pp. 158-161.
3) Cf. *Pres. Phil. Tend.*, pp. 321-322, et plus haut pp. 168-169.

D'ailleurs, en général, les analyses de la conscience des réalistes anglais paraissent bien sommaires aux Américains : elles s'appuient uniquement sur l'introspection, et la conscience y paraît comme une entité, tandis que, pour les Américains, elle se réduit généralement à une relation [1]). De plus, on chercherait vainement chez les Anglais le point de vue biologique, la notion de « comportement », celle de « réaction spécifique », la théorie des « éléments » ou « entités neutres », qui jouent un si grand rôle chez les Américains. Bref, à part la théorie abstraite de la relation, les échanges d'idées entre les deux groupes se réduisent à fort peu de chose.

Et M. Russell lui-même a pris une attitude distante. Déjà dans un petit, mais substantiel ouvrage de vulgarisation [2]), il exposait un réalisme plus nuancé et plus modéré que celui des Américains. Il continuait à croire à l'existence de la conscience, et admettait une sorte de correspondance entre les idées et les choses qui était loin du « monisme épistémologique ». Il semblait se prononcer pour l'existence de substances, et gardait d'ailleurs dans toute la question de l'existence du monde extérieur, la réserve d'un probabiliste prudent.

Un peu plus tard, dans un travail plus étendu [3]), il semblait se rapprocher des signataires du programme américain. Il niait l'existence des substances, en vertu du « rasoir d'Occam », le principe d'économie. Deux éléments suffisent à former l'univers : les principes logiques, doués d'une valeur absolue, indépendante des réalisations con-

1) Voir la clairvoyante note de M. M. T. Mc Clure, *A Point of Difference between American and English Realism*, Journ. Phil. Ps. Sc. M., IX (1912), pp. 684-687.

2) *The Problems of Philosophy (Home University Library)*, Londres, Williams and Norgate, s. d.

3) *Our Knowledge of the External World as a Field for Scientific Method in Philosophy*, Chicago, Open Court, 1914.

crètes, et les « sensibilia », éléments sensibles indécomposables, nullement subjectifs. Les arrangements de ceux-ci forment les qualités sensibles telles qu'elles apparaisssent à la conscience ; celle-ci n'intervient pas dans cet arrangement : c'est affaire de relations objectives, d'action du système nerveux et des éléments premiers. Les qualités sensibles peuvent être aperçues sous une infinité d'aspects, dans des perspectives d'une extrême variété, qui s'opposent même lorsqu'on les réunit. De là la distinction vulgaire entre les apparences et la chose. M. Russell, qui veut remplacer la métaphysique par la logique, substitue à la notion de chose celle de classe totale des apparences. Mais ici encore M. Russell n'admet pas que la conscience se réduise à de simples relations. Si près qu'il soit de M. Holt, par exemple, il reste pur logicien ; ni la psychologie, ni aucune forme de l'ontologie n'interviennent.

Enfin, peu après, M. Russell a heurté de front ce « monisme neutre » qui fait le fond de l'épistémologie réaliste [1]). Cette théorie est trop contraire aux données les plus évidentes de l'introspection, que M. Russell se refuse à sacrifier. Elle supprime toute différence véritable entre le moi et le non-moi ; les explications naïves qui font intervenir le système nerveux sont sans pertinence : la différence entre le moi et le non-moi est immédiatement évidente et ne suppose, pour être comprise, aucune connaissance du système nerveux. Enfin le monisme neutre ne peut pas rendre compte de l'individualité de l'expérience : comment, en effet, différencier, sans recourir à quelque élément nouveau, les perceptions que deux individus peuvent avoir d'un même objet ?

1) Nous ne connaissons malheureusement que par le résumé de Miss M. W. CALKINS, *Bertrand Russell on Neo-Realism, Phil. Rev.*, XXIV (1915), pp. 530-535, les articles que M. Russell a publiés à ce sujet dans *The Monist* ; malgré toutes nos recherches il nous a été impossible de nous procurer les derniers numéros de cette revue.

On le voit, le réalisme de M. Russell allie un dualisme assez conservateur à un logicisme très radical ; celui-ci semble prédominant et pourrait bien finir par l'amener à une position tout à fait identique à celle de M. Husserl [1]), simple description abstraite de la pensée et de son objet, qui ne se préoccupe pas de savoir au juste quelle est la « réalité » de celui-ci.

Il serait assez naturel de rechercher les rapports du néo-réalisme et de la philosophie d'Aristote, qui a toujours été le point de mire des attaques idéalistes. Mais l'information historique des réalistes américains est assez courte : au delà de Descartes, les systèmes anciens leur sont peu connus ; même quand ils en parlent, ils les déforment souvent. Nous l'avons vu pour M. Spaulding [2]). MM. Holt, Marvin et Sellars sont plus équitables envers le Stagirite [3]) ; mais on ne peut dire qu'ils en dépendent directement.

Pour nous rendre compte des caractères propres et des sources du néo-réalisme, il ne suffit pas de le comparer à d'autres systèmes. Une philosophie dépend de l'état général des idées, du milieu intellectuel et social aussi bien que des systèmes proprement dits ; ceux-ci mêmes correspondent la plupart du temps à l'une ou l'autre de ces tendances générales. Ainsi, dans les doctrines que nous venons de passer en revue, le pragmatisme représente l'empirisme des sciences

---

1) M. Bosanquet le remarque fort bien dans son compte rendu de *Our Knowledge of the External World*, *Phil. Rev.*, XXIV (1915), p. 435. Pour voir combien le réalisme de M. Russell se rapproche de la « logique pure » ou encore de l'idéalisme objectif de l'Ecole de Marbourg, il suffit de lire sa thèse sur le *Réalisme analytique* et la discussion à la Société Française de Philosophie, *Bulletin de la Soc. Franç. de Phil.*, XI (1911), pp. 53-82.

2) Voir plus haut, pp. 31, 39, 71, 130, 146.

3) Cf. HOLT, *Conc. of Consc.*, pp. VIII, 219 ; SELLARS, *Critical Realism*, pp. 205, 253. Voir aussi PITKIN, *New Realism*, p. 444.

naturelles et de la psychologie ; le logicisme de Husserl, Meinong, Russell, est dû à l'influence des sciences mathématiques. Ces deux tendances, empirisme et réalisme naïf d'une part, rationalisme de l'autre, se retrouvent dans le néo-réalisme. L'empirio-criticisme d'Avenarius est un premier essai de synthétiser ces deux éléments de la pensée. Chez les néo-réalistes, l'influence des sciences et de leur langage de sens commun est visible ; c'est à elles qu'on doit la première affirmation de l'indépendance des objets vis-à-vis du sujet ; c'est à la biologie et à la psychologie que sont empruntés les principes de l'épistémologie [1]) ; mais c'est à la logique pure qu'on demande la confirmation de ces assertions provisoires.

II

Au terme de cette longue enquête, deux questions se posent : une philosophie inspirée de tant de motifs différents et même divergents, est-elle vraiment une ? Ensuite, les nombreux éléments idéalistes ou pragmatistes qu'on y trouve permettent-ils de la considérer comme un véritable réalisme ? Ou ce nom n'est-il qu'un abus de langage ?

Les solutions différentes que nous avons vu donner au problème de la connaissance feraient douter de la cohésion de l'école. A quoi bon signer des programmes communs, si l'on est en désaccord dès qu'il s'agit de les expliquer ? La difficulté est d'autant plus grave qu'il s'agit d'un point essentiel de la théorie ; que peuvent bien être des réalistes qui ne parviennent pas à s'entendre sur le problème d'où

---

1) La chimie psychologique de M. Holt s'inspire aussi des vues hardies de son maître, le psychologue un peu aventureux Hugo Münsterberg : voir, entre autres, *Conc. of Consc.*, p. xiv, *New Realism*, pp. 337-339.

ils tirent leur nom [1])? Et les réticences ou les limitations de l'épistémologie nouvelle ne la font-elles pas à bon droit soupçonner d'idéalisme ? En rappelant le caractère général du néo-réalisme et les résultats obtenus, nous répondrons à ces questions.

Le néo-réalisme est avant tout une méthode, une attitude générale à adopter vis-à-vis de l'objet de connaissance. Le prendre pour ce qu'il est, se garder des fantaisies personnelles, mais le pénétrer, ou mieux, se laisser pénétrer par lui au moyen de l'expérience et de l'analyse logique, voilà ses canons. Par leur application systématique, on espère construire un corps de doctrine compréhensif, où l'univers entier sera rendu présent petit à petit ; on ne lui fera pas violence, on ne lui imposera pas de cadres *a priori*, mais on suivra docilement ses révélations successives. L'homme prendra conscience de la place qu'il occupe dans l'univers, aussi bien pour son action que pour sa connaissance ; place toujours subordonnée à des conditions indépendantes de lui ; ces réalités lui montreront un idéal de bien à réaliser librement, dans certaines limites, en se servant du milieu lui-même.

L'évolution historique de la philosophie exigeait que le programme fût d'abord appliqué à la théorie de la connaissance : l'épistémologie reste la grande voie d'accès à la métaphysique. Ici les divergences s'accusent et mettent en relief la manière plus ou moins radicale d'entendre la méthode. L'empirisme qu'on préconise comprend deux éléments, l'expérience au sens ordinaire du mot, et l' « observation idéale », l'analyse logique. Tantôt l'une, tantôt l'autre domine.

---

1) Cf. W. H. SHELDON, *Professor Montague as a Neo-Realist on Error, Journ. Phil. Ps. Sc. M.*, X (1913), pp. 573-574 ; LOVEJOY, *Error and the New Realism, Phil. Rev.*, XXII (1913), pp. 410-411.

Mais l'expérience est souvent le résultat d'investigations, vulgaires ou scientifiques, qu'on accepte toutes faites. Ainsi les systèmes philosophiques reçoivent souvent comme des faits ce qui n'est que déduction, théorie ou même hypothèse. Tous les réalistes sont d'accord pour admettre, en fait, l'intervention de l'expérience sensible dans la connaissance du monde concret. Tous, aussi, acceptent comme un fait l'évolution du monde physique et des espèces organiques. Tous, avec plus ou moins de netteté, soustraient à cette évolution les principes intellectuels, les catégories mentales : l'évolution explique le fait psychologique de leur apparition, elle ne rend pas compte de leur contenu, qui reste au-dessus de ses vicissitudes. Chez certains, comme M. Bush, le pragmatisme a laissé des traces profondes, et leur réalisme épistémologique pourrait bien n'être que provisoire. Pourtant, malgré quelques flottements, tous les réalistes, conformément à l'acception usuelle de ce terme, admettent que l'objet connu est indépendant du sujet connaissant, comme tel.

Mais pour les uns, c'est plutôt là une de ces inférences du sens commun, qui répondent à l'observation de la conscience, mais qu'on ne se préoccupe pas de justifier d'une manière absolue : le tenter serait illusoire, peut-être dangereux. Tel est l'état d'esprit de MM. Fullerton, Ewer, Mc Gilvary, Drake, de M. Bush, et semble-t-il, de MM. Pratt, Rogers et Sellars.

D'autres, tout en tenant compte des résultats de l'observation dans tous les domaines, cherchent en outre à établir le réalisme épistémologique sur des principes plus généraux. Sans doute, ils sont empiristes aussi, mais ils relient l'observation concrète aux vérités abstraites ; malgré les nuances individuelles, ce sont les dernières qui dominent ; on en tire un tableau déductif de l'être et de la nature, où la connaissance vient à son rang et n'usurpe pas le rôle de

créateur de l'être. On a reconnu les signataires du « programme » de 1910.

Presque tous les néo-réalistes, et à coup sûr tous les
signataires du programme, se rallient au « monisme épistémologique ». Cela fait déjà, au moins pour ces derniers, un
principe d'unité assez étroite. « Il n'y a pas de dualité
d'espèce entre les objets perçus et les objets réels ; la
conscience est un fait naturel explorable physiologiquement ;
l'erreur aussi est susceptible en général et en particulier
d'une explication parfaitement objective, empirique et naturaliste » [1]). Que maintenant M. Pitkin se place au point de
vue biologique, que de plus il fasse entrer l'objet dans la
conscience ; que MM. Montague et Holt adoptent plutôt le
point de vue à la fois logique et psycho-physiologique, et
que l'un considère davantage l'aspect dynamique ; que tous
deux cherchent à montrer, ainsi que M. Perry, comment la
conscience atteint un objet distinct, ce sont sans doute des
différences accessoires auprès de l'accord de principe. Mais
de plus, « monistes » et « dualistes » épistémologiques sont
moins éloignés les uns des autres qu'il ne semble à première
vue. Les deux groupes nient que la connaissance des objets
« extérieurs » se fasse par une inférence ; les dualistes disent
que les « idées » ne sont pas des intermédiaires aperçus
pour eux-mêmes ; et les monistes admettent que le mécanisme psychologique de la perception, s'il a pour but de
nous procurer la présence immédiate de l'objet, est cependant assez complexe. De plus, de part et d'autre on admet
une certaine intervention de la personnalité et de l'organisme
dans la perception ; c'est elle qui explique les lacunes et les
erreurs de la connaissance. Enfin, tous les néo-réalistes
nient l'existence d'une chose en soi inconnaissable, et même
celle d'une substance quelconque.

1) Cf. MONTAGUE, *Unreal Subsistence and Consciousness*, *Phil. Rev.*, XXIII
(1914), p. 62, note.

Il y a donc unité de tendances chez les représentants les plus divers du néo-réalisme. Ces tendances sont objectivistes et réalistes avec plus ou moins de rigueur. Elles donnent lieu à des thèses qui s'opposent parfois en apparence ; mais ce n'est pas un phénomène rare en philosophie de voir des intentions analogues se formuler en thèses contradictoires ; au critique de distinguer l'unité de la pensée profonde sous les apparentes divergences des formules explicites.

Au point de vue purement épistémologique, le réalisme n'est pas toujours également accusé ; nous venons de le faire remarquer. Mais en dehors de quelques personnalités secondaires, l'idéalisme est nettement repoussé. Les autres systèmes, pragmatisme, empirio-criticisme, logique pure, sont également dépassés ; nous n'avons pas affaire à un travail de marqueterie, mais à une synthèse ; elle pourrait être plus consistante, mais elle a pourtant un caractère original et elle comporte des conceptions nouvelles.

Nous avons devant nous un effort remarquable, tendant à constituer une philosophie objective complète. Les critiques de l'idéalisme, quoique un peu minutieuses, méritent d'être utilisées [1]). Les analyses de la conscience si multiples et si inattendues forcent l'esprit à retourner la question sous toutes ses faces, à l'aborder des points de vue les plus différents. Ces théories neuves et radicales désorientent au premier contact, secouent les habitudes prises et font faire un précieux examen critique de l'acquis antérieur.

Les thomistes ne seront pas les derniers à faire bon accueil à certaines théories : la présence immédiate de l'objet à la conscience, la continuité du physique et du psychique, où ils retrouveront, sous une forme parfois

---

1) Le R. P. Garrigou-Lagrange, O. P., a fort bien tiré parti de l'argumentation de M. Mc Gilvary, dans *Dieu, son existence et sa nature*, Paris, 1915, p. 137.

étrange, des thèses péripatéticiennes bien connues, l'objectivité de la logique. Nous ne voudrions pas avoir l'air de collectionner des « autorités » en faveur de ces thèses ; elles ne valent que par leurs arguments ; et les néo-réalistes, tout en faisant appel à la coopération, d'où qu'elle vienne, ne prétendent sans doute pas instaurer le suffrage universel en philosophie. Il n'en est pas moins intéressant de signaler des accords, parfois même explicites [1]). Accords non concertés et d'autant plus précieux qu'ils sont plus rares parmi les philosophes !

Les néo-réalistes gagneraient sans doute en influence s'ils ne s'attachaient pas trop à former des clans isolés. Ils y perdraient le bénéfice de la marche en formation serrée, et de l'impression de force qu'elle donne, mais ils y gagneraient plus de souplesse. Le travail spontané des esprits ne tardera guère, sans doute, à produire ce résultat.

Par le fait même ils abandonneront bientôt la terminologie compliquée ou étrange qui empêche leurs doctrines de pénétrer chez ceux que rebute une rude initiation préliminaire. Ils mettront aussi, espérons-le, plus de modération dans l'énoncé de leurs programmes, de manière à n'avoir plus à y apporter des corrections ou des explications qui ressemblent fort, pour des lecteurs peu sympathiques, à des palinodies ou à des rétractations partielles.

---

1) M. Sellars fait grand cas de l'*Epistemology* de M. P. Coffey, docteur en philosophie de l'Université de Louvain, et de ses doctrines, voire de sa terminologie, scolastiques. Cf. compte rendu dans *Journ. Phil. Ps. Sc. M.*, XV (1918), pp. 557-558. M. Spaulding renvoie à la Logique du même auteur comme au traité qui expose le mieux le principe de l'implication par la négation, *New Rationalism*, p. 132, note. M. Marvin ne mesure pas les éloges au manuel du R. P. Dubray, S. M., *Introductory Philosophy*. Cf. compte rendu, *Journ. Phil. Ps. Sc. M.*, X (1913), p. 446. Ils trouveraient intérêt à étudier la *Critériologie* de S. E. le Cardinal Mercier ; cette œuvre vigoureuse et personnelle a été, peut-on dire sans exagération, le point de départ des études d'épistémologie chez les thomistes contemporains ; les néo-réalistes y trouveraient des arguments semblables aux leurs et des considérations qui les aideraient à élargir leur point de vue.

Dans la psychologie de la conscience, il leur faudrait
examiner de plus près si les faits n'imposent pas la notion
d'une substance vivante, spirituelle, qui dure aussi bien
dans et par les formes intérieures les plus variées qu'après la
dissolution de l'organisme qu'elle anime. On pourrait ainsi
trouver une explication du fait capital de la vie consciente :
l'affirmation, et l'on atteindrait le fond même de la connaissance humaine. En effet, la connaissance proprement dite
n'est pas la simple présence d'un objet, moins encore d'une
image.; elle s'exprime toujours par un jugement qui dit que
telle chose est ou n'est pas. Pour que nous puissions parler
de réalité perçue, d'objet au sens propre, il faut plus que la
simple existence d'une chose et même que son action sur
les sens ; il faut une réaction, une attitude du sujet ; entre
différentes possibilités, nous prenons parti. Ce n'est pas une
attitude purement extérieure, ni même une orientation
pratique au sens plus élevé de choix volontaire ; c'est une
réaction d'un ordre particulier par laquelle nous prétendons
atteindre le réel tel qu'il est, qu'il soit rendu présent par la
perception ou qu'il soit atteint par des intermédiaires
conceptuels qui vont rejoindre et interpréter la perception.
Cette réaction, qui est d'un ordre à part, les néo-réalistes
l'ont trop négligée. Si nous admettons que la substance
spirituelle n'est pas limitée par des bornes matérielles mais
est « en quelque sorte capable de devenir toute chose »,
suivant le mot bien connu d'Aristote, nous conclurons que
son acte caractéristique, et, par suite, sa tendance vitale,
sera d'affirmer, de déclarer réel ou irréel ce avec quoi elle
entre en relation. Perception ou image, tout éveille en elle
cet instinct, tout lui est matière à interprétations, à explications et à jugement. C'est dans les obstacles que rencontre,
soit au dedans, soit au dehors, l'exercice normal de cette
faculté que se trouve la source de l'erreur : emportée par
son élan naturel, faite pour saisir la réalité, l'âme croit à
tort la trouver partout.

Cette première application de la notion de substance à la psychologie pourrait aider à rendre à cette notion la place qui lui revient en métaphysique. Une étrange phobie des substances fait suspendre en l'air toutes les relations en leur enlevant les termes sur lesquels ils s'appuient. Pourtant les objets matériels peuvent fort bien être des substances, sans devenir pour cela d'inconnaissables choses en soi. La substance n'est pas ce substratum qu'on se figure volontiers depuis Locke et Berkeley. Elle est ce qui apparaît, et les phénomènes sont précisément l'aspect qu'elle présente à nos sens, en raison, et de sa propre richesse, et de la multiplicité de nos facultés. Elle n'est pas non plus la simple collection de ces phénomènes ; elle est ce qui fait leur unité réelle, leur lien interne, la loi immanente de leur apparence et de leur évolution.

Dans l'interprétation générale du monde, il faudrait critiquer le scientisme naïf auquel on s'attache parfois avec trop de confiance. La foi robuste à l'évolutionnisme en serait un peu ébranlée. Réduite à de justes limites, l'hypothèse évolutionniste rendrait plus de services ; moins ambitieuse, elle ne tenterait plus d'expliquer complètement l'origine de la conscience ; ainsi on éviterait de décorer du nom de faits de simples vues systématiques ; ce serait tout bénéfice pour l'empirisme véritable.

Enfin, dans le principe même de la méthode réaliste, un examen approfondi apporterait plus d'ordre, partant, plus de fécondité. Deux grandes tendances, opposées ou combinées à des degrés divers, ont donné naissance à toutes les philosophies. C'est qu'elles correspondent à la constitution même de l'esprit humain ; il emprunte ses données à l'expérience et les féconde en les interprétant par l'intelligence. Le néo-réalisme n'échappe pas à cette loi. Mais, nous l'avons vu, chez quelques auteurs, c'est l'empirisme qui domine ; chez d'autres, le rationalisme ; chez la plupart,

les deux tendances sont juxtaposées ; le rationalisme essaie
vainement d'absorber l'empirisme dans les déductions de
MM. Holt et Spaulding ; nulle part elles ne sont vraiment
harmonisées et unifiées. Les novateurs ont eu le tort, dans
leur épistémologie, de ne pas aborder de front l'énigme,
dont l'appel attirait leur pensée. Tant en critique qu'en
psychologie il faudrait étudier les relations des deux éléments de la connaissance. Et sans doute il ne s'agit ni de
les séparer définitivement, ni de les réduire l'un à l'autre
par des artifices verbaux ; ainsi envisagé, le problème
serait insoluble. La vraie solution ne consiste pas à supprimer ou à nier la difficulté, mais à l'éclairer. La philosophie doit pour cela prendre conscience de ses grands
problèmes, se rendre compte de leur portée exacte et de
leur raison d'être, constater leur ordre et leur origine.

En appliquant cette méthode on verra qu'en fin de compte
le sensible n'est jamais parfaitement assimilable par l'intelligence, mais que pourtant l'union des deux éléments est
nécessaire à la pensée humaine ; de là résulte aussi le
caractère contingent de nos certitudes d'expérience, toujours sujettes à revision, et le sentiment d'incomplet que
laissent nos certitudes idéales, qui, tout en dominant le réel
et en nous faisant connaître ses lois, ne nous en donnent
point l'intuition intégrale. La constitution même de la
nature humaine, faite de corps et d'âme, de matière et
d'esprit ou d' « idée », rend raison à la fois de ce dualisme
nécessaire de nos moyens de connaître et de leur union dans
l'action et le résultat. En insistant sur l'union de l'âme et
du corps, les néo-réalistes ont pressenti cette vérité ; mais
ils se sont trop complu à s'opposer à ce qu'ils appellent le
dualisme métaphysique ; s'il s'agit de la doctrine de
Descartes qui établit une séparation radicale entre les deux
moitiés de l'homme, nous sommes d'accord avec leurs critiques ; mais autre chose est d'admettre deux substances

réellement distinctes, mais incomplètes, et s'unissant pour n'en former qu'une : l'homme existant ; c'est la doctrine d'Aristote, à laquelle on ne peut opposer ni fait décisif, ni argument rationnel invincible.

Le néo-réalisme répond à un besoin général de l'esprit contemporain : le désir de l'ordre, de la certitude, la nécessité de respecter la science. C'est ce qui fait son succès en Amérique ; c'est ce qui a provoqué des mouvements similaires en Angleterre et en Allemagne. Mais en même temps on constatait, il n'y a pas longtemps, dans ces pays et ailleurs un renouveau de l'idéalisme métaphysique. Si le réalisme veut vivre, il doit s'assimiler ce que l'idéalisme possède de vital : l'affirmation de la pensée personnelle, d'une part, des lois objectives de l'être et de la pensée, de l'autre. Seule la métaphysique peut opérer cette synthèse, et par suite, donner au problème des valeurs une solution satisfaisante. Il s'agit d'en assurer la justification finale, théorique et pratique, en les appuyant sur l'être, qui est en même temps le vrai, le bien, le beau ; il ne faut pas pour cela absorber le fini dans l'Absolu, le mal dans le bien, mais il faut reconnaître, au-dessus des esprits bornés et des volontés défaillantes, l'Esprit Infini, origine et terme de tous les êtres. La philosophie ancienne, celle de Platon, d'Aristote, de saint Augustin, de saint Thomas, celle qui illumina la poésie du Dante, doit sa vitalité à la recherche de cette synthèse. Son œuvre n'est point morte, sa tâche, jamais achevée, se continue sous nos yeux ; de toutes parts des esprits élevés et sincères y travaillent ; de leurs efforts peut sortir, dans le monde des idées comme dans celui des faits, cet ordre dont le besoin se fait sentir plus impérieusement que jamais.

TABLE ONOMASTIQUE

(Cette table contient les noms cités dans les notes aussi bien que ceux qui
figurent dans le texte)

20

TABLE DES MATIÈRES

CPSIA information can be obtained
at www.ICGtesting.com
Printed in the USA
BVHW041149170119
538075BV00016B/227/P